MAA AANKH

Volumen I

Encontrando a Dios al Modo Espiritual
Afroamericano, Honrando a los Ancestros y a los
Espíritus Guardianes

Derric Moore

MAA AANKH

Volumen I

Encontrando a Dios al Modo Espiritual Afroamericano, Honrando a los Ancestros y a los Espíritus Guardianes

Por Derric Moore

Publicado por: Four Sons Publications

Contacto: 1 SõL Alliance Co.
P.O. Box 596
Liberal, KS 67905-0596
www.1solalliance.com

Copyright © 2013 Derric Moore

Editado y traducido por Sebastián Lalaurette

Incluye índice y referencias bibliográficas.
Arte de tapa e ilustraciones por: Derric "Rāu Khu" Moore
Fotos cortesía de Dreamstime.com

**Si quiere copias adicionales para su familia y amigos
Visite: www.1solalliance.com**

ISBN: 978-0-9855067-3-5
Impreso en los Estados Unidos de América

Dedicatoria

A mi familia:

*a aquellos que me sostienen sobre sus hombros
y a aquellos que todavía están por venir.*

Sobre el Autor

Derric "Rau Khu" Moore creció en un hogar cristiano fuerte y amoroso en Detroit, Michigan, rodeado de ricas tradiciones cristianas. Es un amante hijo, hermano, esposo, padre, abuelo, tío y primo. Ha estudiado religion, misticismo, metafísica, folklore y espiritualismo por más de diez años. Ingeniero químico por educación, es instructor academic, poeta, artista *folk,* artista gráfico y chamán urbano.

Tabla de Contenido

Reconocimiento

Gracias a Dios por todo y especialmente por permitirme ver la belleza de la vida que Él ha creado.

Gracias a mis ancestros por los numerosos sacrificios que hicieron para que yo tuviera vida y gozara de los privilegios que tengo hoy. Un agradecimiento especial va para mis difuntos abuelos, que trazaron la huella para que sus hijos, nietos y bisnietos la siguieran hasta su retorno.

Gracias a mi padre, madre y hermanos por su amor, preocupación, estímulo y apoyo incondicionales. Gracias a mi buena amiga, mi novia, mi esposa, que me animó a emprender este proyecto y ha esperado ansiosamente a que lo finalizara. Gracias *Dulce* por escucharme, apoyarme y creer en mí. Gracias a mis suegros, que también me mostraron la importancia y el propósito de la familia.

Gracias a mi mejor amigo G, por estar a mi lado cuando me veía tomar un camino equivocado, ayudándome a recuperarme después y diciéndome la verdad incluso cuando yo no quería escucharla.

Y finalmente, gracias a mi madrina en Filadelfia, a mi padrino en Florida, a mi hermana espiritual en New York, a Iya y a todos los maestros que me han ayudado a lo largo del camino.

Cómo Utilizar Este Libro

Aunque éste es un libro de memorias, lo he estructurado como una guía a la espiritualidad y el pensamiento afroamericano, de modo de darle al lector una idea de la forma en que he utilizado la historia, la filosofía y las ciencias de la mente como herramientas de curación y empoderamiento espiritual. Para sacar el máximo provecho de este libro se sugiere simplemente mantener una mente abierta, recostarse y disfrutar.

Although this book is a memoir, I have structured this book as a guide into African American spirituality and thought. In order to give the reader a glimpse of how I used history, philosophy and mental sciences as a tool of healing and spiritual empowerment. To get the best out of this book it is strongly suggested that one simply keep an open mind, sit back and enjoy.

Este libro se ha dividido en cinco partes, que corresponde a los estados de desarrollo, así como a los momentos del maa aankh.

❖ La **Parte 1**, "La Búsqueda de Dios", habla de cómo inicié este viaje, desde la experiencia religiosa de mi infancia hasta mis años de joven adulto.
❖ La **Parte 2**, "Descubriendo el Camino Espiritual", habla de los malentendidos y obstáculos comunes que me encontré al tratar con el desarrollo espiritual.
❖ La **Parte 3**, "Aprendiendo a Caminar por Mí Mismo", se centra en cómo atravesé un período de prueba y error para probar qué filosofías y teorías funcionaban para mí y cuáles no.
❖ La **Parte 4**, "Vuelto a Nacer", se ocupa de cómo poner en práctica lo que uno ha aprendido una vez que ha encontrado la verdad.
❖ La **Parte 5**, "Convirtiéndose en un Vehículo de Dios", significa exactamente eso: una vez que uno aprende una verdad, se supone que debe usarla para ayudar a otros. Esto se logra viviendo de acuerdo con los mayores ideales que uno tiene acerca de Dios, lo que es la forma más alta de adoración: emular a Dios.

Lista de Ilustraciones y Tablas

Aviso Legal

La información contenida en este libro está orientada a un propósito educacional y no al diagnóstico, prescripción o tratamiento de ningún tipo de desorden de salud. Esta información no reemplaza a la consulta con un profesional competente del campo de la salud. El contenido del libro está pensado para ser utilizado como complemento de un programa de cuidado de la salud racional y responsable, prescripto por un profesional licenciado en el área de la salud. Éste es un libro sobre la fe. Como tal, el autor y el editor no garantizan el éxito que cualquier persona pueda tener utilizando cualquiera de los ejercicios y técnicas en él contenidos. El éxito y el fracaso variarán. El autor y el editor, por lo tanto, no son responsables de ningún modo por la mala utilización del material aquí contenido.

Para proteger la identidad y la privacidad de otros, la mayoría de los nombres en este libro han sido adaptados, modificados o cambiados con propósitos de confidencialidad. Cualquier semejanza con personas reales, vivas o muertas, es pura coincidencia.

Prefacio

No hay nada más angustioso, turbador, preocupante y descorazonador que no saber adónde debe ir uno, quién es uno o cuál es el propósito de su vida. Esta falta de dirección y autocomprensión, aunque no se diga, es un problema serio porque, cuando uno no sabe la respuesta a ninguna de estas preguntas, esto puede llevarlo por un camino que deriva en toda clase de problemas de salud, sin mencionar la toma de elecciones y decisiones que uno lamentará más tarde.

Sin una idea clara de quiénes somos, qué estamos haciendo aquí, qué se supone que debemos hacer o cualquier explicación en la materia, nos es difícil adaptarnos y hacer cambios cuando las cosas van mal. Entonces vemos cada prueba, tribulación, obstáculo y problema que ocurre desde una óptica destructiva, como si alguna fuerza poderosa estuviera conspirando para destruirnos. Incluso llegamos a creer que no hay esperanza ni un Dios que se preocupe por nosotros.

Afortunadamente, no somos los primeros en viajar por el camino del autodescubrimiento. Ha habido numerosas personas antes de nosotros que se han sentido de la misma manera y han entendido que, aunque Dios es omnipotente y la fuente de todo, Dios no está en control de todo. Dios no nos impide ponernos un cigarrillo en la boca o beber alcohl en exceso. Hay cosas que el hombre y la mujer deben aprender a hacer por sí mismos y rezar en busca de paz, paciencia, autocontrol, manejo de la ira, un matrimonio exitoso, etc., no es suficiente. Había que hacer algo más, así que estas personas que caminaron antes que nosotros por el camino del autodescubrimiento dieron con una manera mejor y dejaron signos a lo largo del camino, o mapas de ruta, mientras viajaban en busca de Dios, para ayudar a otros a averiguar dónde se suponía que debían estar en la vida.

Desafortunadamente, debido al chauvinismo, el colonialismo, la discriminación, el racismo y todos los demás "ismos" que han contribuido a presentar las tradiciones y prácticas no occidentales (nativas norteamericanas, africanas, etc.) como primitivas, antinaturales, tontas, supersticiosas, malignas, necias, politeísticas, etc., los signos y mapas de ruta para el autodescubrimiento se han perdido para la mayoría. Como resultado, cuando toda la medicina occidental y las técnicas occidentalizadas, que se enfocan principalmente en la realidad física y no en ambas (la física y la espiritual), no funcionan, muchos de nosotros no tenemos idea de qué hacer a continuación. Desesperadamente, nos debatimos buscando algún tipo de solución o alguna señal que nos muestre cómo "arreglar" los problemas en nuestra vida, cuando todos nuestros recursos físicos se han agotado.

Por suerte, no es fácil deshacerse de aquellos que dejaron las señales y crearon los mapas de ruta. Nuestros ancestros y ángeles guardianes siguen guiándonos e inspirándonos aunque nosotros seamos demasiado "sofisticados" para ellos. Ellos saben que, no importa cuánto subamos, la vida tiene maneras de volvernos humildes, a través de dificultades, pruebas, tribulaciones, obstáculos y otras experiencias. Así que esperan pacientemente a que recurramos a ellos, pero esta vez esperan que mostremos un poco de iniciativa e interpretemos las señales. Interpretar las señales y leer los mapas de ruta que nuestros ancestros dejaron requiere conocimiento y no sólo conocimiento basado en nuestro intelecto, sino conocimiento del reino espiritual. Obtener acceso a este reino místico requiere que uno use de su imaginación para entender señales tales como soñar con peces, ver un pájaro particular volar por su casa o presenciar un fenómeno particular en la naturaleza.

Como resultado, una mente occidental "entrenada" describe arrogantemente los eventos que no puede explicar lógicamente como "fenómenos de la naturaleza". Una mente no occidental "entrenada" describe los eventos que no puede explicar como señales de Dios, de los ángeles, de ancestros o de espíritus, o simplemente como el lenguaje del Espíritu.

Aprender el lenguaje del Espíritu y cómo utilizarlo para mejorar la propia vida, especialmente si uno ha sido criado en una sociedad occidentalizada, es una aventura. Es lo que tuve que hacer para encontrar a Dios, superar los obstáculos que aparecían en mi camino y mejorar mi vida. Como muchos que han caminado antes que yo, intenté arreglar mi vida siguiendo el consejo y las sugerencias de otros (o leyendo miles de libros), lo que muchas veces me alejó aun más de Dios y me frustró más. Pero fue una experiencia que tuve que atravesar para aprender cómo ir hacia el interior.

Fue sólo después de años de leer, estudiar y aprender que finalmente me sometí. Fue entonces cuando recibí una señal que me conectó con mi pasado ancestral, me ayudó a entenderme mejor a mí mismo y cómo conectarme con Dios y me dio un propósito en la vida. Usando mi experiencia como una guía para entender cómo se desplegaban ciertos patrones, empecé a ver que nada sucede por accidente o por coincidencia. Todo lo que ocurre en nuestras vidas sucede por una razón, pero la única manera de ver esto es no deprimirse y tornarse apenado y arrepentido por nuestras experiencias. En vez de eso, hay que concentrarse en tratar de entender el significado que encierran.

La historia, según lo he comprobado, está llena de ejemplos de individuos que debieron superar grandes obstáculos para convertirse en grandes hombres y mujeres, pero cómo estos grandes hombres y mujeres superaron estos obstáculos se presenta siempre como un misterio. Esto es porque es una experiencia de aprendizaje que no se enseña en el aula y que no termina en una graduación, pero uno aprende cosas que acaso nadie haya sabido antes, hasta que deja esta existencia terrenal. Este camino que yo había tomado para encontrar respuestas a preguntas que me habían sido negadas en la juventud me ha llevado a vivir altibajos. También he tenido algunos momentos cuestionables en los que he cometido algunos errores serios y lamentables, lo que casi me llevó a perder la vida, mientras vagaba en busca de Dios y de un hogar cultural, esperando ser recibido algún día con los brazos abiertos y oír que alguien me daba la bienvenida a casa. No te mentiré. Fue atemorizante, incluso terrorífico a veces, pero fue tan beneficioso al final porque así es como descubrí que la gracia, la misericordia, el poder y la sabiduría de Dios habitan en mí. Fue a través de estos varios obstáculos que encontré a Dios, mi hogar ancestral y mi verdadera liberación de las cadenas mentales, físicas y espirituales que me esclavizaban.

En estas páginas se presentan mi historia y el sistema que me fue enseñado por mis ancestros para mejorar mi vida. Lo presento aquí no como la verdad absoluta y la cura de todos los males que existen en la sociedad. Ningún sistema tiene todas las respuestas y es la cura para todo. Lo presento como mi verdad, basada en mi teoría y mi experiencia, y espero y rezo porque pueda ayudarte a ti como me ha beneficiado a mí.

Paz, bendiciones y prosperidad sean contigo.

Derric Moore

1 de enero de 2010

Parte 1:
La Búsqueda de Dios

**No importa cuán larga sea la Noche,
es seguro que el Día vendrá.**

—Proverbio Kongo

¡Qué Tiempo Has Elegido para Nacer!

La forma en que vine al mundo debería haber sido una señal de que iba a haber un montón de problemas y de que yo iba a ser diferente. Según mi madre, yo estaba en la posición correcta pero, poco antes del parto, me puse cabeza abajo y nací al revés. Mi madre decía que desde ese día he estado dado vuelta. Yo interpretaba en chiste, sin saber lo que me aguardaba, que había tenido un atisbo de las cosas que estaban por venir, y decidí volver al lugar de donde había venido (los cielos).

Como sea, nací siendo el mayor de los cuatro muchachos de una joven pareja de Detroit, Michigan, a principios de los 70. Mi padre trabajaba reparando teléfonos durante el día y como asistente de un pastor apostólico pentecostal por las noches y en los fines de semana. Mi madre era maestra de una escuela primaria y una devota cantante cristiana.

Aparte del hecho de que mi padre estaba siempre o bien trabajando para sostener a su familia u ocupándose de los asuntos de la iglesia, tuve una infancia bastante buena. Como la mayoría de los chicos en esos días, mis hermanos y yo teníamos tareas, pero como mi madre era la mayor de los nueve hijos de mis abuelos y tenía siete hermanos, como los llamaba ella, "oxidados" (mis hermanos los conocían como los

Siete Magníficos, porque teníamos que luchar con ellos para ganarnos su respeto), no nos criaron para pensar que algo fuera "trabajo de mujeres". Así que mis hermanos y yo nos alternábamos para lavar los platos. Teníamos tareas de fin de semana también. Yo era responsable de limpiar el baño y la cocina, mientras que mi hermano menor barría. Así que cada sábado por la mañana, como me enseñaron, echaba dos tapas de Pine-Sol en un balde de plástico y añadía agua tibia. Eventualmente trataba de hacer mis tareas el viernes por la noche, así podía ver tranquilo las películas de terror en continuado que venían más tarde y las de kung fu que pasaban el sábado por la mañana.Entre mis filmes favoritos de artes marciales estaban *El Chico de los Brazos de Oro, Los Cuatro Venenos Mortales* y *Shogun el Asesino*, en la que el samurai Lobo Solitario le dice a su hijo Cachorro que es su

destino decidir si vivirá o morirá eligiendo una espada (para vivir) o una bola (para morir). Al final, el sábado por la mañana terminó siendo el momento en que hacía la mayor parte de mis tareas.

Como mi padre trabajaba como técnico telefónico o estaba ocupado con los asuntos de la iglesia, mi madre, mayormente, era a quien mis hermanos y yo solíamos recurrir para que nos ayudara con la tarea y otros asuntos mientras crecíamos. Nos ayudaba con todo, al parecer, pero no nos consentía. Solía enfrentarnos con un cinturón o con la temida vara en la mano. Siempre nos decía, cuando nos azotaba, que nos amaba y que nos estaba azotando para que entendiéramos que lo que estábamos haciendo estaba mal, y que nuestra conducta errada nos lastimaba a nosotros y a todos los involucrados. La teoría de mi madre, al igual que la teoría de mis abuelos, era que era preferible azotarnos e ir a la cárcel por llevarnos por el buen camino que dejar que fuéramos nosotros a la cárcel o morir por no ser bien llevados. Era la vieja escuela, impuesta por los hombres. Mi padre apoyaba a mi madre y mi abuelo apoyaba a mi abuela y así. Uno odiaba recibir una paliza de su padre, abuelo, tío o de cualquier hombre por esa razón.

Ahora bien, no es que mi padre no fuera un buen padre, pero siempre estaba o bien en el trabajo o trabajando para la iglesia, lo que le llevaba un montón de tiempo. Ocasionalmente, mi padre, según recuerdo, me ayudaba con mis deberes de matemática y ciencia. De hecho, fue gracias a él que gané el primer puesto en varias ferias de ciencias. Pero básicamente, en mi mente juvenil, mi padre tenía la reputación de no estar muy presente. Cuando mis hermanos y yo finalmente lo veíamos, era tarde a la noche o temprano por la mañana, y parecía que eran sólo unos minutos. Como resultado, mi madre era la que veíamos casi siempre en la casa. Era a la que acudíamos casi siempre. Mi madre, al parecer, ear la que tenía la mayor autoridad y la mayor influencia en nuestra casa, pero respetaba y amaba a mi padre, quien siempre se llevaba la parte grande del pollo (sonrisa).

Dado que mi madre era maestra, mis hermanos y yo siempre estábamos aprendiendo algo, porque ella se aseguraba de que hubiera mucho material educativo en la casa. Mi padre también era un ávido lector y cuando no estaba trabajando leía libros de terror, novelas de ciencia ficción o libros relacionados con la iglesia. Pero, de nuevo, como mi madre tenía al parecer la mayor influencia en nuestra casa, vivíamos según sus reglas, que eran aplicadas por nuestro distante padre, de tal manera que en el verano, cuando la mayoría de los chicos estaban afuera jugando desde el amanecer hasta el crepúsculo, mis hermanos y yo asistíamos a la escuela de mi madre en casa.

La escuela veraniega de mi madre era en nuestra mesa, después del desayuno. Cada verano, para que no olvidáramos lo que habíamos aprendido durante el año escolar y estuviéramos listos cuando la escuela comenzara en el otoño, teníamos que leer una revista, un diario o algo, además de hacer un informe sobre un libro y ejercicios de matemáticas. En ese tiempo yo odiaba seguir esa rutina, pero cuando finalmente acepté que tenía que hacerlo cada verano, años más tarde, aprendí que la razón por la que mi madre hacía que mis hermanos y yo hiciéramos eso era que mi abuela, que no había terminado la escuela pero amaba aprender, seguía esa rutina y se beneficiaba de ella. Ella a su vez hizo que mi madre hiciera lo mismo, lo que probablemente llevó a que mi madre se graduara e hiciera la carrera de maestra, así que ahora era el turno de mis hermanos y yo. Aceptando que éste era mi destino veraniego, recordé que el libro que había elegido para hacer mi informe un verano, que se convirtió en mi libro favorito de la infancia (y uno de los de mi madre) era la *Ilíada* y la *Odisea* de Homero. Seguíamos esta rutina cada verano y durante un mes nos daban un descanso justo antes de que empezara la escuela.

Durante ese mes de receso, mi padre, después de trabajar tan duramente durante un año, nos llevaba de vacaciones. Íbamos a través del río a Canadá, a Chicago, a Orlando o a algún otro lugar para reunirnos con nuestros familiares. Después, cuando volvía a empezar el año escolar, hacíamos lo mismo de nuevo.

También era durante la parte regular del año que m mare nos obligaba a mi hermano y a mí a tomar lecciones de piano a temprana edad, pero yo dejé de ir ni bien empecé a aprender a tocar la trompeta. Yo quería dejar las lecciones de piano porque estaba cansado de practicar con mi libro de música Schaums. No sabía en ese momento que ese librito amarillo me había enseñado a aprender a leer música. Tras agarrar la trompeta, pronto aprendí sobre el mundo del jazz, pero pronto lo dejaría porque la música no era mi primera pasión. Mi primer amor era dibujar y pintar, porque a través de eso era capaz de dibujar y pintar otro mundo. De hecho, me metía tan profundamente en mi arte que tenían que obligarme a descansar y salir a jugar. Fue a través del arte y la música que pude expresarme pero el arte (o mis garabatos) fue la única herramienta que pude llevarmeconmigo y que me permitió escapar del aburrimiento de la iglesia.

Como muchos jóvenes afroamericanos en ese tiempo, fui a la iglesia toda mi vida. Todo en la casa de mis padres giraba en torno de la iglesia o de Dios; después venía la familia. Crecer en nuestra casa no era malo porque podíamos escuchar cualquier cosa (mientras no fuera demasiado fuerte) cualquier día de la semana menos el domingo. El domingo era considerado el Día de Dios en nuestra casa y era el día en que pasábamos la mayor parte del tiempo en la iglesia. Si mis hermanos y yo nos peleábamos el domingo por la tarde, nos hacían volver a la iglesia y nos obligaban a sentarnos en el banco de adelante para sacarnos el diablo del cuerpo. Después de sentarnos en el asiento de adelante durante varios años, por pelearnos y discutir entre nosotros, eventualmente aprendimos a quedarnos callados y a por lo menos actuar como si nos quisiéramos hasta el lunes.

Había un montón de cosas que mis padres y sus amigos de la iglesia hacían y que yo disfrutaba. Por ejemplo, me gustaban bastante los viejos himnos de llamado y respuesta que no estaban grabados en la mayoría de los álbumes de *gospel* pero que toda la congregación sabía. Estas canciones eran himnos tradicionales que había pasado la generación anterior como *Got Good Religion, Lead Me, (I like) The Old Time Way, God's Been Good to Me, Hold on to God's Unchanging Hand* y *Drive Old Satan Away*. También me gustaban las canciones que cantaba nuestro coro, especialmente las escritas por Edwin y Walter Hawkins.

Una cosa que me gustaba era que, a pesar de que nuestra iglesia era relativamente grande (una de las más grandes de la ciudad), todo el mundo parecía conocerse como una familia. Me gustaba que en nuestra iglesia también había bastantes ancianos. Uno podía ver que muchos de estos ancianos habían atravesado un montón de dificultades y vivido para contarlas. Un día quise escuchar algunas de sus historias, porque era visible que encerraban un gran poder y sabiduría, pero nunca tuve la oportunidad de hacerlo.

Otra cosa que yo disfrutaba eran ir a la iglesia en Nochevieja y dar gracias a Dios por un año bendito, lo que llamaban Noche de Guardia. Después del servicio, la gente se juntaba a comer para tener un feliz Año Nuevo.

También había algunas cosas que mis padres y sus amigos mantenían en secreto y de las que raramente hablaban frente a nosotros. La forma en que esta gente mayor hablaba misteriosamente sobre algunos de estos temas casi me hacía creer que ser adulto significaba ser miembro de una sociedad secreta. Esto era porque algunos de los temas de los que hablaban los adultos no coincidían directamente con las creencias de la iglesia.

Por ejemplo, cuando nacía algún bebé que parecía tener una gran personalidad, los viejos solían decir que el chico era un alma vieja. Cuando había una tormenta, a los chicos nos decían que jugáramos en silencio y que no usáramos el teléfono porque Dios estaba hablando y/o luchando contra el demonio. Recuerdo que cuando era más joven también me dijeron que no silbara dentro de la casa porque eso atraía males al hogar.

Había otras cosas que hacían los adultos que parecían bastante extrañas. Como interpretar los sueños según señales que aparecían en ellos. Soñar con peces, por ejemplo, era señal de que alguien estaba embarazada. Otra señal de que alguien estaba embarazada era soñar con alguien muriendo. Habá otras señales que tenían muchos significados, también, pero al parecer no todos las conocían. Sin embargo, había algunos que tenían más conocimiento de estas señales, porque se decía que habían nacido con un velo (membrana) sobre el rostro, lo que les permitía ver ciertas cosas.

Recuerdo que, cuando oía algunas de estas cosas de las que hablaban los adultos, me hacía pensar que algunas de estas personas tenían poder como la gente de la Biblia. Por ejemplo, mi madre nos dijo a mis hermanos y a mí, por supuesto cuando éramos más grandes, que ella había tenido cuatro abortos espontáneos, cada uno precediendo el nacimiento de uno de sus cuatro hijos. La única razón por la que pudo tenernos fue que rezó para ser capaz de hacerlo. Había una cosa secreta que existía entre los adultos, yo lo sabía, porque podía oírla y verla en sus expresiones cuando veían u oían ciertas cosas. Como cuando pasamos las vidrieras brillantes y coloridas de 7-Mile Road, que más tarde descubrí que eran tiendas de velas, o los comerciales del Rev. Ike que pasaban en la radio AM después de la emisión de la iglesia del domingo por la mañana, en los que alguien decía: "Que alguien me ponga una RAÍZ". Se confirmó que los adultos sabían algo o al menos estaban al tanto de algo. Pero cuando le pregunté a mi madre: "¿Qué es una RAÍZ?", me dijo que no era nada.

Otra cosa que me convenció de que los adultos estaban definitivamente en algo era que mis padres no sufrieron un robo en su casa durante los 19 años que vivieron allí, hasta que se mudaron.

Eran estas costumbres y prácticas y varias de las historias que oía de boca de mis padres, tías, tíos y sus amigos las que me fascinaban, porque la gente que las contaba era capaz de superar las dificultades que se les presentaban a través de lo que parecían ser medios mágicos, como la gente de la Biblia. Recuerdo haberle preguntado a mi padre cómo era que la gente podía hacer algunas de las cosas que hacía. Me dijo que era porque el Espíritu Santo estaba en ellos. Quería pedirle que me explicara qué quería decir con eso de que la gente tenía el Espíritu Santo dentro, pero no lo hice porque para entonces mi padre parecía tan distante, por su trabajo y obligaciones con la iglesia, que era como Dios para mí, alguien a quien raramente se podía ver. Cuando lo veíamos en casa, durante la parte regular del año, le parecía a mi mente juvenil que sólo estaba ahí para castigar e imponer una pena por algo que yo había hecho mal. Esto, sin embargo, no me impidió querer saber todo; de hecho, me hizo desear ser como el Rey Salomón, el hombre más sabio de la Biblia. Con suerte, algún día me llegaría la oportunidad de realizar mi deseo, como Salomón, y convertirme también en un hombre sabio.

Peleando contra lo Viejo

Ahora bien, yo no preguntaba por el Espíritu Santo simplemente porque quisiera hacer milagros *per se,* como algunas de esas personas que había oído testificar en la iglesia. No, yo quería al Espíritu Santo por una razón diferente, inimaginable para muchos de los adultos que había en mi vida.

Empezó una noche, después de oír un sermón severo que pronunció un evangelista que estuvo de visita en nuestra iglesia familiar. Yo me quedé con varios de mis amigos y otros jóvenes a esperar que descendiera el Espíritu Santo, así podía recibirlo y escapar a la epidemia de cocaína que golpeó a Detroit, Michigan, y al resto de la Norteamérica urbana de los 80. Estaba tratando de salvarme de la tasa ascendente de homicidios y de las probabilidades que tenía en contra por ser un joven negro. Como no había trabajo, porque muchos en Detroit habían puesto su fe en las compañías automotrices que les habían dado la espalda, el desempleo combinado con los males sociales llevó a la estimación de que la mayoría de los varones afroamericanos entre los 12 y los 17 años no llegarían a los 18, 21 o 25. Así que esa noche fui "salvado".

Vivir "salvado", según aprendí, no era fácil, porque cuando fui a la escuela muchos de los jóvenes se veían indirectamente presionados para vender drogas. La gente no era *"empujada"* a vender drogas como ritual de iniciación: eran el dinero, las joyas, la ropa, los autos y las chicas lo que hacía que muchos chicos vendieran drogas, conociendo la regla oficial de que la única manera de salir del negocio de *"menearse"* (como lo llamábamos) cuando uno ya estaba dentro era la muerte.

Esto, sumado a las presiones regulares de la escuela, hizo que ser *salvado* fuera extremadamente difícil, porque era difícil mostrar la otra mejilla y no ser acosado. Por otra parte, si te mostrabas demasiado intransigente, podía matarte un rival o bien podían reclutarte para vender drogas, porque ésa era la personalidad favorable para vender drogas. ¡Intenté lo más que pude mostrar la otra mejilla y no perder mi Espíritu Santo, pero lo hice porque no iba a dejar que me pasaran por encima!

Ahora bien, yo no era acosado porque fuera un *nerd* o tuviera problemas de aprendizaje. Era porque todo el mundo sabía que yo era un HP (hijo de predicador) y un montón de chicos pensaban que podían atropellarme fácilmente. Ahora imagino que probablemente habría podido seguir siendo *salvado* pero a la vez pelear desde otra perspectiva, pero no lo hice. Como resultado, si alguien hablaba de mí o me amenazaba, generalmente lo ignoraba. Era la vieja usanza.

Pero al que me tocaba hacía lo posible por matarlo. Sabía que no estaba bien sentirse así, pero así me sentía. Para evitar meterme en esas situaciones, seguí el consejo que mi abuelo solía darles a sus nietos: "No dejes que tu boca te meta en algo de lo que tu trasero no pueda sacarte".

Como resultado, generalmente me distanciaba de situaciones que me llevarían a una pelea. Como no era físicamente grande, no podía jugar al fútbol, y no me daba la altura para jugar al básquetbol, así me anoté en el grupo de natación y correr carreras. Afortunadamente, sólo tuve unas pocas peleas entre el octavo grado y la secundaria, pero la situación me hizo preguntarme por qué el *Espíritu Santo* no funcionaba para mí. Me pregunté por qué tenía que perder el *Espíritu Santo* o este poder para sobrevivir. ¿Por qué Dios no peleaba mis batallas? No estaba seguro, pero fue entonces cuando empecé a cuestionar todo lo que había aprendido o me habían enseñado.

Era porque me sentía realmente herido que había perdido al Espíritu Santo y reincidido, porque realmente quería era ser salvado. De nuevo, no era tanto porque quisiera ir al cielo o al infierno. Era porque no quería que me mataran, ya que tantos jóvenes se mataban mutuamente sin cuidado. Realmente quería el poder de Dios para no convertirme en una estadística, porque sabía que, si no lo tenía, sólo sería cuestión de tiempo y yo también acabaría muerto. La idea de morir por algún acto temerario de violencia, como los que ya habían matado a tanta gente que yo había conocido en la iglesia y en la escuela, siempre estaba fresca en mi mente. Los medios se aseguraban de ello y me indignaba mucho porque yo había intentado hacer lo correcto siendo salvado. No sabía cómo había perdido al Espíritu Santo pero lo perdí y sentía que estaba siendo castigado por ello.

Este constante pensar en la muerte me llevó a una

leve depresión y me hizo querer suicidarme, pero en vez de eso empecé a vestirme de negro otros colores oscuros todo el tiempo durante la mayor parte de mis años de secundaria. Como se estimaba que iba a morir de todos modos, aunque había intentado sin éxito ser salvado, empecé a perder el interés en la vida y a anhelar la muerte. Pasaba la mayor parte del tiempo o bien en el sótano o escondiéndome solo en el garaje, donde dibujaba y me perdía en mi arte, enojado por lo que parecía ser una situación sin salida. Me enojé tanto con Dios que trataba de ofenderlo deliberadamente, así me golpeaba con un rayo. Muchas veces, pensando en mi situación, me atreví a levantar la mano derecha hacia los cielos y a mostrarle el dedo a Dios. No podía esperar a estar frente a Dios para ser juzgado, así podía decirle cómo la había fregado al no darme otra opción que el fracaso en las situaciones en que me encontraba. Esperaba ansioso el momento en que moriría por mis ofensas, así le podía cantar las cuarenta a Dios.

No mucho después de eso, empecé a odiar a la iglesia, y mi relación con mi padre empeoró por su responsabilidad hacia la iglesia y no hacia mí. De hecho, odiaba tanto ir a la iglesia que la noche anterior tomaba laxantes de chocolate para que a la mañana siguiente pareciera que tenía problemas de estómago y diarrea y no tuviera que ir a la iglesia. Cuando mi familia salía para la iglesia, después de ir al baño y asegurarme de que no había moros en la costa, prendía la televisión y miraba todos los programas que me había perdido por ir a la iglesia, como *Sergeant Preston of the Yukon, Laurel and Hardy* o mi favorito, *Abbott and Costello Meet Frankenstein (1948)*, que irónicamente parecían pasar siempre los domingos por la mañana, cuando era momento de ir a la iglesia. Otras veces, cuando iba, esperábamos con algunos amigos a que recolectaran las ofrendas y entonces, mientras todo el mundo estaba ahí, nos escapábamos y salíamos a pasear por el bajo Detroit. A veces hasta íbamos a otras iglesias para ver a las chicas. Después volvíamos con tiempo suficiente para preguntarle a alguien qué pasaje había leído el predicador, en caso de que nuestros padres nos preguntaran. Cuando no me podía ir de la iglesia, simplemente me sentaba y dibujaba en el boletín eclesiástico o en cualquier pedazo de papel del que pudiera echar mano.

Ya no me importaba. Estaba tratando de ser destructivo porque estaba deprimido, frustrado y enojado con Dios. Mientras ansiaba la forma en que la muerte llamaría a mi puerta, odiaba a la iglesia y a todo lo que tuviera que ver con ella. Amaba a mis padres, pero odiaba a la iglesia. Realmente odiaba el hecho de que mi padre fuera un predicador y odiaba aun más que la gente dijera que yo iba a ser un predicador. Estaba tan enojado, deprimido y frustrado que dejé de escuchar a mi DJ favorito de entonces, The Electrifying Mojo, y empecé a sumergirme en otra música que había oído tocar en la ciudad. Funk, soul, blues, jazz, mi artista favorito (Prince) y esta cosa nueva llamada "rap" que escuchaba a escondidas no podían expresar mi dolor. Sólo la música palpitante de la casa de música de Chicago y los sonidos futuristas y mugrientos del tecno de Detroit, junto con la música *underground* de Midnight Oil, The Cult, Depeche Mode, The Cure, The Smiths, The Bauhaus, The Sexpistols, The Sugarcubes, Massive Attack y Björk parecían expresar cómo me sentía en verdad.

¡Entonces fue cuando sucedió! Fue al cuestionar todo lo que me enseñaban mis maestros de la escuela dominical cuando surgió el tema de los egipcios y su adoración por los ídolos. Ahora bien, yo había oído ya muchas veces en la iglesia que los egipcios eran adoradores de ídolos, pero por alguna razón, en esta encrucijada particular de mi vida, la idea de los egipcios adorando ídolos se insertó en mi mente como un clavo ardiente. En ese momento yo no sabía por qué me sentía tan indiferente acerca del hecho de que los egipcios fueran adoradores de ídolos pero luego, al pasar el tiempo, se hizo evidente que la razón de que este tema de los egipcios me interesara tanto era que los egipcios simbolizaban de alguna manera lo que yo quería.

Egipto, la Luz Misteriosa del Oriente

Como, nuevamente, mis padres eran ambos personas muy inteligentes y nuestro sótano estaba siempre lleno de material de lectura, junto a las publicaciones regulares negras como *Ebony* y *Jet* había numerosas revistas *Reader's Digest* y *National Geographic,* que indicaban que los egipcios eran un pueblo muy inteligente. Además de la construcción de las magníficas pirámides, aprendí que los egipcios eran conocedores de muchas materias, incluyendo astronomía y medicina. Todos estos avances que conocía este pueblo antiguo, y que desconcertaban a la comunidad científica moderna, me sonaban a un pueblo que tenía el Espíritu Santo, o al menos el poder de Dios, para lograr tantas cosas.

Decirme entonces, después de que me enterara de todos los logros de los egipcios, que eran adoradores de ídolos, simplemente no tenía ningún sentido. Esto era porque me habían enseñado que los adoradores de ídolos eran tontos porque no sabían que hay un solo Dios, pero los egipcios no me parecían ningunos tontos. Consecuentemente, empecé a pensar en todas las historias que recordaba que me habían contado acerca de los egipcios. Pensé en cómo, según las lecciones de la escuela dominical, los egipcios habían esclavizado a los Hijos de Israel para construir su sociedad. Entonces recordé otras historias, como la de José el Soñador, traicionado por sus propios hermanos, apresado pero luego convertido en visir de un faraón. También recordé que, después de nacer Jesús, sus padres huyeron con él a Egipto para escapar de la ira del Rey Herodes.

Me pregunté por qué, si los egipcios eran adoradores de ídolos y estaban en contra de Dios, esclavizarían a un pueblo en una ocasión y en otra ocasión ayudarían al pueblo que habían esclavizado. No tenía sentido, igual que algunas otras cosas en la Biblia que yo había empezado a cuestionar, como lo de que Adán y Eva fueran las primeras personas en el planeta y su hijo Caín se casara con una mujer que debía ser su hermana. Algo no cerraba, lo que me hacía creer que alguien, en alguna parte, había entendido algo mal. Temeroso de decir que la Biblia estaba errada, por miedo de ser llamado un hereje, creía que alguien seguramente había interpretado mal la Biblia, porque no podía creer que el Dios celoso del que me habían hablado en la escuela dominical permitiera a los egipcios vivir durante miles de años, si eran adoradores de ídolos.

Algo no está bien, pensaba, así que, naturalmente, empecé a preguntar y a intentar desentrañar lo que acababa de comprender. La primera persona a la que le pregunté fue, por supuesto, mi padre, y luego otros *santos* (personas de la iglesia), pero, en vez de atender a mi lógica, mi padre y otros a quienes hice estas preguntas citaban las escrituras y me decían que los egipcios eran adoradores de ídolos y eso era todo. ¡Pero yo sabía profundamente en mi interior que eso no era todo, y que los antiguos egipcios conocían a Dios! Entonces pensé en todos los logros y descubrimientos que veía en las revistas. Sabía que los Antiguos Egipcios conocían a Dios, ¡sólo necesitaba pruebas! *Si sólo tuviera pruebas...*

Como los santos ni siquiera intentaban escuchar mis razones y sólo escuchaban a la Biblia porque era la "Palabra de Dios", yo deseaba poder encontrar alguna evidencia de que los Antiguos Egipcios no adoraban ídolos y/o creían en el Dios Único de la Biblia. No sabía cómo iba a encontrar tal cosa, porque yo no era un estudioso de la Biblia y no conocía la Biblia como la mayoría de la gente, pero estaba dispuesto a intentar encontrar una respuesta. Así que puse mi mano sobre la Biblia e hice la pregunta. Entonces abrí la Biblia y leí la primera sección de escrituras que me atrajo, que era Jeremías 44[1].

Jeremías 44 cuenta que Dios le dijo al profeta Jeremías que, después de liberar a todos los judíos de la esclavitud, ellos habían vuelto a las andadas, así que Él iba a castigarlos. Yo no sabía por qué había abierto la Biblia en Jeremías 44 pero, después de leerlo y de pensar en ello por un rato, me di cuenta de dos cosas.

La primera era que Dios estaba enojado con el pueblo judío pero no decía nada de estar enojado con los Antiguos Egipcios por lo que estaban haciendo (si es que estaban adorando ídolos), lo que me hizo pensar que o bien a Dios no le importaba lo que estuvieran haciendo los egipcios, le parecía bien lo que estaban haciendo, o no le gustaban para nada sus acciones. Volví a recordar la historia de José el Soñador, lo que me hizo racionalizar que Dios, hasta cierto punto, tenía que estar complacido con los antiguos egipcios o al menos tolerarlos, si le permitía a Su sirviente servir a ese pueblo y a la familia santa encontrar refugio allí.

La segunda cosa que me vino a la mente después de leer Jeremías 44 fue que los judíos no estaban practicando la religión de sus antepasados. Estaban practicando o siguiendo las tradiciones de otra gente, que probablemente no entendían en primer lugar, lo que era probablemente el

---

[1] Después descubrí que esta práctica se conoce como bibliomancia. Para más información sobre esto, ver el Apéndice C.

motivo de que Dios estuviera enojado con ellos, por quemar incienso para una diosa extranjera.

Sin embargo, no estaba seguro, y esto era sólo especulación. Entonces oí una voz que me decía: "ESTUDIA A EGIPTO". Por un segundo ignoré la sugerencia, porque pensé que simplemente me estaba hablando a mí mismo, pero otra vez oí la voz: "ESTUDIA A EGIPTO".

Ahora bien, en nuestra iglesia nunca se hablaba directamente de espíritus. Nos decían que existían espíritus malvados y ocasionalmente algunas personas realmente extrañas venían de las calles y se metían durante el servicio. El pastor, acompañado por varios de los ministros en el púlpito, solía echarles un poco de aceite de oliva bendito en las manos y orar por ellos, pidiéndole a Dios que les quitara a los espíritus de maldad o a "El enemigo" de dentro y los librara del mal. La mayoría de las veces ni siquiera tocaban a la persona; en vez de eso, le rezaban a Dios para que enviara al poseído de vuelta a las calles. Esto, según descubrí después, se debía a que el pastor no era de los que exorcizan imponiendo las manos. Había otro caballero, un ministro más viejo en nuestra iglesia llamado Elder Gear, que realmente me gustaba cuando era joven, y que después descubrí que era quien hacía los exorcismos. En cualquier caso, nuca supe realmente qué o qién era el enemigo, porque el diablo era descripto como rojo y con cuernos en la cabeza.

Consecuentemente, cuando la voz me dijo "ESTUDIA A EGIPTO", yo pensé: "¿Es esto un espíritu malvado que me dice que estudie a los egipcios, de quienes me dijeron que eran malvados y adoradores de ídolos?" Entonces la voz, como si conociera mis pensamientos, dijo: "Si Egipto fuera malvado, ¿por qué José y María huyeron allí con el niño Jesús para escapar del Rey Herodes?".

Pensé sobre ese interrogante y me pregunté: ¿por qué

el Salvador de la Humanidad iba a tratar de encontrar refugio en un país malvado? ¿Por qué los egipcios les darían la bienvenida a extranjeros en su país, a menos que no fueran realmente extranjeros? Me di cuenta de que los egipcios les habían permitido a José, María y Jesús buscar refugio en su país probablemente porque tenían creencias y prácticas similares o algo así.

De nuevo, la voz: "ESTUDIA A EGIPTO". Y entonces me di cuenta de que estaba hablando con un espíritu que no tenía intenciones de dañarme, y que en ese momento creí que era Dios. Entonces otro pensamiento apareció en mi cabeza, proveniente de la escuela dominical, cuando recordé que los egipcios adoraban ídolos. Ésa era la razón de que Moisés demandara que su pueblo, los Hijos de Israel, fuera liberado para que él pudiera llevarlo a la Tierra Prometida y darle las leyes verdaderas de Dios, los Diez Mandamientos.

A continuación, la voz me hizo una pregunta: "Si éste era el caso, ¿por qué Moisés no les dio a los egipcios los Diez Mandamientos?".

"Hmmm," pensé, ¿por qué Moisés no les dio a los egipcios los Diez Mandamientos? Estos Mandamientos, que parecían ser leyes de sentido común que los Hijos de Israel no parecían conocer, como no robarse entre sí, no codiciar a la mujer de su prójimo o no matarse unos a otros. ¿Podía ser que los egipcios ya conocieran esas leyes básicas? Otra vez, la voz dijo: "ESTUDIA A EGIPTO", y desde ese momento leí y estudié todo lo que pude encontrar sobre los antiguos egipcios, porque parecía que la única manera de aprender a usar el poder de Dios para mejorar mi vida era aprender cómo lo habían hecho ellos. Muchas de las cosas que me gustaba hacer, como dibujar y pintar, las hacía mayormente en mi tiempo libre, porque no parecía tener un propósito para estos talentos, al menos no en el momento presente.

Un Milagro a la Vez

Salí de la depresión cuando empezaba la secundaria y comencé a verme envuelto en varios asuntos estudiantiles, como el gobierno estudiantil, los clubes de ciencia y matemática y uno de mis favoritos personales, el atletismo. Me gustaba el atletismo porque me gustaba correr. Mi padre llevaba el tablero en las 100 yardas, así que yo corría las 100 yardas, los 200 metros, los 400 metros y el 4 x 100. Fue a través de las carreras que aprendí la importancia de la disciplina, al condicionar a mi cuerpo en los meses invernales para correr en la temporada de carreras.

Ahora bien, yo no era un corredor perfecto. De hecho, en casi todos los eventos nunca ganaba el primer lugar y siempre salía segundo o tercero. Solía molestarme pasar tanto tiempo entrenando durante la temporada baja y aun así no obtener los resultados que quería. Hasta que un día, decidido a salir primero, decidí hablarle a mi "némesis", un velocista contra el que solía correr, y que salía primero. Como siempre cruzaba la línea de meta una fracción de segundo después que él, le pregunté cuál era su secreto para llegar en primer lugar. Y me dijo que se imaginaba cruzando la línea primero.

Así que una tarde fría, triste y lluviosa, sentado en el autobús con mis compañeros de equopo, me imaginé cruzando la línea primero. Me imaginé la imagen varias veces hasta que llegó el momento de mi evento. Porque tenía una historia de llegar segundo o tercero, mi entrenador y mis compañeros ni siquiera se molestaron en vivarme. No sabían lo que estaba ocurriendo en mi mente. Después de vestirme y hacer algunos estiramientos y prepararme para las 100, tomé mi lugar, corrí y sorpresivamente ¡gané!

Mi victoria no sólo me sorprendió a mí sino que también sorprendió a todos, incluyendo a mi oponente. Mi adversario, que me había contado su secreto siendo buen competidor, me felicitó aunque sus compañeros estaban enojados con él por perder contra mí. Nunca olvidé este momento y habría deseado que mis padres, especialmente mi padre, hubiera estado ahí para verlo, pero entendí por qué no estaban ahí. Inmediatamente después, volví a cruzar la línea de meta segundo, porque dejé de imaginar, y seguí haciéndolo mientras corrí carreras.

A medida que iban apareciendo en la escena más y más grupos de rap divertidos y con conciencia social, como The Jungle Brothers, KRS 1 & BDP, Eric B. & Rakim, X-Clan, Gangstarr, The Poor Righteous Teachers, Black Sheep, Brand Nubians, Public Enemy, A Tribe Called Quest y Arrested Development, empecé a tener un sentido de propósito personal, de por qué estaba viviendo, al menos en cierto grado. Así que me postulé a varias becas y me otorgaron una, para mi sorpresa, de una fundación que llevaba el nombre del alcalde de la ciudad. Poco después me gradué de la secundaria. En vez de ir a la universidad en Canadá, como había planeado, fui a la universidad en Prairie View, Texas, donde estudié ingeniería química con algunos compañeros de la secundaria: Rich, mi buen amigo Aaron y mi mejor amigo, G.

Lecciones de Martin L. King & Malcolm X

Como se estimaba que la mayoría de los ingresantes a la universidad no estarían presentes al siguiente semestre o año, me aferré rigurosamente a mis libros, para no convertirme en parte de la estadística de desertores. Nadie dijo que iba a ser fácil y no lo fue: mientras peleábamos para obtener asistencia financiera para pagar la tarifa adicional por ser de otro estado y dinero adicional para nuestros costosos libros, tratábamos de completar las 18 horas de crédito requerido por semestre. Al final, logré mi primer promedio de 3,5 en la disciplina de ingeniería.

En el camino, conocí a una cantidad de personas de todo el mundo que me ayudaron indirectamente en mi búsqueda espiritual. Además, a varias personas de todo el país que eran cristianas, musulmanas o rastafarianas. Me hice amigo de personas que conocí provenientes de Egipto, Pakistán e India. También me hice amigo de una cantidad de personas que eran de Jamaica, T&T (Trinidad y Tobago) y

Santa Lucía, que me hicieron conocer la música de Bob Marley, Burning Spear, Steel Pulse y la música soca de Machel Montano. A través de los rastafarianos que iban a mi escuela aprendí los rudimentos de la percusión y cómo dejar que la mente guíe el ritmo y la velocidad apropiada para cada uno. Un hermano en particular con el que me llevaba especialmente bien se llamaba J.T. y era un licenciado en ciencias políticas que además era aspirante a vegano.

También me hice amigo de gente de Costa de Marfil, Liberia, Ghana y Kenia, incluyendo una cantidad de personas de Nigeria, como mi buen amigo Femi, quien me dijo que mucha gente en África era engañada sobre los afroamericanos de la misma manera que los afroamericanos eran engañados acerca de los africanos. Recuerdo que Femi me dijo que solía despreciar a los afroamericanos porque le habían dicho que los afroamericanos eran esclavos y creían ser mejores que los africanos, a quienes veían extraños. Recuerdo que me dijo que había descubierto la verdad y cambiado de perspectiva acerca de lo que significaba ser negro en los Estados Unidos después de leer *The Isis Papers: The Keys to Colors,* de Frances Cress Welsing. Me dijo que nunca había imaginado que la gente fuera aterrorizada por el color de su piel. Al parecer, yo estaba tan acostumbrado al fenómeno que lo daba por sentado. Sólo años después llegaría a entender verdaderamente lo que Femi me estaba diciendo y cómo se relacionaba con mi propio desarrollo.

Gracias a Femi, aprendí más de cómo se hacían las cosas en distintas partes de África. Aunque Femi era cristiano, me dijo en secreto que su familia todavía les ofrecía libaciones a sus ancestros. Me lo dijo en secreto porque había una dama cristiana de la misma tribu que él que también iba a la universidad, y que pensaba que esa práctica era tonta. Parecía que, al igual que los afroamericanos eran acosados y ridiculizados por seguir ciertas prácticas culturales propias, los africanos también lo eran.

Como sea, yo apreciaba mucho a Femi, porque además de hablarme de África y de Nigeria en particular me mostró cómo preparar algunos platos tradicionales de Nigeria, como fufu, egushi y sopa de corazón de palmera, y también me hizo conocer la música de Fela Kuti, el padrino del afro pop.

Ahora, al principio, no me habría hecho amigo de todas estas personas de diferentes fes, porque había sido criado en la iglesia de "nuestra manera es la correcta y la fe de todos los demás está equivocada". Aunque yo no era un miembro activo de la iglesia, muchas de las enseñanzas de la iglesia calaban en mi vida igualmente. Entonces, en la universidad, leí sobre la vida del Dr. Martin L. King Jr. y la autobiografía de Malcolm X escrita por Alex Haley. Aparte de las contribuciones históricas que estos hombres habían hecho, ambos me impresionaron por su disciplina, habilidades para el liderazgo y dotes oratorias. Estaba verdaderamente impresionado por el hecho de que Malcolm fuera un matón callejero que no sólo dio un giro completo sino que además fue capaz de lograr hazañas que algunos considerarían imposibles aun hoy. Como leer y estudiar un diccionario. Eso era asombroso para mí y sólo por esa razón se ganó mi respeto.

Tanto Malcolm como Martin representaban para mí a dos hombres de diferentes orígenes que definitivamente aspiraban a la misma meta pero tenían diferentes formas de procurar alcanzarla. Al final, ambos estaban dispuestos a trabajar juntos desde diferentes frentes, lo que los hacía unirse en mi mente como hermanos en una causa común. Fue después de leer sobre las vidas de estos hombres que empecé a cuestionarme: ¿Adónde habrían ido estos hombres después de la muerte, ya que no eran apostólicos pentecostales, como yo?

Eran hombres que habían hecho un trabajo extraordinario para Dios y para su pueblo, lo que me hizo llegar a la conclusión de que a Dios no le importa lo que creemos o cómo nos designamos. A Dios no le importa si nos llamamos bautistas, católicos, pentecostales, cristianos, musulmanes o lo que sea, y no le importa en qué creemos. Basado en las vidas de Martin L. King y Malcolm X, a Dios sólo le interesa el trabajo, o mejor dicho el trabajo heroico, que hacemos aquí en la tierra para nuestra familia, nuestros amigos, nuestra comunidad y el mundo.

Aprendiendo sobre el Supremo

Fue por ese tiempo que entablé gran amistad con un hermano llamado Fred, que era del Cinco por Ciento. El Cinco por Ciento, también llamado la Nación del Cinco por Ciento o Nación de Diosez & Tierraz (NGE por sus siglas en inglés), es una rama de la Nación del Islam fundada en Harlem, New York, por Clarence 13X en 1964. La Nación de Diosez y Tierraz, como la Nación del Islam, no es como el Islam sunní, la mayor denominación del Islam a la que yo solía oír a otros referirse como Islam ortodoxo. La NGE, como la NDI, era más bien una forma culturalmente africana del Islam, creada para ayudar a la gente a escapar de la hegemonía de la supremacía blanca. Saber esto era muy importante para mí porque claramente distinguía la diferencia entre los musulmanes árabes que, en la perspectiva de Fred, promovían otra forma de racismo al disponer que uno tenía que adoptar valores culturales e ideas árabes, y aquellos musulmanes interesados sólo en promover los principios del Islam. Fue a través de este entendimiento que me introduje en la música de artistas malíes como Youssou N'Dour y el difunto Ali Farka Toure (31/10/39 – 7/3/06)[2].

---

[2] Es interesante saber que Ali Farka Toure dijo en un documental que había aprendido a tocar la guitarra tocando para los *vodou* (espíritus).

El término Cinco por Ciento surge de las enseñanzas de la Nación del Islam: que el 85% de la población mundial es ignorante o ciega al conocimiento de sí mismo y de Dios, mientras que el 10% de la población sabe la verdad pero rehúsa decirla y en vez de eso enseña mentiras. El restante 5% son llamados los pobres rectos maestros porque no creen en las enseñanzas del 10% y enseñan que Dios es el Negro de Asia. Esto significa que, como el hombre fue hecho a semejanza de Dios, se supone que somos dioses.

Fred me dijo que el término Negro no es una referencia a la raza sino a cualquiera que venga del planeta Tierra, que es mencionado como negro en color y en algún tiempo llamado Asia, por lo que, a pesar de que en la NGE casi todos son negros, también hay latinos y blancos en el grupo.

Después de iniciarme en este concepto y de ver que yo estaba verdaderamente interesado en aprender más, Fred empezó a enseñarme la Matemática Suprema, que es un sistema numérico que corresponde a conceptos específicos que el Cinco por Ciento usaba para arribar a soluciones lógicas a un problema.

Matemática Suprema

1   Conocimiento – Saber
2   Sabiduría – Actuar Sobre Lo Que Sabes
3   Comprensión – Entender Lo Que Sabes
4   Libertad Cultural – Convertirla en una forma de vida
5   Poder (Refinamiento)
6   Igualdad
7   Dios y Perfección
8   Construir/Destruir
9   Nacido
0   Cifra

Era esta manera única de mirar las cosas lo que me hacía

pensar antes de actuar o hacer cualquier cosa. Para aplicar la Matemática, por ejemplo, Fred me enseñó que lo que interrelaciona todo es que primero ejecutas el **Conocimiento** en una cosa, lo que significa primero observar, mirar y escuchar y luego actuar. Después de ejecutar el Conocimiento, actúas sobre lo que sabes, lo que es la **Sabiduría**. Una vez que actúas sobre lo que sabes, intentas verdaderamente **Comprenderlo.** Después de ejecutar estos pasos pones lo que sabes y entiendes y sobre lo que has actuado en acción como una forma de vida, lo que es la **Cultura** que te da **Libertad.** De la Cultura y la Libertad obtienes **Poder**, y con el Poder tienes la capacidad de hacer elecciones o tener control de tu vida y no ser el esclavo de una cosa, de ahí que eres igual a todas las personas, o **Igualdad.** Por ese acto te conviertes en un Dios por propio derecho, lo que significa que tienes la capacidad de crear vida y luz, o **Construir**, y no difundir el mal, o **Destruir.** Entonces puedes ser **Nacido** o traer una cosa a la existencia material y así convertirla en una **Cifra** o algo completo.

Después de que aprendí la Matemática Suprema, Fred procedió a enseñarme el Alfabeto Supremo. Fue después de familiarizarme con el Alfabeto Supremo que empecé a comprender que el grupo de rap Poor Righteous Teachers y muchos raperos tempranos estaban realmente citando la filosofía del Cinco por Ciento. Esto hizo que la música que yo ya escuchaba, ya socialmente consciente, me fuera aun más disfrutable, porque a menos que fueras familiar con la filosofía no sabías realmente de qué estaba hablando el rapero, porque estaba rapeando en código. Era un poco como los esclavos que cantaban en código sobre su escape enfrente de su dueño. El amo de los esclavos, suponiendo que esa gent eno tenía cultura, no tenía idea de lo que los esclavos realmente estaban planeando.

Alfabeto Supremo

A   Allah: (palabra árabe para Dios) adaptada como sigla en inglés de Arm + Leg + Leg + Arm + Head (Brazo + Pierna + Pierna + Brazo + Cabeza)

B   Born o Bring (into Existence): Nacido o traído a la existencia

C   Cee o See (C o Ver): significa entender algo

D   Divina es la esencia del yo

E   Equality (Igualdad): es tratar con la igualdad de todas las cosas

F   Father (Padre): educar al otro o ayudarlo a avanzar – a través de la educacion, la nutrición y el bienestar

G   God (Dios): es el Hombre Original, por lo tanto el propósito en la tierra es convertirse en un dios o un ser perfecto

H   He/Her o He and She (Él y Ella): tiene el poder de Construir y Destruir basado en su nivel de conciencia. Juntos, Él a través de Ella tiene además el poder de dar nacimiento a una nación, porque Ella es una reina.

I   I o Islam: es nuestra cultura y no una religión, y fue adaptado como sigla en inglés de I-Self-Lord-And-Master (Yo-Mismo-Señor-Y-Maestro). Islam significa paz, que es la única manera para el hombre, la mujer y el niño de viviar cultivndo la paz

J   Justicia o Justicia Divina: es la recompensa o la penalidad por las acciones y caminos que uno emprende. La recompensa por abrazar el Islam es el amor, la felicidad y la paz, y la penalidad es el estrés, el sufrimiento y la confusión

K   King o Kingdom (Rey o Reino): un verdadero rey es el regente de su reino

L   Love – Hell – Right (Amor – Infierno – Correcto): significa que atraviesas el infierno para hacer correcto tu amor. Diariamente se nos da la oportunidad de amar al Infierno o Amar lo Correcto. Es una encrucijada que todos debemos atravesar

M   Maestro: es quien controla el universo, que es el sol y el Hombre. También significa uno que tiene la capacidad de enseñar a otros con menos habilidades pero el verdadero maestro es Allah porque Allah tiene 360 grados de conocimiento, sabiduría y comprensión.

N Now – Nation – End (Ahora – Nación – Fin): hora es el tiempo presente del 85% para conocer su Verdadera Cultura y traer el fin de los caminos del diez por ciento, para dar lugar a una poderosa y fuerte nación

O Cifra: es completar un círculo, 360 grados, y todo lo que sea redondo, como una conversación entre dos o tres que son iguales

P Poder: es la verdad y la verdad te hará libre porque es luz, que brilla o señala un camino en la oscuridad hacia Allah

Q Queen (Reina): es la mujer, que es la madre del universo. Es una mujer que tiene conocimiento de sí misma y la más pura de todas las mujeres, así que debe ser protegida. Es el premio definitivo en la guerra porque sin ella no hay Islam.

R Regla o Regente: significa que Dios es el único gobernante, porque es el regente de todo

S Sí Mismo – Salvador: el propio ser, o uno que salva a otro

T Truth o Square (Verdad o Cuadrado): la Verdad es luz y es lo único que dispersa la oscuridad en el cuadrado del universo, que tiene 360 grados

U You – Universe (Tú – Universo): significa que Tú eres el verso porque el Hombre es el creador del sol (hombre), la luna (mujer) y el niño (estrella).

V Victoria: es un gran logro que viene después de la guerra. Aquí es cuando el Hombre obtendrá su libertad, justicia e igualdad

W Wisdom (Sabiduría): significa actuar sobre lo que sabes. Como viene después del conocimiento, también es la mujer, y el niño es la comprensión

X Unknown (Desconocido): Así como en el álgebra la X representa lo desconocido, el 85% que es sordo, tonto y ciego, o no tiene conocimiento de sí mismo, también es desconocido o no posee conocimiento

Y Why (Por Qué): "Por qué?" es la pregunta que siempre se hace el 85% al no tener conocimiento de sí mismo y por lo tanto tampco sabiduría o comprensión

Z Zig-Zag-Zig: significa moverse del conocimiento (hombre) a la sabiduría (mujer) y a la comprensión (niño)

La Matemática Suprema y el Alfabeto Supremo no sólo me hicieron mirar todo desde una perspectiva diferente para encontrarle un significado más profundo. Verdaderamente la vida estaba cambiando, porque me hacía sentir privilegiado por ser capaz de ver las cosas desde una perspectiva única, lo que además me volvía muy combativo y defensivo. En una sociedad que ridiculizaba todo lo que fuera inspirado en África como algo tonto y supersticioso y, no obstante, promovía la teoría darwiniana de que sólo los más fuertes sobrevivían, aprendí a través del Cinco por Ciento que todo lo que aprendíamos tenía que estar respaldado con pruebas lógicas y racionales. Esto era necesario para escudarnos del acoso y el ridículo de quienes decían que lo que aprendíamos para nuestro autodesarrollo era tonto y supersticioso. Las enseñanzas del Cinco por Ciento básicamente me ayudaron a desarrollar una piel de rinoceronte y así no preocuparme por lo que otros creyeran y pensaran, mientras yo tuviera pruebas de que lo que creía me ayudaba.

Una de las cosas que encontré interesantes acerca de la sigla Allah era que en África centrooccidental, la gente del Congo realizaba una ceremonia de iniciación para los muchachos. Los jóvenes iniciados eran tendidos en una formación de cruz llamada Diyowa, que correspondía a su cabeza, dos brazos y pies[3]. Este signo, según aprendí, era llamado el Signo de Dios. Ahora bien, no estoy seguro de es de aquí de donde salió el concepto, pero lo que lo hacía aun más interesante era que esto posiblemente también era lo que simbolizaba el ankh kamítico, el cuerpo de un ser humano, donde el lazo representa la consciencia ascendente moviéndose desde el Inframundo y convirtiéndose en un ser iluminado o un verdadero Hijo de Dios. Pero no estaba seguro. Tenía que hacer más ciencia en la materia.

---

[3] *Religion and Society in Central Africa: The BaKongo of Lower Zaire,* por Wyatt MacGaffey, pp. 117 – 119.

Me encantaban las enseñanzas del Cinco por Ciento. El único problema que tenía con ellas era que parecían alejarme de Dios haciéndome confiar más y más en mi ser intelectual. No faltaba mucho para que cambiara la inexperiencia y el conocimiento interno por la lógica y el razonamiento externo. Tendría que encontrar una manera de integrar ambas cosas en mi vida diaria. Nunca me uní del todo a la NGE pero le estuve muy agradecido por haber aprendido las lecciones.

Poco después, guiado por el razonamiento, me inspiraría a dejar de comer cerdo, carne vacuna y pollo, y eventualmente a convertirme en un vegano como J.T. Como muchos veganos, intenté vivir lo más cerca posible de la naturaleza, sin comer subproductos animales o hechos por el hombre como el glutamato monosódico (MSG), el azúcar, la harina blanca o los lácteos. En vez de eso, intenté comer alimentos crudos y naturales como porotos, legumbres, nueces, granos enteros y productos de soja como el tofu, porque se suponía que era más sano. Comíamos de esta manera poruqe se creía que nuestros ancestros africanos comían alimentos sanos, naturales y nutritivos antes de la llegada de los europeos. Por supuesto, no sabíamos realmente si ellos (los antiguos africanos) realmente comían de esa manera o no, pero era una teoría muy extendida y practicada por muchos. Así que, al enfretar a alguien que cuestionaba lo que estábamos haciendo, mis amigos y yo, que hacíamos este cambio de dieta y de estilo de vida, siempre decíamos:

"¡Esto es lo que hacían en África!".

Me comprometí con el cambio porque el estilo de vida y la dieta vegana demandaban un sacrificio personal pero al final lo recompensaban a uno con piel buena y suave y un vientre regular y en definitiva me hacían sentir bien. Como las enseñanzas del 5%, me hacían sentir especial y único, como si estuviera en un grupo especial, ya que personas (de todos los orígenes y tendencias) que me encontraba comentaban que les gustaría tener la disciplina para ser veganas. Este estilo de vida vegetariano pronto se convirtió en una especie de pasaporte para conocer a otras personas y probar comida de otras culturas como la cocina etíope, la india y la asiática. Fue a través de esta experiencia que aprendí que una de las mejores maneras de aprender sobre otros es a través de la comida.

Días de universidad

Las vidas de Martin L. King Jr. y Malcolm X me hicieron focalizarme más en ser "espiritual" en vez de "religioso". En el tiempo entre mis clases y el estudio, seguí leyendo y estudiando todo lo que pude encontrar acerca de los antiguos egipcios. Gracias a los trabajos escolásticos de W.E.B. DuBois, Chiekh Anta Diop, George G.M. James, Carter G. Woodson, J.A. Rogers, Chancellor Williams, Arturo Alfonso Schomburg, John Henrik Clarke, Gerald Massey, Godfrey Higgins, T. Obenga, Ivan van Sertima, Yosef Alfredo Antonio Ben-Jochannan, Molefi Kete Asante, Leonard Jeffries, E. A. Wallis Budge y otros incontables estudiosos, aprendí un montón de cosas acerca de los antiguos egipcios que no se documentan en la mayoría de los libros de historia. Por ejemplo, que los antiguos egipcios nunca se llamaron a sí mismos egipcios, palabra derivada del griego *Aigyptos*, sino que se llamaban keméticos o kamíticos, lo que significaba pueblo de las tierras negras (algo parecido a lo que el 5% enseñaba sobre el Negro) como un juego de palabras sobre el fértil suelo negro debido a las inundaciones del Nilo. Los antiguos egipcios, según aprendí, se llamaban a sí mismos con varios nombres, incluyendo Kamemu (ciudadanos egipcios) y Kamut (gente negra), lo que aprendí del decano de arquitectura.

Aprendí que había toda clase de evidencia arqueológica, cultural e histórica para el argumento de que los kamíticos eran africanos de piel negra y marrón. Por ejemplo, el historiador griego Herodoto, al igual que otros autores, afirmó que los antiguos kamíticos eran negors. Nombrarlos a todos nos llevaría más allá del campo de este trabajo. Vale hacer notar que hay incluso numerosos ejemplos en la Biblia. Por ejemplo, según Éxodo 2:12-19, el pueblo kamítico educó a Moisés, que había escapado de Media (Arabia Saudita) porque mató a un capataz kamítico que estaba maltratando a un hebreo. Cuando llegó, persiguió a unos pastores que estaban acosando a unas jóvenes, y los ayudó a cuidar su rebaño. Cuando las hermanas le dijeron a su padre lo que había ocurrido, identificaron a Moisés como un kamítico, un hombre de piel marrón, como eran ellos.

En cuanto a cómo los modernos egipcios se volvieron de piel tan clara, según el historiador, filósofo, orientalista y político Conde Constantin de Volney (1747 – 1820), fue a través de la mezcla de razas con ejércitos conquistadores. Volney, al descubrir que los antiguos egipcios eran negros:

"… los antiguos egipcios eran verdaderos negros, del mismo tipo que los aficanos nativos. Siendo así, podemos ver que su sangre, mezclada a través de varios siglos con la de los romanos y los griegos, debe haber perdido la intensidad de su color original, preservando sin embargo la huella de su molde original. Incluso podemos afirmar como principio general que el rostro (es decir la Esfinge) es una especie de monumento capaz, en muchos casos, de atestiguar o iluminar la evidencia histórica del origen del pueblo.[4]"

Volney también afirma, reflexionando sobre el antiguo

---

[4] Cheikh Anta Diop, The African Origin of Civilization: Myth or Reality, ed. y trad. Mercer Cook (New York: Lawrence Hill & Co., 1974) p. 27.

monumento egipcio:

"... Sólo considere que la raza de los hombres negros, que hoy es nuestra esclava y el objeto de nuestro escarnio, es la misma raza a la que debemos nuestro arte y ciencia y hasta el uso de nuestro discurso.[5]"

Fue a través de varios estudiosos como Jacques Joseph Champollion-Figeac (1778 – 1867), el hermano de Jean-Francois Champollion, que descifró la Piedra de Rosetta, que fue uno de los primeros en declarar que la piel negra y el cabello lanudo no eran características suficientes para definir adecuadamente a la gente negra, y de otros absurdos, sinsentidos y dobles discursos, que muchos se han enfocado solamente en el origen y la etnicidad de los antiguos egipcios.

Otra cosa que aprendí sobre el pueblo kamítico es que ellos inventaron el moderno calendario que divide los 365 días del año en 12 meses. Muchos de los elementos de aseo que usamos hoy, como el delineador, la pasta dental, el peine para el cabello y las tijeras, también se originan en el antiguo Kamit, al igual que la matemática y ciencias avanzadas como la astronomía, la botánica, el cálculo y la geometría, que usaban regularmente en la construcción y el mantenimiento de su sociedad.

Además aprendí que desde el reinado de Amenofis I, un texto kamítico sagrado hoy conocido como "el papiro de Ebers" revela que el pueblo kamítico conocía la anatomía y fisiología del corazón. Sabían cómo tomar el pulso y hasta habían hecho un mapa completo del sistema circulatorio.

Otro texto kamítico de la 18ª dinastía, llamado "el papiro de Edwin Smith", indica que los antiguos kamíticos

---

[5] Ibid., p. 28.

tenían un conocimiento profundo de procedimientos quirúrgicos. Este documento muestra además que los antiguos kamíticos tenían un método riguroso para diagnosticar y tratar una cantidad de enfermedades.

Aparte de los varios inventos creados por el pueblo kamítico, lo que también los hacía únicos es que eran una e las pocas sociedades de la Antigüedad que le permitían a la gente avanzar a una clase social superior con base en el mérito. La sociedad kamítica era además una de las pocas sociedades en los tiempos antiguos que les permitían a las mujeres tener derechos similares a los de los hombres, una hazaña que aún no ha sido lograda en nuestro tiempo.

Aprendí que la palabra "Egipto" aparece en la Biblia unas 750 veces. El rey de Egipto, que es comúnmente conocido en la Biblia como "faraón", aparece unas 200 veces. Otro hecho que no se publicita es que el pueblo kamítico tenía un conjunto de mandamientos que eran conocidos como las 42 Declaraciones de Maa[6], que, al contrario de los Diez Mandamientos que ordenan lo que una persona debe o no debe hacer, eran más bien una guía que les permitía a los antiguos kamíticos usar su sentido común. Por ejemplo, en vez de ordenarles no matar, las 42 Declaraciones de Maa instruían a los antiguos kamíticos a no matar pero al mismo tiempo les daba el derecho de defenderse de los malhechores.

También descubrí que Moisés aprendió todo lo que sabía del pueblo kamítico (los antiguos egipcios), según Hechos 7:20-22, donde se afirma:

"En aquel tiempo nació Moisés, y era extremadamente bello, y fue alimentado en la casa de su padre durante tres meses: Y cuando fue echado, la hija del Faraón lo tomó, y lo

---

[6] Ver Apéndice D

34

alimentó como a su propio hijo. Y Moisés fue educado en toda la sabiduría de los egipcios y fue poderoso en palabras y en hechos."

Esto era bastante impresionante tratándose de personas que se suponía que eran adoradores de ídolos. Todo esto me inspiró y animó a seguir aprendiendo sobre la tradición kamítica para implementarla en mi vida.

Inspirado por las vidas de W.E.B. DuBois, el Dr. Martin L. King Jr., Adam Clayton Powell y Paul Roberson, así como por el director de mi escuela secundaria y mi profesor de ciencias, juré en la primera organización afroamericana de letra griega, Alpha Phi Alpha Fraternity, Inc. Fue a través de mi año de neófico en la fraternidad que aprendí un montón acerca de mi organización y de otras organizaciones colegiales que fueron fundadas a principios del siglo XX por afroamericanos. Esto me hizo respetar mucho a los fundadores por crear organizaciones que serían tan poderosas hasta el día de hoy, en un tiempo en que el racismo contra la gente de color era tan fuerte y evidente.

Ser un hermano en Alpha Phi Alpha me hizo además comprender que el interés en Kamit y en los estudios afrocéntricos desde una perspectiva afroamericana es parte de un movimiento que comenzó posiblemente con el fin de la esclavitud (si no antes). Esto se evidencia en el hecho de que los fundadores (conocidos como las Joyas) de la fraternidad Alpha Phi Alpha la fundaron en 1906 y eligieron representar a la organización con imágenes y símbolos kamíticos. Otro ejemplo de este movimiento creciente puede verse en la copia de 1911 de la revista *Crisis* en el NAACP, que mostraba una interpretación afrocéntrica de uno de los reyes superiores del Nilo.

Más adelante, aprendí que el decano de arquitectura, a quien muchos de mis hermanos de fraternidad respetaban mucho y que me enseñó mucho sobre la historia kamítica antes de unirme a la fraternidad, era un miembro de otra fraternidad de letra griega, Kappa Alpha Psi Fraternity, Inc. Lo que me pareció bastante interesante fue que en el campus de mi universidad la mayoría de los miembros de las organizaciones fraternales enfatizaban la importancia de decir que eran miembros de una organización de letra griega. Esto era para indicar que sabían qué y quiénes eran sus verdaderos orígenes. Las letras griegas eran usadas simplemente como una máscara.

Gracias a muchos de los hermanos fraternales más antiguos de mi capítulo y a unos pocos hermanos de otras organizaciones de letra griega, fui animado a seguir estudiando la historia kamítica. Entre mis pares, se me veía como una especie de joven autoridad en la materia, lo que eventualmente llevó a que me pidieran hablar en público en varios eventos auspiciados por otras organizaciones. Sin embargo, yo sabía que no sabía mucho, porque casi todo lo que sabía eran sólo hechos históricos que había memorizado, o que la Matemática Suprema y el Alfabeto Supremo me hacían ver las cosas en forma diferente. Sin embargo, en más de una ocasión fui invitado a hablar de lo que había aprendido sobre la espiritualidad kamítica. Esto me llevó a tener la afortunada oportunidad y privilegio de hablar detrás del Templo del Mesías Negro, ministro Ishakamusa Barashango, quien una vez me elogió por tener un interés tan fuerte en informado en la espiritualidad kamítica a tan temprana edad.

Cuando cumplí los 21, compré cerveza y traté de emborracharme, ¡porque lo había logrado! Estaba casi salvado. Había vencido a la suerte y llegado a los 21, así que iba a celebrar. Tenía por delante cuatro años más y al cumplir los 25 iba a tener una fiesta aun mayor para mí mismo y a mostrarles el dedo a los medios y sus estadísticas, pero para llegar a los 25 necesitaba algo más. Necesitaba algo espiritual de verdad, porque había presión a mi alrededor. Era más que nada presión financiara porque este programa de ingeniería química era para cinco años (por lo menos) y la mayoría de las instituciones sólo proveían financiamiento por cuatro años. Empezaba a preguntarme cómo iba a pagar por todo eso y si podría conseguir un buen trabajo. No estaba seguro de cómo iban a salir las cosas, así que trataba de no pensar en eso y sólo estar feliz de que había llegado a los 21 años de edad. Entonces decidí compartir mi entusiasmo con dos buenas amigas que había conocido en la escuela, Tasha y Tiffany. Después de todo, tenía cuatro años más por delante.

Tasha y Tiffany

Me hice amigo de Tasha y Tiffany porque ellas no eran como algunas de las mujeres que conocí en la universidad, que se quejaban de no ser respetadas pero se meneaban al ritmo del hit del verano, *B**** Betta Have My Money* de AMG. No, ellas eran diferentes. Tasha, una licenciada en educación, era una buena amiga a la que le gustaba estudiar temas espirituales, como a mí. Ya había leído sobre historia afroamericana y estaba empezando a leer sobre el pueblo kamítico. Tasha y yo nos hicimos amigos instantáneamente a causa de nuestros intereses y fuimos muy cercanos, pero yo me enoamoré de Tiffany, que sería licenciada dental, porque, aunque ella no compartía mi visión e intereses, venía de un ambiente religioso similar al mío.

Tiffany era la mayor de tres niñas criadas por una madre soltera. Era profundamente religiosa la mayor parte del tiempo, pero tenía algunos problemas para aceptar algunos conceptos de la iglesia. Estos problemas no eran suficientes para cambiar o desafiar su fe, como me sucedía a mí, pero hacían que fuera cómodo hablar con ella. A partir de nuestras conversaciones nos hicimos bastante buenos amigos, salimos durante un año y un día le propuse ser mi esposa, lo que aceptó con alegría. Fue a través de Tiffany que conocí los placeres de estar enamorado. Ella me ayudó a entender que no se puede realmente caer enamorado sino que el amor es una emoción que uno puede elegir controlar o no. Pero los problemas que yo tenía para conectarme con Dios me hacían sentir que no quería volver a vivir. Esto, combinado con mis preocupaciones sobre cómo iba a pagar mis últimos años de colegio y si iba a ser capaz de conseguir un trabajo como ingeniero, me hacía sentir peor, porque me preguntaba cómo podría mantener a esta mujer a través de su carrera dental como mi esposa.

Tiffany trató de alentarme lo mejor que pudo. Viéndome caer en espiral en una dirección en la que se negaba a ir, trató de decirme cómo actuaba yo y las cosas que solía hacer. Sin escucharla, yo atribuía lo que me decía a que ella no quería ser "espiritual" como los santos con los que yo debatía en la iglesia. No mucho después, rompimos el compromiso y nos separamos.

No fue culpa de Tiffany. Yo sabía que necesitaba algo más que me evitara seguir por ese camino depresivo y me ayudara a superar el atasco financiero en que me estaba metiendo. Estaba cansado de leer y escuchar cosas sobre lo que había hecho el pueblo kamítico. Estaba listo para aplicarlo y pensaba que, si me hubiera vuelto más espiritual, habría resuelto milagrosamente mis problemas. Quería desesperadamente ser un ingeniero y poder ayudar a otros, pero ni siquiera podía mantenerme financieramente y empezaba a preguntarme si estaba siquiera destinado a ser ingeniero. Ésta fue la principal razón de que empezara a tener problemas en mi relación con Tiffany, porque estaba empezando a preguntarme cómo iba a pagar por todo. Quiero decir, era sabido que si no terminabas tu programa y te recibías en el momento preciso muchos empleadores iban a ignorarte. Sin mencionar que debías tener un cierto promedio en el título y soportar también la presión de los profesores.

Todo esto me pesaba como una tonelada de ladrillos. ¿Cómo podría mantener a esta mujer, a quien quería y por quien me preocupaba, si no podía terminar a tiempo, conseguir un trabajo o mantenerme siquiera a mí mismo?

Todo esto me ponía enfermo. Me encantaban la matemática y la ciencia desde que era chico. Tenía interés en la química desde esos tiempos. Recuerdo haber tenido un juego de química y sacarme sólo As y Bs en la mayoría de mis clases de matemática y ciencia, desde la escuela hasta la universidad. Me había preparado para ser un ingeniero y estaba muy cerca de graduarme, pero quedaba cada vez más claro que quizás tendría que abandonar. Así que quería saber qué hacía el pueblo kamítico para seguir adelante espiritualmente. Quería saber cómo manifestaban los milagors en sus vidas, ¡porque verdaderamente necesitaba un milagro ahora mismo! Estaba cansado de hablar de haber sido creado a imagen de Dios y de cómo se suponía que debía ser un dios y de no tener prueba alguna de ello. Estaba listo para poner a prueba esas cosas porque no tenía otra opción. Tenía que hacerlo para terminar mi programa y ayudar a otros como lo había planeado.

Perdiendo de Vista el Premio

Ya no podía ser como algunas de las personas que conocía y que me decían: "los antiguos egipcios eran negros", mientras se bajaban una pinta de ginebra con jugo y fumaban un porro. Sentía que tenía que comprobar que la espiritualidad kamítica era el verdadero camino y la única manera en que podría hacerlo era ponerla en práctica para arreglar mi situación financiera. Simplemente había cruzado ese camino de entender que era importante, incluso vital conocer la historia de los kamíticos y otros pueblos africanos. Pero, si no podemos usar esa historia como una herramienta de empoderamiento espiritual, es básicamente un montón de fechas, datos y nombres inútiles.

Así que, para tranquilizarme, escuchaba música tradicional africana, música ritual afro-brasilera, música de nativos norteamericanos o del cantante senegalés Baaba Maal, y dibujaba lo que me viniera a la mente. Entonces sucedió, después de cuatro años de ir a la escuela de ingeniería química, que tuve que abandonarla por falta de dinero. Había algunas instituciones financieras que estaban dispuestas a darme un préstamo extra, siempre que mis padres lo firmaran y pusieran una garantía; pero yo no iba a dejarlos hacer eso.

Aceptando que no iba a volver a Texas el semestre siguiente para finalizar mi carrera, decidí conseguir un empleo para ahorrar algo de dinero y dedicar el resto de mi tiempo a dominar, con suerte, algunos principios kamíticos, para que, al volver, tuviera la mente clara y fuera una persona más "espiritual". Por supuesto, no sabía qué me depararía el destino. Si alguien me hubiera dicho que la búsqueda de la espiritualidad iba a ser tan difícil, y que mi visión de la espiritualidad africana estaba teñida de romanticismo por varias teorías, quizás habría tomado la píldora azul, como la que le ofrecieron al personaje de Neo en *La Matriz*.

Parte 2:
Descubriendo el Camino Espiritual

**Dios se esconde de la mente del hombre,
pero se le revela a su corazón.**

- Proverbio Africano

Abriendo el Camino Espiritual

Al volver a casa, encontré un trabajo bastante decente en el bajo Detroit. G, que acababa de graduarse con su B.S. en ingeniería eléctrica, también tomó un empleo a varias cuadras de donde yo trabajaba. Así que, como mi padre tenía un auto de más, yo lo pasaba a buscar y lo llevaba al trabajo todos los días.

Ahora bien, la relación entre mi padre y yo era mayormente un "hola-chau". Nunca hablábamos de nada porque no había nada de qué hablar. Aunque yo no lo expresaba abiertamente, aún tenía mucho odio por la iglesia y su apego a ella. Pensando que ya estaba lo bastante crecido como para hacer lo que me placiera, me rehusaba firmemente a ir a la iglesia y seguía los consejos de mis padres a mi manera.

Determinados a vivir (lo que yo creía que era) una vida espiritual, G y yo nos unimos a varios grupos de estudio espiritual que existían en la ciudad. Intentamos practicar yoga y tai chi porque nos habían dicho que nos ayudarían a ser más espirituales. También tratamos de ayudarnos mutuamente a entender varios asuntos con que nos habíamos topado. Por ejemplo, recuerdo que una vez tuvimos una seria discusión acerca del mito de que el lenguaje original era el árabe, pero aprendimos que eran las escrituras kamíticas hierática y demótica, que se parecían un poco al árabe, las formas más antiguas, y no el árabe.

Otra cosa que le ayudé a G a aprender era la Matemática Suprema, lo que nos ayudó a ambos a aprender y entender un poquito acerca del sistema místico judío llamado la Cábala. Más tarde aprendimos de una amiga de New York sobre un nuevo tipo de Cábala, que se creía que había sido creado por el pueblo kamítico, llamado el Paut Neteru. El Paul Neteru, también llamado el Árbol de la Vida kamítico, según Ra Un Nefer Amen I, autor de *Metu Neter: The Great Oracle of Tehuti and the Egyptian System of Spiritual Cultivation Volume 1*, es la inspiración detrás de la Cábala.

La Matemática Suprema, la Cábala y el Paut Neteru

Matemática Suprema	Cábala	Paut Neteru
	0. EinSof – Lo Ilimitado	0. Amen
1. Conocimiento	1. Kether – Voluntad	1. Ausar
2. Sabiduría	2. Chochmah – Sabiduría	2. Tehuti
3. Comprensión	3. Binah – Comprensión	3. Seker
4. Cultura/Libertad	4. Chesed – Misericordia/Amor	4. Maat
5. Poder	5. Gevurah – Justicia	5. Herukhuti
6. Igualdad	6. Tiferet – Belleza	6. Heru
7. Dios	7. Netzach – Victoria	7. Het-Heru
8. Construir-Destruir	8. Hod – Esplendor	8. Sebek
9. Nacido	9. Yesod – Fundación	9. Auset
0. Cifra	10. Malkuth – Reino	10. Geb

Los varios grupos de estudio en los que G y yo estábamos participando nos llevaron a empezar a leer más acerca de las religiones tradicionales africanas, porque se creía que el pueblo kamítico era de ascendencia africana. Muchos de estos grupos de estudio leían o al menos se referían al *Metu Neter*. Si bien un par de estos grupos de estudio se enfocaban en el estudio de las civilizaciones tradiconales africanas clásicas y modernas, fue a través de un grupo en particular que se enfocaba en la historia y el pensamiento africanos que fuimos animados a leer *The Irritated Genie: An Essay on the Haitian Revolutio*, por Jacob H. Carruthers, sobre el loa/orishá Oggun acerca de la independencia de Haití.

En ese momento, la mayor parte de lo que me leían me parecía muy fascinante, pero quedaba ensombrecido por la política del grupo. No pasó mucho tiempo hasta que G y yo notamos que muchos de estos grupos de estudio espiritual tenían problemas como cualquier otra organización. De hecho, los mismos problemas que existían en la iglesia, los grupos de estudio espiritual los tenían también, y peor. Lo que hacía a la política de los grupos de estudio espiritual peor que la de la iglesia era que al menos las iglesias estaban unificadas bajo el paraguas de su creencia en Dios. En muchos de los grupos de estudio espiritual en los que intentamos participar había numerosas creencias. El único factor unificador resultaba ser el individuo que parecía tener el mayor conocimiento (información). El individuo que tenía el mayor conocimiento era capaz de influir en la mayoría de la gente del grupo. Ese individuo, en otro de los grupos de estudio espiritual en los que G y yo participábamos, era una dama llamada Bertha.

Bertha estaba casada, tenía tres hijos y se había mudado de Philly a Detroit. Toda su familia tenía nombres kamíticos y yorubas, lo que G y yo pensamos que era estupendo. Después supimos que ella y su familia se habían involucrado en varias tradiciones espirituales por 13 años o más. En su familia eran veganos y estaba bueno andar con ellos porque podíamos tener conversaciones estimulantes sobre historia y cultura sin ser acusados de hereje o de estar contra Dios, como era el caso en la iglesia.

Fue Bertha quien nos enseñó que las diferentes divinidades kamíticas eran divisiones del espíritu y que correspondían a los orishás yorubas. Ahora bien, yo no sabía nada acerca de las divinidades, los orishás, el espíritu y las divisiones del espíritu, y especialmente no sabía nada sobre Dios. En este punto en mi vida, no estaba realmente seguro de que Dios existiera, porque estaba bajo la impresión de que Dios era un misterio creado por el 10%. De todos modos, empecé a tratar de aprender sobre las divisiones kamíticas aprendiendo sobre los orishás. Como todo lo que Bertha decía me sonaba bien e indicaba que aparentemente ella estaba más avanzada que G y yo, naturalmente la pusimos en un pedestal, porque parecía saber más que nosotros. No pasó mucho tiempo hasta que empezamos a recibir asesoramiento espiritual de ella y a pedir su consejo en varias situaciones en nuestras vidas, porque ella también sabía hacer lecturas. Entonces un día, después de un años de ser amigos, toda la familia desapareció repentinamente de la casa, sin dejar rastros. Yo llamé, G llamó y ambos fuimos a la casa a ver si estaban bien pero nada, no había nadie allí.

Después de varios meses de extrañarla, recibí una llamada de Bertha: habían vuelto a Detroit y ella y su familia estaban en una parada de camioneros. Ella y su marido, que era camionero, se estaban divorciando, y él ya se había ido para recoger su próxima carga. Resultó que tenían problemas desde hacía mucho y él había querido irse por un tiempo. Sintiéndome bastante mal, recogí a Bertha y a sus hijos y los llevé a un hotel, porque no tenían dinero. Se quedaron en el hotel por un par de semanas antes de volver a casa, porque su marido había dicho que estaba remodelando el lugar y ella no tenía la llave. Cuando finalmente él se la dio, se fue a buscar otra carga, así que G y yo terminamos llevando a Bertha y sus hijos de vuelta a casa.

Cuando llegamos a la casa, había un horrible olor que nos quemaba las narices. Todo lo que tenían estaba roto y en ruinas, como si hubieran entrado a robar, pero no faltaba nada. Después de matar a las pulgas, levantar todo lo del suelo, mover los muebles, limpiar las heces y la basura dejada en el piso, descubrimos que la fuente del olor era la gata de la familia, muerta, y los seis o siete gatitos que había dado a luz cuando ellos se fueron. Había pulgas, heces y gatitos muertos por toda la casa y si yo hubiera sabido lo que sé ahora, lo habría dejado así, pero no lo hice. En vez de eso, fuimos todos a limpiar el lugar. Como ellos no tenían dinero, me ofrecí a poner a mi nombre la luz, el teléfono y el agua, porque yo tenía buen crédito y ella no. ¡Error n° 1!

El marido de Bertha volvía rara vez, y cuando llamaba siempre terminaban discutiendo. Ella siempre había dicho que él estaba jugando con ella, pero no había básicamente nada que ella pudiera hacer, porque él era un camionero. Al parecer, él se quedaba en el camino, intentando conseguir dinero para el divorcio y mantener a quien sea que estuviera con él. Naturalmente, la relación que yo tenía con ella pasó de ser simplemente amigos a algo más íntimo. No pasó mucho tiempo hasta que terminé por perder el trabajito que tenía a causa de mis necesitados amigos, que pronto serían familia.

Un día, ella me dijo que ambos estábmos destinados a encontrarnos y que éramos almas gemelas. Ahora bien, si cualquier otro me hubiera dicho eso, yo habría dicho que estaba loco y habría seguido adelante, pero me tragué lo que me decía porque la idolatraba y apreciaba mucho su consejo. Ella era más "espiritual" que yo, había demostrado sus habilidades "espirituales" o "psíquicas" una y otra vez, y lo que estaba haciendo era lo que (en mi mente) la gente de África tenía la capacidad de hacer. Fue esa idea de "eso es lo que hacen en África" lo que me perdió. Además del hecho de que mi padre me estaba poniendo realmente nervioso con lo de la iglesia y su intento de hacerme cumplir sus reglas en su casa, aunque yo ya era un hombre crecido (o eso pensaba).

Así que, cuando Bertha sugirió que me mudara con ellos, me lancé a esa oportunidad sin pensar. La noche que decidí irme, mi padre y yo tuvimos una discusión acalorada. Durante la discusión él me dijo que no le gustaba la mujer con la que yo estaba, porque creía que ella estaba retorciéndome la mente y haciéndome hacer locuras. Ahora que yo tenía el coraje de enfrentarlo a él y a cualquier otro santo, le dije que estaba equivocado porque yo había estado metido en ese asunto espiritual hacía un tiempo. La discusión continuó por varios minutos y cuando finalmente terminó, mi padre me había dicho básicamente que si yo no iba a seguir sus reglas debía irme.

Después, cuando Bertha dijo que estaba cansada de Detroit y que quería mudarse de vuelta a Philly, donde había una comunidad espiritual aun más grande que en Detroit, naturalmente me opuse, porque yo no sabía nada de Philly y toda mi familia, con la que ella no se llevaba bien, estaba en Michigan. Pero fui contra mi impulso e hice lo que ella decía, esperando y creyendo que todo estaría milagrosamente bien porque, como ella había afirmado, éramos "almas gemelas" y sus habilidades psíquicas afirmaban que estábamos destinados a estar juntos.

G, por supuesto, me dijo que estaba loco, pero declinó hacer más comentarios porque también respetaba la integridad "espiritual" de Bertha. En vez de eso, me deseó suerte, y partimos hacia Philly en autobús, con nuestras cosas en valijas.

La Experiencia Filadelfia

Vivir en Filadelfia fue una experiencia porque mi "alma gemela espiritual", o Bertha, tenía razón: la comunidad espiritual era más grande aquí que en Detroit. Pero pronto descubrí que si no seguías el régimen así llamado espiritual al pie de la letra, te percibían como un farsante, charlatán, etc.

Tal como lo había sospechado, cuando llegue a Filadelfia no conocía a nadie, salvo las personas a las que Bertha y sus hijos conocían. Al principio, el plan era estar con la abuela de Bertha, que tenía una casa de tres dormitorios en la sección Germantown-Mt. Airy de la ciudad, pero ese plan se desbarató porque la abuela de Bertha era de la viejísima escuela. Creía en muchas cosas de las que yo sólo había oído. Por ejemplo, creía que si un hombre y una mujer permanecían juntos se suponía que debían casarse, lo que yo podía entender. Sin embargo, tenía otras creencias que eran sencillamente extrañas para mí, que venía de la multicultural, multiétnica y semiinternacional Detroit (que tenía a Canadá del otro lado del río). Por ejemplo, la creencia de que los negros de piel clara eran más bellos que los negros de piel oscura. La abuela de Bertha creía además que las mujeres debían quedarse en la cocina y "calentarles bien la cama" a sus maridos, lo que era una creencia completamente diferente de lo que me habían enseñado sobre las mujeres mi madre, mi abuela y mis tías, por no mencionar a mi padre, mi abuelo y mis tíos. En cualquier caso, no teníamos dónde quedarnos salvo en la casa de la abuela de Bertha, así que la respetamos a ella y a sus reglas durmiendo en cuartos separados, pero todos los días nos daba la lata con lo de no estar casados y ser *demasiado negros.*

Para mí era muy difícil conseguir un trabajo porque habitualmente estaba sobrecalificado o poco calificado para los trabajos a los que me postulaba. Básicamente tenía demasiada educación para la mayoría de los trabajos que se publicaban en los centros laborales de Filadelfia y no la suficiente educación porque no tenía mi título. Después supe que Bertha no podía trabajar por muchas horas porque tenía problemas de espalda por haber sufrido varios accidentes automovilísticos. Toda la responsabilidad por el dinero recayó sobre mis espaldas. Afortunadamente, Bertha tenía formas de conseguir dinero, pero nunca era suficiente.

Por lo tanto, todos nos esforzamos al máximo de nuestras capacidades. Yo hice pequeños trabajos ocasionales, desde repartir volantes hasta hacer mandados, mientras buscaba un empleo de tiempo completo en los centros laborales, para poder arañar el dinero suficiente para comer y darle a la abuela de Bertha por permitirnos quedarnos en su casa. Pero las constantes demandas de la abuela de Bertha para que viviéramos una vida al estilo cristiano, nos casáramos y dejáramos de ser "negruchos estúpidos", que es como nos veía, creyendo que ir a la iglesia nos salvaría de nuestra "negritud", eran demasiado.

Llegó el momento y Bertha, después de hablar con varias personas de la comunidad espiritual, encontró individuos dispuestos a ayudarnos y darnos refugio. No era mucho pero nos permitían quedarnos en las casas de algunos de ellos porque teníamos creencias e ideales similares. Nos mudamos de la casa de la abuela de Bertha y establecimos residencia en la casa de uno de los miembros de la comunidad espiritual. Por un tiempo todo transcurrió apaciblemente, pero nuevamente, al no entrar dinero, la vida se hizo muy difícil.

Para empezar, tuvimos que comprometer nuestra dieta, porque la comida vegana era bastante cara allí. Varias veces, con no más de $20 entre los cinco (nosotros dos y los hijos de ella), tuvimos que decidir si comeríamos tofu, que costaba entre cinco y siete dólares, por no mencionar las especias orgánicas que deberíamos comprar, y quedarnos con un dólar o dos; o comer pizza o un sandwich de queso, y tener $10 más para que yo pudiera movilizarme y buscar un empleo. Por supuesto que elegimos lo segundo, pero eso tuvo consecuencias. Las personas espirituales con las que estábamos, en vez de verlo como un medio desesperado de supervivencia, nos veía como charlatanes espirituales que simplemente gastaban su dinero en comida chatarra occidental. Era duro, pero nosotros estábamos pensando en sobrevivir, y la música del WU (Wu-Tang Clan) y especialmente del Genio o GZA, con su temple urbano, sampleos de kung fu y filosofía del Cinco por Ciento añadida, me recordaba que vivir era una batalla. No sé si lo habría logrado.

La falta de dinero también nos impedía participar en varios congresos y otras clases, como las de metafísica, yoga y tai chi. Yo ya había tomado esas clases de todas formas, y había practicado yoga una vez porque se decía que era espiritual, pero no le venía ningún propósito o beneficio real ahora. Estaba preocupado por el dinero.

Como sea, mientras otros en la comunidad espiritual estaban asistiendo a foros, congresos y otros eventos culturales, yo estaba o bien buscando trabajo o bien tratando de descansar un poco después de buscar trabajo todo el día. Hubo muchas veces en que los hijos de Bertha y yo participamos en algunas funciones, como clases de capoeira, pero después de asistir con nuestras ropas desvaídas y ser ridiculizados nos daba demasiada vergüenza continuar. Dejamos de hacerlo hasta que pudiéramos, con suerte, conseguir algo de dinero para comprar ropa. Esto, por supuesto, no nos ayudó, porque gente que admirábamos y respetábamos mucho terminó hablando mal de nosotros y ridiculizándonos aun más. Para remediar el problema, a veces nos decían que ejecutáramos ciertos ritos, lo que no tenía mucho sentido para mí. Por ejemplo, una vez me dijeron que no tuviera sexo para conseguir un empleo, pero yo simplemente no podía entener cómo no tener sexo tenía algo que ver con conseguir un empleo. Entendía que no tener sexo elevaría mi nivel de energía porque recordaba vagamente haber oído que varios artistas y atletas se abstenían antes de una performance o una gran pelea. De hecho, fue un hermano que era ingeniero quien me habló del Tao del Sexo y de cómo era similar a las viejas prácticas espirituales en las que la gente hacía ayuno de comida y de sexo para elevar su poder espiritual para una tarea en particular. Así que yo entendía el concepto, pero ¿qué tenía que ver con conseguir un empleo?

También recordaba que me habían dicho que no comiera dulces porque los hombres en el África tradicional no comían dulces. Ahora bien, yo habría aceptado esta teoría si no hubiera conocido a otras personas de África que comían dulces. Las personas de África que había conocido no comían muchos caramelos (como mis abuelos y tíos abuelos), pero ocasionalmente comían dulces, así que yo sabía que esto no era verdad. Esto me turbaba profundamente, porque no podía creer que alguien me dijera esa basura sin aclararme lo suficiente, lo que naturalmente me hizo cuestionarme todo lo que me habían dicho. No era que me costara dejar los dulces, porque de todos modos no comía muchos caramelos o dulces. Era la generalización que me hacía ver que ciertas personas, culturas, religiones, etc. son idolatradas en Norteamérica por ciertas prácticas sin una comprensión cabal de por qué se realizan estas prácticas en primer lugar. Me hizo pensar si yo era culpable de seguir a otros, como sabía que otros hacían.

Recordaba que mi amigo Femi comía dulces, así que no entendía por qué me decían que los hombres de África no comían dulces. La idea, según entendí, era que comer muchos dulces baja el metabolismo, pero esto es lo que me pega. A veces la gente ve una o dos cosas que hace la gente de otras culturas y sin una explicación o comprensión completa salta a la generalización de que todo el mundo hace lo mismo, y entonces van y dicen a otra gente que tiene que hacer lo mismo porque "lo hacen en África" o "en China". ¡Es un fraude! Recuerdo que me dijeron que el árabe era el idioma del pueblo original, porque la escritura demótica kamítica se parece al árabe, pero no es árabe.

Yo pensaba, "Gracias a Dios, no soy tan ingenuo", pero empezaba a ver los peligros de no saber ciertos hechos, sin compararlo todavía con mi situación presente. Así que, cuando la gente me decía que hiciera algo que no podía entender y que no me podían explicar bien, lo achacaba a algún mito práctico que el individuo había aprendido o estaba repitiendo sin tener un conocimiento o experiencia cabal, basándome en mi entrenamiento del Cinco por Ciento. Por supuesto, como estaba empezando a pensar por mí mismo otra vez, y no seguir ciegamente todo lo que alguien me dijera que era espiritual, cultural, de África, de China, etc., esto hizo que otros me consideraran un poco rebelde, cuando, en realidad, yo sólo quería que la gente explicara como es debido por qué yo debería hacer algo. Ya empezaba a reconocer que estaba en Filadelfia por seguir el consejo "espiritual" de alguien que lamentaba gravemente. Como estaba teniendo problemas para conseguir trabajo y condiciones adecuadas de vida, de ninguna manera iba a añadir más sal a una herida ya sangrante y abierta.

Pero no es así como lo veían las "personas espirituales". Para las "personas espirituales", si no estás en perfecto estado de salud, con trabajo, etc., es porque no eres lo suficientemente "espiritual". Una vez vi a un joven "espiritual" condenar a un viejo por romper el "código espiritual" extraoficial comiendo un chocolatín y tomando jugo de naranja. Lo que el joven no sabía es que aquel "viejo" era diabético. Todo esto me hizo pensar en lo que sucedería si yo tuviera que comer un pedazo de cerdo. ¿Iría al infierno? Quiero decir, yo no comía cerdo, ¿pero y si lo hiciera? Empezaba a ver que hay una gran diferencia entre ser espiritual y vivir como un asceta.

No mucho después de eso, éramos constantemente acusados de hacer cosas como robar y otros actos impensables. No todos se sentían de la misma manera, pero había un movimiento creciente para expulsarnos porque parecíamos "charlatanes espirituales". Esto, naturalmente, elevó mis defensas, así que luché contra estas acusaciones lo mejor que pude. También hice lo mejor que pude para conseguir comida par mi familia, porque supongo que nadie podía ver que nuestras necesidades físicas eran más importantes que nuestras necesidades espirituales en ese momento. Era difícil porque seguía teniendo problemas para ver que nuestras necesidades físicas eran tan importantes como nuestras necesidades espirituales. Tenía muchas ganas de estar con esas personas porque eran muy complacientes, y aún tenían creencias e ideas similares a las mías, pero la presión era arrolladora. Con poco o nada de dinero ingresando, sin asistir a las funciones culturales y con una imagen de rebeldes, llegó el momento en que nos pidieron que nos fuéramos.

Una Verdadera Mamá Espiritual

Por suerte, obtuvimos un poco de la ayuda que necesitábamos de la señora B., cuyo hijo menor se había hecho amigo del hijo adolescente de Bertha. La señora B. entendía mayormente la presión que soportábamos y entendía por qué estábamos en la situación en la que estábamos, porque una vez había tenido que lidiar por sí sola con tres hijos contra las viejas ideas y a favor de las nuevas. Era por sus "espíritus", decía la señora B., que era capaz de permanecer fuerte y resiliente.

La señora B. era una *palera* (sacerdotisa) practicante de la tradición afrocubana Palo Mayombe. Ella decía que una de las razones por las que estábamos teniendo tantos problemas era que, antes de verse envuelto en diferentes fes, uno primero debe estar firmemente comprenetrado con sus propios espíritus, porque hay muchas personas inescrupulosas y poco sabias en el ámbito de las tradiciones espirituales. Si no estás firmemente compenetrado, es fácil que te pierdas y tomes el camino equivocado.

La señora B. era una mujer fascinante porque era lo más cercano que yo había estado nunca a la religión afrocaribeña sin un libro. No era la típica mujer espiritual que viste ropajes africanos todo el tiempo y se adorna con conchas de caracoles marinos, como algunas de las "personas espirituales" que yo había visto afirmar ser espirituales y "superiores". La señora B. era de carne y hueso, real, con los pies en la tierra y a veces directamente cruda cuando tenía que serlo. Nos dijo que en un tiempo, cuando era joven, había intentado ser espiritual. Ella pensaba que la "cultura espiritual" era buena para algunas cosas, pero totalmente idealista, como la oí decir muchas veces al hablar de espiritualidad: "Pero te estás olvidando de algo". Esto, en su opinión, era la razón de que la mayoría de la gente espiritual hablaba de las tradiciones de África pero luego las encontrabas practicando filosofía oriental, que es muchas veces practicada por entusiasmo, sin un verdadero conocimiento práctico. Gente de todos los ámbitos ha hecho esto, nos decía la señora B., "¡Pero también tienes que cuidar lo físico!".

Como un viejo tradicionalista, la señora B. siempre se explicaba usando historias, cuentos y mitos. Casi todo lo que hacía estaba inspirado en un mito. Una vez la vi parada durante una tormenta gritando Cabosille[7] (el rey no está muerto) al orishá Chango, para que no golpeara su casa. Cada vez que quería dar un argumento, solía empezar contando un cuento, y luego explicaba su decisión en la materia. Nuestra situación le recordaba al cuento del yoruba orishá Babaluaiye, que fue echado del pueblo porque tenía una enfermedad y un olor horrible, para luego convertirse en

---

[7] Recuerdo que intenté hacer esto, pero no le veía el sentido, así que no lo hice.

un rey glorioso. Relacionando nuestra situación con el orishá de la enfermedad, decidió dejarnos usar un cuarto en su casa que estaba desocupado. Nos dijo que no tenía mucho pero que compartiría lo que tenía, mientras le devolviéramos el favor. Para asistirnos, el hijo mejor de la señora B. les dio a los muchachos de Bertha ropa que le quedaba chica, y unos dólares fueron a comprar ropa para la hija de Bertha y comida.

Entonces posó su atención en mí y me dijo lo que yo ya sabía: que necesitaba conseguir un empleo. Dijo que después de que me asentara podríamos ocuparnos de los problemas espirituales que me atormentaban, pero primero lo primero, conseguir un empleo. Me dijo (algo que yo ya sabía) que toda la responsabilidad era mía porque yo era el hombre. Una responsabilidad que yo estaba dispuesto a aceptar incluso aunque esta familia, técnicamente hablando, no era mi familia. La señora B. me dio una fecha límite para ganar un poco de dinero o de lo contrario debería pedirme que me fuera. Pero, cuando me vio salir todas las mañanas a buscar trabajo y aun así volver con las manos vacías, empezó a hablar con gente que conocía y a evaluarme para ver qué podía hacer yo. Más adelante me contactó con un artista local a quien pude ayudar por un tiempo. Entonces, un día, sin previo aviso, me hizo sentar y me contó una historia de cómo algunas mujeres usaban sus elementos personales para conseguir hombres. Después de esto, se ofreció a realizarme una limpieza espiritual y me presentó a su Lucero. Yo no estaba seguro de si la limpieza había funcionado o no, pero me sentí mejor como resultado y estuve abierto al cambio positivo.

Yo era *"un poco especial"* porque no entendía lo que ella decía en ese momento sobre las mujeres que usaban sus elementos especiales. Parte de la razón de que no pudiera hacerlo era que simplemente nunca me habían enseñado. Mis padres (como tantos otros, descubrí después) se rehusaban a decirme ciertas cosas basados en la creencia de que, si no sabía de ellas, no creería en ellas, y no me afectarían. Era una forma de refugio, pero la vida me hizo aprender. Como más adelante, cuando, mientras permanecía en la casa de la señora B., aprendí que el hijo menor de la señora B. era psíquico. Tenía la capacidad de ver ciertas cosas, como Bertha, pero usaba cartas para ayudarse a ver los detalles.

Ahora bien, a mí no me interesaban mucho las profecías y lo que predecían los psíquicos, porque siempre me habían dicho de niño que sería un predicador, pero nada más. Así que no me interesaba tanto. No fue sino hasta que conocí a Bertha y la vi predecir algunas cosas que eran bastante precisas que empecé a escuchar a los psíquicos y sus profecías. Entonces, cuando vi que el hijo de la señora B. hacía algunas predicciones bastante precisas, decidí prestarle atención a lo que dijera, especialmente porque no me cobraba. Tenía la esperanza de que quizás la información que me diera podría ayudarme a conseguir un trabajo. Entonces, un día, el hijo de la señora B. me dijo: "Un hombre te va a pedir que hagas algo, pero no lo hagas", y eso fue todo. No había más detalles que eso. Al día siguiente, la señora B. y su hijo menor se fueron de la ciudad. Esa noche, hubo un golpe en la puerta y el hijo mayor de la señora B. me pidió que fuera a abrir. Cuando abrí la puerta, me encontré con una escopeta de doble barril y me dijeron que me tirara al piso. Los matones enmascarados entraron rápidamente a la casa y le robaron al hijo mayor de la señora B. y salieron corriendo. No sabíamos que él estaba vendiendo marihuana y yo ciertamente no sabía que él era el hombre del que el hijo menor de la señora B. me estaba informando psicológicamente. Esto me dejó un mal gusto en la boca acerca de los fenómenos psíquicos, y Bertha me regañó por no seguir las vagas instrucciones que se me habían dado.

Ahora bien, la voz del tipo que le había robado al hijo mayor de la señora B. sonaba muy familiar. No vi su cara pero sabía por el sonido de su voz que lo había visto antes. Era interesante el hecho de que, cuando entraron, habían ido directamente al cuarto donde estaba el hijo de la señora B., lo que significaba que sabían dónde estaba. Esto me hizo realmente enfocarme en conseguir un empleo, pero cuando empecé a pensar en cómo, estaba viviendo de una bolsa de basura, intentando averiguar cómo, cuándo y dónde iba a conseguir mi último alimento. Durmiendo en un piso frío en el cuarto trasero de la casa de una señora con una mujer (que apenas conocía, estaba empezando a pensar) y sus hijos. Entonces es cuando me di cuenta de cuán bajo había caído. No podía creer que me hubiera dejado caer tan bajo y que hubiera sucedido tan fácilmente. Entonces es cuando oí una voz que decía: *"Es verdad... eres un sin techo"*.

Tocando Fondo

Ese día, en vez de intentar conseguir trabajo, me enfoqué sólo en tratar de conseguir dinero para salir de esta situación. Había intentado hacer las cosas bien. Me registré en varios centros de trabajo, envié una cantidad de postulaciones a todas partes, y nada. Me había presentado a trabajos que podía hacer y a empleos para los que no estaba calificado y aún nada. Incluso me había postulado a un trabajo que no me atrevería a hacer a menos que fuera mi último recurso, como bombero voluntario, etc. Hice todo lo que pensé que sabía hacer y aún nada. Así que Bertha sugirió que hablara con algunas personas que ella conocía para ponerme en contacto con otras personas y poder hacer algún dinero vendiendo drogas.

Por supuesto, yo no me engañaba, pero necesitaba desesperadamente el dinero en ese momento y vender drogas parecía mi única oportunidad de conseguir algún dinero. A pesar de las peripecias que había debido atravesar para escapar la epidemia de crack en Detroit, estaba dispuesto a comprometer mis principios para vender drogas. No quería hacerlo, pero tenía que hacer algo porque sencillamente no veía otra manera de salir de la situación en la que estaba. Era tan fácil meterse en la venta de drogas y tan fácil hacer el producto... el químico callejero me había explicado para qué se usaba el polvo de hornear junto con la cocaína, algo que había aprendido en bioquímica en la universidad.

Racionalicé que sólo vendería drogas por un lapso breve y después "saldría", pero me venían imágenes de la película *New Jack City, Sugar Hill* y el rol de James F. Cagney Jr. (17 de julio de 1899–30 de marzo de 1986) como Cody Jarrett, que grita valientemente en *White Heat,* subido a un gigantesco tanque blanco, antes de morir: "Lo hice, Ma... ¡La cima del mundo!" Todo me recordaba que no hay manera de salir una vez que entraste. La única forma de salir era la muerte; era el código que todo joven aforoamericano en Detroit conocía, algo que había advertido primero Young Boys Incorporated (YBI).

Me cruzó por la cabeza la idea de simplemente dejar a Bertha y a su shijos, que probablemente tendrían una mejor oportunidad viviendo con su abuela y sin mí. Sin embargo, quería ser un modelo positivo para los hijos de Bertha y mostrarles que como hombre no huyes aunque las cosas no te gusten. También me cruzó por la mente la idea de simplemente volver a casa y abandonar esto de la búsqueda espiritual, pero estaba decidido a ser espiritual. Estaba decidido a encontrar las respuestas a las preguntas que me acosaban en mi juventud, para que mi espiritualidad no fuera solamente intelectual o una tarea. Entonces Bertha me dijo que estaba embarazada, aunque afirmó que le habían enlazado las trompas. No tenía otra elección que quedarme. No sabía cómo iba a hacer que las cosas funcionaran pero tenía que encontrar una manera y la única manera que conocía de hacer dinero rápido era vender drogas.

Estaba parado en la esquina, mirando una calle vacía

que parecía no llevar a ningún lado, con unas bolsitas en el bolsillo, cuando oí una voz que me decía:

"No quieres seguir por ese camino, ¿verdad?" Y respondí: "No". Entonces tomé las bolsitas y las abrí discretamente y las arrojé por la alcantarilla.

Fue entonces cuando presencié mi primer milagro, porque después de tomar la decisión de no involucrarme en drogas Bertha misteriosamente obtuvo un poco de dinero y decidimos irnos a Atlantic City. En Atlantic City, ella ganó unos 2500 dólares jugando en las máquinas tragamonedas de $5. Cuando volvimos a Filadelfia le dio algo de dinero a la señora B. y un poco a su abuela y después nos mudamos a Jacksonville, Florida, donde el costo de vida no era tan alto. Nos reímos y hablamos de lo misteriosamente que había ganado el dinero. Ella dijo que había sido suerte, pero algo dentro de mí sabía que no era suerte sino algo mucho más profundo. Yo tenía miedo de decirlo en voz alta por miedo de quedar como abiertamente religioso y que me ridiculizaran por sonar como un cristiano. Considero esto mi primer milagro porque fue la primera vez que vi verdaderamente cómo, cuando estás al final de la soga, algo milagroso ocurre. Tenía que hacer lo que mi DJ de Detroit favorito, The Electrifying Mojo, solía decir: "Ata un nudo. Sigue colgando. Sigue recordando que no hay nadie tan malo como tú."

Aun así, no veía el cuadro completo, y concluí que la razón de que hubiera tenido tantos problemas en Filadelfia era que lo que había aprendido antes simplemente no era práctico. Para lograrlo, creía que tenía que esforzarme realmente y así no tendría en Florida las dificultades financieras que había tenido en Filadelfia. Por lo tanto, retorné vigorosamente a los libros y continué leyendo y estudiando más escritos místicos y metafísicos para conectarme con Dios, como lo había hecho el pueblo kamítico.

Blues del Sol de Florida

Nadie te dice que el Estado del Sol, igual que California, es también una tierra de sueños perdidos y fuera de lugar. Así que en Florida empecé a tener problemas similares para tener trabajo y, como resultado, terminamos viviendo en lo que después descubrí que un motel de barrio bajo, infestado de drogas y lleno de adictos y gente sin techo. Decidido a no seguir viviendo así, empecé a pensar en mis experiencias en Filadelfia. Cambié mi forma de pensar y dejé de enfocarme en lo que no quería para enfocarme en lo que podía hacer. Este cambio de pensamiento me llevó a encontrar algunos trabajos eventuales bastante fáciles con los que podía hacer el dinero suficiente para pagar cada semana el alquiler del motel.

Por ejemplo, una vez, caminando por la calle, me topé con un comerciante que me pagó para pintar un mural en el costado del frente de su negocio. Por él conocí a otro comerciante que me pagó para hacer un mural para su compañía. Yo no sabía por qué era capaz de conseguir estos trabajos eventuales, pero no intentaba comprenderlo en ese momento, porque sólo estaba enfocado en conseguir dinero, así que seguí trabajando donde pudiera. Esto, por supuesto, me llevó a hacer toda clase de trabajos que nunca había imaginado que haría, como ventas telefónicas, conducir un taxi, vender autos y trabajo de seguridad. Este impulso terminó por llevarme a atender un minisúper y a tomar un empleo como asistente administrativo, porque, contrariamente a lo que la gente pensaba, podía hablar inglés, pensar, tipear y usar una computadora, lo que sorprendía a los blancos en las agencias de empleo temporal. Después, cuando una cantidad de floridenses supieron que venía de Michigan, me llamaron "yanqui". *Wow, les duraba el enojo por haber perdido la Guerra Civil.*

Como sea, mis empleos nos llevaron a mudarnos a un

departamento y luego a una casa. Trabajaba duro y le daba mis cheques de pago a Bertha, quien no estaba embarazada después de todo. Como necesitábamos el dinero, yo trabajaba como asistente administrativo de tiempo completo durante el día y después volvía a casa, dormía un par de horas y me iba a mi segundo empleo atendiendo el minisúper a medianoche. Cuando se hacían las 7 de la mañana, me iba a mi primer empleo y todo comenzaba de nuevo. En el minisúper cenaba la comida chatarra que abundaba porque Bertha raramente cocinaba o limpiaba algo, porque, según decía, le dolía la espalda, o estaba enferma. Así que muchas noches me iba al trabajo hambriento y tomaba la bebida gratis provista por la tienda, una mezcla mortífera descafeinada de capuchino-chocolate caliente-espresso, sólo para mantenerme despierto.

Sin embargo, aunque hacía dinero, no era suficiente, porque le endosaba mis cheques a Bertha para que pagara las cuentas. Un día, cuando quería comprar un burrito de frijoles antes de salir para mi segundo empleo, le pedí algo de dinero a Bertha y nos enzarzamos en una verdadera y fea discusión. No podía creerlo: ¡estaba discutiendo con ella por cinco dólares para comprarme dos burritos de frijoles, para no desmayarme en el trabajo! Fue entonces cuando dejé de endosarle mis cheques y a cobrarlos primero, apartando un poco de dinero para el pasaje de autobús y para mi uso personal, y luego a darle el resto. Con Bertha aún rehusándose a cocinar diariamente para la única persona que trabajaba en un hogar de cinco, los burritos de frijoles se convirtieron en mis mejores amigos, porque eran baratos. Al no tener elección, también empecé a comer pescado y mariscos, porque vivíamos en la costa y era relativamente económico.

Entonces un día, cuando yo estaba cansado de caminar, decidimos ahorrar un poco de dinero y comprar un auto. Teníamos $500 que habíamos logrado ahorrar para poner en un auto. Como yo estaba trabajando en dos empleos fijos, supusimos que las cuotas para un auto usado serían bastante decentes. Así que compramos un auto usado en la misma calle en que vivíamos, en cuotas mensuales de $50. El auto estaba muy bien, el único problema era que no teníamos dinero suficiente para un seguro, pero el concesionario no se mostró muy preocupado por eso y nos vendió el auto.

Era jueves y yo cobraba el viernes, lo que significaba que podría adquirir un seguro al día siguiente, pero no me sentía bien manejando un auto sin seguro. Por supuesto, pensé lo peor: ¿y si sufrimos un accidente y herimos gravemente a alguien? Tendríamos que pagar de nuestros bolsillos. Con cuidado, conduje nuestro auto nuevo tan lentamente como lo permitía la ley. Cuando Bertha me preguntó qué estaba haciendo y le conté mis preocupaciones, me regañó y me llamó de todas las maneras posibles excepto hijo de Dios, declarando finalmente que yo era estúpido por pensar como lo hacía. Sin embargo, eso no me hizo dejar de manejar más lentamente que lo habitual.

Al día siguiente, viernes, llevé el auto al trabajo, aliviado de que ya no tendría que tomar el autobús. Cogí m i cheque y conduje a casa. Fue entonces cuando empezó a llover. Como habitualmente, las salidas estaban atestadas de autos que intentaban salir de la autopista, así que me puse en la línea. Entonces la lluvia empezó a caer muy fuerte y los conductores en Florida, por alguna razón, no se dieron por notificados de la necesidad de aminorar la marcha. Lo siguiente que advertí al mirar por el espejo retrovisor fue a una camioneta que intentaba frenar luego de ir a 80 millas por hora en la lluvia. ¡BAM! Sí, el joven oficial naval destruyó mi flamante auto usado y a mí me citaron por no tener el seguro que iba a adquirir ese día.

Lo bueno fue que nadie resultó herido y que nuestro nuevo auto usado quedó destruido, así que lo pagó el seguro del otro conductor. Yo no podía creer que lo que me preocupaba había ocurrido realmente. Esto me hizo pensar en si a Dios le gustaba la Ley de Murphy, o si Dios, como los antiguos dioses griegos, sólo flotaba sobre la tierra moldeando las vidas de las pequeñas figuras de barro para entretenerse. No estaba seguro, pero me convencí de que lo que pensamos definitivamente influye sobre nuestra realidad física. No fue mucho después que conseguí un empleo en ventas, lo que me dio acceso a una cantidad de libros de pensamiento positivo que empecé a leer. De todos modos, no estaba seguro de cómo había ocurrido el accidente, pero Bertha sí se enojó y me culpó de todo a mí y a mi forma de pensar.

A esta altura Bertha ya me estaba poniendo realmente nervioso, tanto que en el poco tiempo en que nos veíamos todo lo que hacíamos era discutir. En poco tiempo nuestras discusiones se fueron convirtiendo en peleas verbales sin tapujos, en las que decíamos lo que fuera del otro, sin importar cuán hiriente o despectivo fuera. Fue durante una de nuestras peleas de perro y gato que me empezó a cruzar por la cabeza la idea de que la razón por la que ella no quería cocinar ni limpiar no era que le doliera la espalda o estuviera enferma, sino que sencillamente yo no le importaba y era holgazana. El dolor de espalda y las otras enfermadades eran simplemente excusas para no tener que hacer nada.

Pensé en lo que creía la abuela de ella y pude imaginar cómo crecer en una casa como aquélla haría a cualquiera detestar la cocina y la limpieza, pero yo no era su abuela. Entonces recordé que en la casa de mis padres no era tarea o responsabilidad de nadie cocinar o limpiar, sino que lo hacíamos todos. Ambos cocinaban y cocinaban bien. Recuerdo que mi madre nos dijo a mí y a mis hermanos que debíamos aprender a cocinar, limpiar y hasta sembrar para que no tuviéramos que depender de nadie, excepto nosotros mismos, para sobrevivir. Recuerdo que mi madre nos dijo numerosas veces que no había nada más lamentable que ver a un hombre hambriento por esperar que alguien cocine para él, ya que él no sabe cocinar. Mi madre estaba decidida a que eso no fuera un problema para mí y mis hermanos.

Mis hermanos y yo aprendimos a cocinar a temprana edad. De hecho, yo estaba en la secundaria cuando empecé a cocinar, y no porque fuera mi responsabilidad. Fue porque yo era el primero que llegaba a casa, así que siempre ponía algo de carne o frijoles en el horno. Dicho simplemente, eran la conveniencia y la consideración (o amor) lo que dictaba qué persona debía cocinar en la casa de mis padres.

Por cierto, yo podría haber vuelto a casa de mi primer empleo de tiempo completo y cocinado para todos los que no estaban trabajando y dormir lo suficiente como para llegar a mi segundo empleo de tiempo completo. Pero, si tenía que trabajar en dos empleos y cocinar para gente que no estaba trabajando en nada, ¿cuál era el propósito de tener allí a esa otra gente?, pensaba yo. Sí, "definitivamente me están usando", confirmé, a la par de la idea de que Bertha fingía el embarazo sólo para seguir usándome. Ahora bien, yo realmente amaba a sus hijos y no quería que me vieran irme y tuvieran un complejo por no tener padre, pero me preguntaba si no estará dañándolos más al permanecer con su madre.

Mientras consideraba tantas cosas, empecé a pensar que el consejo que daba Bertha era retorcido. No creía, o más bien me negaba a creer, que Bertha tergiversara y malentendiera deliberadamente la interpretación que daba, pero se me hacía muy claro que ella no sabía nada acerca de lo que eran las buenas relaciones. De hecho, empezaba a creer que ella no era tan experimentada espiritualmente como afirmaba. Cuanto más veía cómo iban las cosas, más me convencía de que ella no tenía experiencia en un montón de asuntos. Esto, combinado con mi ignorancia, nos estaba llevando a los dos por un camino peligroso. Así que ella no debía estar dando ningún tipo de consejos sobre lo que uno debe hacer para tener una buena relación ni nada de eso.

Pensé en el *sentido común*, que es lo que debería haber usado. Mis padres me habían dicho esto pero de alguna manera no lo explicaron correctamente o yo no lo entendí. No era su culpa, pero ahora yo entendía que debería haberme fijado en las credenciales de Bertha. En vez de escuchar lo que ella decía, debería haber mirado los frutos de lo que hacía. Si supuestamente ella era tan buena y conocedora en lo que hacía, debería haber tenido alguna evidencia física para sostener sus afirmaciones. Yo debería haber escuchado a mis padres, abuelos, tías y tíos cuando hablaban de tener una buena relación, porque en nuestra familia la tasa de divorcios es baja.

"Creo que ahora entiendo", me dije, y fue entonces cuando realmente empecé a ver que toda esta situación era sólo una prueba para enseñarme algo acerca de mi familia.

Mientras pensaba en estas cosas, empezaba a entender por qué la señora B. me decía lo que algunas mujeres inescrupulosas hacían para conseguir hombres. No podía creer que Bertha me hubiera hecho esto, pero no estaba seguro. Sé que ella había afirmado estar embarazada y no lo estaba. Sólo que no estaba seguro. Como fuera, la sensación de estar siendo usado se afirmaba en mi cabeza. No mucho después, empecé a sospechar de todo lo que ella hacía y simplemente dejé de confiar en ella.

En ese tiempo no tenía a nadie con quién hablar porque no conocía a nadie excepto a la gente con la que trabajaba. Realmente no tenía mucho tiempo para hablar con la gente en primer lugar. Aun si lo hubiera tenido, Bertha me habría acusado de estar tratando de acostarme con alguna mujer. Esto lo hacía todos los días porque yo trabajaba en una oficina llena de mujeres. Por supuesto, eran sus propias inseguridades las que la hacían pensar eso. Sin entender que por simple decencia yo no la engañaría, y sin mencionar que yo no tenía el tiempo o el dinero para hacerlo, no le entraba en la cabeza. A sus ojos, en algún momento yo terminaría por hacerlo, porque era hombre y todos los hombres hacen eso. Se aseguraba de gritarme cada vez que podía, especialmente frente a su hija. Cuando yo estaba en el trabajo, llamaba y (como para asegurarse de que mis compañeros de trabajo lo oyeran) gritaba esta misma acusación del otro lado del teléfono: "¡Todos los hombres son perros, porque todos los hombres engañan!". Yo nunca le colgaba el teléfono a una mujer, pero habitualmente, cuando ella hacía esto, lo hacía.

Por un tiempo me pregunté por qué, de repente, ella había empezado a pensar que yo la engañaba. No tenía sentido porque parecía haber salido de la nada. Yo sabía que ella no había encontrado números de teléfono, condones u otra evidencia incriminatoria en mis bolsillos, porque no tenía ninguna. ¿De dónde venían todas estas acusaciones? No sabía, hasta que una vez, sin pensar, pero cansado de ser acusado de algo que nunca había hecho y de que me gritaran como si fuera un animal, la insulté, y cuando ella gritó "Todos los hombres lo hacen", yo, sin pensar, le retruqué: "¡Especialmente cuando la mujer no hace lo que se supone que debe hacer!".

Sabía que no tenía que hacerlo y sabía que mi respuesta sólo la haría gritarme un poco más, pero estaba cansado de esto y empezaba a darme cuenta de que no era normal. Esta relación sencillamente no estaba bien, por más que ella dijera que era nuestro destino y que éramos almas gemelas. Mis padres, mis abuelos y mis tías y tíos no usaban ninguna cosa especial y espiritual para tener una buena relación con sus parejas. Todo lo que tenían era amor y era a través del amor que trabajaban, jugaban y hacían todo lo demás por ellos y sus familias. Así era como me habían criado. Esto era lo que yo estaba haciendo. No llegaba a casa borracho, no gastaba mi dinero en cosas frívolas, y aun así me gritaban y me trataban como a un animal. *Yo no lo creo.*

Cansado de trabajar 17 horas al día y de mantener a gente que no lo apreciaba, empezaba a ver que esto de las almas gemelas no era más que basura. Empecé a entender que, si Bertha había sido así con su último marido, esto explicaba por qué él se había divorciado de ella, y por qué había dejado la casa en ruinas. Pero aún no estaba absolutamente seguro. El "lavado de cerebro espiritual" era muy poderoso y me hacía preguntarme: "¿Y si estamos destinados a estar juntos?". Realmente no sabía, y no tenía a nadie con quien hablar de esto. Si llamaba a mis padres, me darían un sermón de cómo no debería haberme ido con esa loca en primer lugar, así que llamarlos estaba descartado. No necesitaba eso ahora. G. era el único que podría escucharme.

G. era el único que de alguna manera entendía lo que yo estaba atravesando. Cuando llegó mi 25° cumpleaños, G. entendió lo importante que era para mí vencer a las estadísticas como un joven negro. Él, al igual que mi familia inmediata, me llamó. Esta mujer así llamada espiritual con la que estaba ni siquiera me compró una tarjeta de cumpleaños o me deseó nada. Eso realmente me hirió y me convenció de que realmente yo no le importaba. No mucho después, G. voló a Florida para estar conmigo en sus vacaciones y hasta me dio dinero. Él podía ver el tormento que yo sufría pero, sin saber qué hacer, sólo me escuchó y ofreció el consejo que podía. Celebrando tardíamente mi cumpleaños, tomamos un par de copas y recordamos todas las cosas por las que habíamos tenido que pasar para llegar adonde estábamos hoy.

Una Breve Caminata con un Santo Cubano

No obstante, seguí trabajando, leyendo y estudiando mis libros. Mi experiencia con la señora B. me dio un nuevo interés y me hizo mirar más de cerca las religiones de la Diáspora africana. Esto me ayudó a superar el *shock* inicial provocado por los medios en películas como *Voodoo Dawn, The Believers, The Serpent and the Rainbow*, etc., donde se presenta a las prácticas y tradiciones derivadas de África como canibalísticas, fantasmales, demoníacas y malvadas. Para este momento, sin embargo, había empezado a sentir que aprender sobre las prácticas espirituales era una pérdida de tiempo porque no sentía que me estuvieran acercando a Dios o ayudando a aprender sobre Él. Entonces fue cuando conocí a un viejo negro cubano a quien llamé Papá Raúl.

Aunque Papá Raúl no había leído o estudiado la historia kamítica y los libros espirituales, como yo, tenía mucha inteligencia y sabiduría sobre la espiritualidad tradicional porque, como la mayoría de los cubanos, era católico. Además era miembro de la Sociedad Abakwa y practicaba santería, una religión afrocubana originaria de Nigeria, similar pero diferente al vudú haitiano y una forma de espiritismo. Papá Raúl entendía inglés pero lo hablaba muy poco, así que su esposa le traducía casi todo. Aunque Papá Raúl no podía divulgarme ningún secreto de su formación espiritual, me contó una cantidad de historias sobre su experiencia de vida y eventos históricos de los que nunca supe en mi clase de historia, y que escribí en mi *libro* (cuaderno). Por ejemplo, Papá Raúl me habló de su infancia y de cómo era la vida en Cuba antes de venir a los Estados Unidos. Me habló de la amistad que tenía con su hermano mayor y de las varias cosas que su abuela hizo para protegerlos a ambos. Papá Raúl me dijo que la ciudad más antigua de los Estados Unidos es St. Augustine, Florida, que fue fundada por colonos españoles unos 42 años antes de Jamestown, Virginia. También me dijo que Florida solía ser territorio español, pero un acuerdo comercial entre Gran Bretaña y España llevó a Gran Bretaña a adquirir Florida y a España a tener el control total de Cuba .

No mucho después de eso, Papá Raúl y su mujer empezaron a hacernos conocer a Bertha y a mí su cocina y su música. Supe de Beny Moré, Arsenio Rodríguez y Celia Cruz, a quienes pronto aprendí a apreciar y adorar, por el amor de estos artistas hacia su herencia africana. A diferencia de Norteamérica, donde uno podía escuchar retenciones africanas, muchos de los cubanos cantaban canciones que hablaban abiertamente de cómo una divinidad africana en particular los ayudaba a lograr alguna hazaña o una canción de elogio para una tradición particular, honrando a sus ancestros. Me recordaba un poco al blues, sin interferencia cultural y mala interpretación. Era como la expresión verdadera. Aunque la mayor parte del tiempo yo no entendía lo que los artistas estaban diciendo, porque habalaban en español o en español mezclado con algún lenguaje africano. Hacer y cantar una canción en un lenguaje africano con ritmos afrolatinos y que se convirtiera en un éxito no era sólo ingenioso sino valiente, asombroso y una verdadera expresión de resistencia contra el racismo, pensé.

Tenía sentido que Papá Raúl me dijera que la salsa, el son cubano y varias otras formas de música afrolatina deberían ser consideradas también parte de la herencia negra, porque, al igual que el blues, R&B, hip-hop, reggae, soca y calypso, tiene raíces africanas y procede de los mismos orígenes. Por esta razón Papá Raúl decía que respetaba realmente a Bob Marley, porque era un artista que obligaba a la gente blanca a aceptarlo por quien era.

Al principio no entendí lo que Papá Raúl me estaba diciendo, pero cuando pensé en ello comprendí que tenía razón: la gente de descendencia africana ha hecho numerosas contribuciones en todo el mundo, pero la mayoría de la gente no lo ve porque se enfoca solamente en las diferencias externas. Empecé a ver que yo había sido condicionado, por haber crecido en Norteamérica, para creer que una persona debía ser "negra" basado en el color de su piel y el lenguaje que hablaba. Como una de las buenas amigas de mi madre, la señora J., que además había sido una de mis madrinas cuando crecí, tenía piel muy clara y ojos azules, al igual que otros negros de piel clara que conocíamos y que vivían en Detroit y en Ontario, Canadá, superé la identificación de la *negrura* de alguien con base en el color de su piel hace mucho tiempo, pero nunca había pensado en el lenguaje como un factor determinante. Recordaba esto porque mi madre era una educadora y su madre nunca había obtenido su título secundario, pero ambas subrayaban la importancia de hablar bien el inglés para que "la gente" (*blanca*) entendiera lo que estábamos diciendo, y eso era todo. Nunca había pensado en otra gente negra que hablara otros idiomas, en cómo encajaría en el rompecabezas.

Cuanto más seguía escuchando la música y observando las comidas que comían Papá Raúl y su familia, más empezaba a comprender que había un montón de cosas que teníamos en común. Un día, mientras hablábamos, sugirió que yo intentara aprender español. Al principio pensé que lo sugería por conveniencia, así que no pensé mucho en lo que decía, porque ya sabía algunas frases. Entonces noté que cuando hablaba algo de español la gente me trataba de otra manera, en ambos lados del espectro. Muchos hablantes de españolk al ver que yo intentaba hablar español, me respetaban e intentaban asistirme, mientras que otra gente me miraba con recelo, como preguntándose en qué andaba yo.

Entonces recordé que Malcolm se había reunido con Fidel Castro antes de morir, porque estaba tratando de internacionalizar la lucha de los descendientes de africanos. Entonces fue cuando comprendí que Papá Raúl me estaba alentando a aprender español porque entendía, como Malcolm, que el lenguaje era uno de los factores que separa y unifica a la gente.

Recuerdo que Papá Raúl hablaba de Malcolm X con bastante frecuencia. Recordé al principio lo sorprendido que estaba de oír a Papá Raúl hablar sobre Malcolm X y hasta de Marcus Garvey, porque nunca había sabido que su influencia se hubiera extendido tanto a través de la diáspora. La otra razón es que, cuando los medios hablan de los cubanos, habitualmente se los presenta como blancos. Otra vez tuve que recordarme que necesitaba pensar con la cabeza abierta y recordar que la *negrura* no está solamente basada en el color de la piel, como se piensa en los Estados Unidos.

Entonces Papá Raúl dijo algo realmente interesante para mí. Él, como algunos de los otros cubanos que conocí, tenía una opinión diferente de Fidel Castro, de quien me dijo que era el único hombre blanco que respetaba, por lo que había hecho por su gente. Esto me resultaba confuso, hasta que aprendí de Papá Raúl que, aunque él no estaba del todo de acuerdo con las políticas de Fidel, la mayoría de los cubanos que vinieron a los Estados Unidos después de la Revolución Cubana (1959) son llamados cubanos blancos, porque sus ancestros son europeos (particularmente españoles). Antes de la Revolución Cubana, Cuba tenía leyes similares a las leyes de Jim Crow en el sur de los Estados Unidos. Fue sólo después de que Fidel tomara el poder que estas leyes racistas fueron erradicadas, me dijo Papá Raúl.

Lo que hacía a esto aun más interesante es que yo estaba tratando de entender lo que Papá Raúl quería decir al llamar blanco a Fidel. Me dijo que, aunque parece haber un montón de cubanos blancos, la mayoría de los cubanos en la isla son negros o mulatos. Me dijo que años atrás, cuando los cubanos consideraban extraño, primitivo y tonto todo lo que fuera africano, se lanzó una campaña seria para librar a Cuba de su herencia cultural africana. Me dijo que la policía allanaba casas y arrestaba a la gente en un esfuerzo serio por aplastar todo lo que fuera derivado de África. Pero los cubanos negros, por amor a sus ancestros y su cultura, se rehusaron a dejar de practicar lo que los convertía en lo que eran. Una cantidad de gente, me dijo Papá Raúl, nunca olvidó esos días y escondió su tradición de la vista pública para practicarla en secreto, pero continuó con orgullo a pesar de las abrumadoras posibilidades en su contra, para demostrar que no era extraño ni malvado. Papá Raúl me dijo que el gobierno cubano seriamente intentó hacer que la gente negra se avergonzara de ser negra, pero que mayormente no resultó. Para recordar esos tiempos horribles y para honrar a aquellos que siguieron resistiendo, él exhibía valientemente la pequeña imagen de cemento con ojos de concha que llamaba Ellegua y La Madama (una figura de nodriza de ébano negro que Papá Raúl dice que es su esposa de Ellegua) en su vestíbulo, mientras que una enorme olla de hierro, que llamaba su Ogun, hacía guardia en un rincón a la vista de todos.

Había un par de cosas que me resultaron interesantes acerca de La Madama de Papá. La primera era que él se refería a esta figura como la esposa de la figurita de ojos de concha. Yo había leído antes acerca de Ellegua en algunos libros y pensaba que la Pomba Gira brasileña era su esposa. Pensaba que La Madama era otra cosa. No estaba seguro.

La otra cosa era que yo había visto antes a esta figura icónica, en algunas de las casas portorriqueñas que había visitado en Filadelfia, con la señora B. La figura me parecía similar a la estereotípica Tía Jemima, la caricatura de nodriza que muchos afroamericanos despreciaban porque en los Estados Unidos la caricatura presentaba a las viejas negras como esclavas feas y grotescas, dispuestas a dar su vida por la familia y el hogar del amo. La verdad, según empezaba a ver basado en el hecho de que muchos latinos en la espiritualidad afrocaribeña parecían creer en La Madama o poseerla, era que aparentemente las viejas negras eran vistas como matriarcas fuertes en la comunidad y podían ver lo que a otros se les escapaba. En otras palabras, contrariamente a la creencia popular, no trabajaban como esclavas hogareñas, como se las presenta habitualmente.

Más tarde aprendí de Papá que muchos preferían comprar imágenes de La Madama representada con piel negra como el ébano como un signo de orgullo, que indicaba que ella venía de África y no tenía una herencia mixta. Se me hacía bastante claro que había un doble significado detrás de todo lo que ocurría en este país. Prácticas y tradiciones que en otros países tendían a empoderar, mejorar y elevar a la gente de color, en los Estados Unidos se eran usadas deliberadamente por la mayoría blanca para desempoderar, restringir y degradar a la gente de color.

Papá Raúl me dijo que la palabra española *negro* o *negrito* era tan ofensiva como la "N-word" norteamericana; que el término más políticamente correcto es *moreno*. Señalando su propia piel, dijo que había peleado por su gente durante toda su vida. Papá Raúl me dijo que el racismo en Cuba era grave y que a los negros en un momento se les había prohibido entrar a ciertos establecimientos y tenían que entrar por la puerta trasera, como les pasó a los negros durante el período de segregación de Jim Crow en los Estados Unidos. Dijo que todo eso cambió cuando Castro llegó al poder porque Castro derogó esas leyes de segregación. Dijo que también recordaba haber peleado en la Guerra de Angola, lo que personalmente interpretaba como pelear por la libertad de su herencia. Ésta era la razón por la que, aunque no estaba de acuerdo con muchas de las cosas que Castro estaba haciendo en ese momento, lo respetaba por lo que había hecho.

Entonces Papá Raúl me dijo que el racismo en Cuba no era para nada como el racismo en los Estados Unidos. Dijo que nunca había sabido lo malo que era aquí para los negros africanos hasta que vino a los Estados Unidos. Cuando le pregunté qué quería decir, me dijo que, la primera vez que vino a los Estados Unidos, él y otros inmigrantes cubanos estuvieron en un campamento. Una noche, unos hombres con antorchas y vestidos con sábanas blancas aparecieron montados a caballo. Recuerdo a Papá Raúl diciéndome que al principio pensaron que los hombres estaban ahí para darles la bienvenida, hasta que los hombres de las sábanas empezaron a atacar a la gente. Papá Raúl me dijo que los refugiados cubanos pelearon contra el Ku Kux Klan con todo lo que tenían y los echaron del campamento, pero fue esa experiencia lo que los hizo unirse como un pueblo. Papá Raúl me dijo que fue esta pequeña experiencia lo que le dio una idea de las tremendas dificultades que los negros africanos tenían en este país.

Me dijo que en Cuba nunca habían tenido gente que quisiera matarlos por el color de su piel. Nunca los blancos en Cuba se habían organizado como lo hizo el KKK en los Estados Unidos, específicamente para aterrorizar a los negros asesinando e incendiando iglesias. Esto, me dijo Papá Raúl, le dio una perspectiva diferente de los problemas que tienen los negros en los Estados Unidos. No se trataba sólo de ajustarse los cordones y hacer que las cosas funcionaran, cuando había gente que te aterrorizaba. Al mismo tiempo, dijo que lo ponía orgulloso ver que los negros tenían sus propias iglesias, bancos, fraternidades, clubes, universidades, etc., porque eso refutaba muchos de los estereotipos sobre los negros que se difundieron por el Caribe y Latinoamérica. Dijo que esto les dio a los afrolatinos un sentido de orgullo, porque los negros están corriendo una carrera en la que arrancan muy atrás de sus competidores blancos.

Después de contarme esa historia, Papá Raúl me dijo que al igual que aquí en los Estados Unidos, los negros en Cuba vienen en muchos colores y tonalidades, mientras miraba a su esposa, quien nos preparaba a Bertha y a mí unos ilekes[8], y a sus dos hijos, que tenían una tez muy clara, lo que me recordó a mi madrina de ojos azules y piel clara. Después de que me dijera esto, empecé a interpretar la *negrura* desde una perspectiva completamente diferente. En vez de enfocarme en la *negrura* desde una limitada perspectiva norteamericana, empecé a verla desde un punto de vista global, basado en los modos culturales de uno. En ese momento no sabía que pronto me acusarían de no ser negro por ver la vida desde esa perspectiva, pero eventualmente iba a suceder, al igual que cuando criticaron a Malcolm X. Me hizo comprender lo tonto que era todo este concepto de negrura, porque uno no ha tenido la misma experiencia racista que quien la ha tenido en Norteamérica. El hecho de que alguien haya experimentado racismo por la supremacía blanca, basado en su cultura y en el color de su piel, me ayudaba a identificarme con él, como hermano en la causa.

Papá Raúl señaló un cuadrito de San Miguel que tenía. Me dijo que el santo es un arcángel que protege contra el mal, pero que tienes que conseguir el correcto. Dijo que el

---

[8] Collares sagrados, moldeados a mano, que representaban a los espíritus.

incorrecto tiene al ángel pisoteando la cabeza de un hombre de piel oscura. A los ojos de Papá, era una imagen racista, porque otros no representaban al diablo así. Por lo tanto, "Asegúrate de conseguir la imagen correcta que te empodera", recuerdo que me dijo.

Cuanto más escuchaba hablar a Papá Raúl, más me gustaba, porque sacudía mi mito de lo que verdaderamente significaba ser espiritual. La espiritualidad, para Papá Raúl, no era acerca de la disciplina estricta y el sacrificio, como se la representa aquí en los Estados Unidos. No se trataba de no poder hacer esto, comer aquello o hacer lo que fuera porque si lo hacías ibas a ser condenado o ir al infierno. La espiritualidad, para Papá Raúl, no tenía nada que ver con tu atuendo, tu conocimiento de las leyes metafísicas, etc. Para Papá Raúl, la espiritualidad era acerca de tener una relación personal con Dios. Si algo iba bien o mal en tu vida, tú lo sabrías. No porque algún autor lo escribiera y dijera que estaba bien o mal con base en sus teorías. Según Papá Raúl, sabrías que estabas actuando bien o mal porque Dios te lo diría, si tan sólo observabas las señales. Era acerca de lo que haces y la vida que vives. La espiritualidad era acerca de vivir una vida justa, basada en los principios establecidos por nuestros ancestros. Estos mismos principios, según Papá Raúl, son los mismos principios morales que enseñó Jesús, y por eso es que no veía una diferencia entre los conceptos centrales de la cristiandad y la religión africana. Papá se aseguró de que yo entendiera lo que quería decir con esto, enfatizando los conceptos "centrales" de la cristiandad y no una forma de religión basada en el programa personal de un "hombre".

Obtuve una perspectiva diferente de la espiritualidad al observar a Papá Raúl, lo que de algún modo explicaba por qué había sincretismo religioso en Cuba. Era diferente y sorprendente, especialmente cuando aprendí que él era un alto sacerdote que la mayor parte del tiempo trabajaba como mecánico y factótum. Nunca te habrías enterado de que Papá Raúl era un sacerdote a menos que te lo dijera o vieras su báculo sagrado, porque no iba por ahí ufanándose de sus logros espirituales. Como la señora B., él no se vestía con ropas africanas caras ni seguía ninguna dieta especial, excepto por los tabúes prescriptos por su espíritu guía principal. Papá Raúl tomaba ron ocasionalmente y fumaba cada tanto, pero nada de esto le impedía vivir una vida justa. Fue mirando a Papá Raúl y su humilde vivienda que empecé a ver que esta idea de la espiritualidad que yo tenía era en verdad una concepción occidentalizada basada en la imaginería oriental. Papá Raúl me mostró que la espiritualidad debería ser excitante, intrigante y educativa, pero sobre todo una relación personal que tienes con Dios.

Recuerdo que Papá Raúl me dijo un montón de cosas como lo del *cuadro espiritual* que tiene cada uno. Otra cosa que me dijo fue que la tradición religiosa africana puede ayudar a todos y cada uno, pero es el derecho de nacimiento de todos los negros. Por esto le molestaba que algunos practicantes cobraran precios exorbitantes y estafaran y engañaran a la gente. Dijo que los así llamados practicantes espirituales que engañan a otros no entienden que les dan mala fama a las tradiciones derivadas de África y contribuyen al maltrato religioso de los practicantes legítimos. Sólo por esta razón, Papá Raúl decía que estaba contento de que la sociedad Abakwa tuviera una serie de reglas y estándares, que impedían que cualquiera creara arbitrariamente una logia espiritual. Como resultado, Abakwa no se ha expandido fuera de Cuba tan rápidamente como otras tradiciones afrocubanas.

Habiendo dicho esto, me dijo que las habilidades o talentos que tenemos deben usarse para ayudar a otros pero también para ayudarnos a ganarnos la vida. Dijo que, si eres bueno en algo, se supone que lo uses para ganarte la vida con ello, pero no que utilices la religión para hacer dinero. Papá

Raúl dijo que la gente que usa la religión (cualquier religión, para el caso) para hacer dinero algún día debería responder ante Dios, porque no era ése el propósito de la religión. El propósito de la religión era ayudar a la gente a conectarse con Dios y ésa es la responsabilidad de cualquier practicante religioso. El propósito de tener talentos es hacer dinero, y por ello él trabajaba como mecánico y factótum. Cuando supo que yo podía dibujar, pintar y esculpir, me dijo que usara mis dotes artísticas para hacer cosas que ayudaran a la gente. También me alentó a volver a la escuela y obtener mi título.

Había muchas otras cosas que Papá Raúl me enseñó, como no yacer con los pies apuntando hacia la puerta, porque así era como retiraban a los muertos. Pensé que era un poco raro oír esto, porque me lo había encontrado en la práctica china del feng shui. ¿Cómo sabía acerca de eso este negro cubano? ¿También practicaba feng shui? No estaba seguro, pero seguí escuchándolo y anotando lo que decía en mi *libro*. Papá me habló de un montón de prácticas extrañas, como la manera de absorber la negatividad, que es poner un pequeño vaso de agua con un huevo sin romper debajo de la cama. Por supuesto que no lo hice, porque estaba demasiado ocupado intentando veriguar cómo y por qué se suponía que este remedio tenía que funcionar.

De todos modos, yo lo admiraba porque era un hombre muy orgulloso que me recordaba a mi abuelo. La única diferencia era que Papá Raúl hablaba español y mi abuelo hablaba inglés. Como la señora B., Papá Raúl frecuentemente usaba historias para explicarse. Papá Raúl era un hombre espiritual que creía en la existencia de los espíritus, pero no era superticioso, es decir que no basaba todo lo que hacía en algún "tabú". Por lo que yo podía decir, lo que guiaba sus acciones eran las verdades espirituales que le había enseñado su abuela, la matriarca espiritual de su familia. Por ejemplo, un día que le pregunté si creía en dar las gracias por la comida, me dijo que en su experiencia la gente podía envenenar la comida de otro, de manera que cuando la víctima oraba sobre la comida oraba también sobre el veneno. Como resultado, daba las gracias después de comer, a Dios y a los cocineros.

Recuerdo que, después de decirme esto, me dijo que siempre confiara en el Espíritu cuando estuviera comiendo o bebiendo cualquier cosa. Dijo que el Espíritu nunca te llevaría por el mal camino. Dijo que cuando estás comiendo o bebiendo sólo mires y dejas que el Espíritu hable. Me dijo que, si sientes que no debes comer o beber algo, sigas las instrucciones del Espíritu y no lo hagas, porque eso te salvará la vida.

Hubo otras cosas que me enseñó Papá Raúl, como que siempre debías saber dónde estaba tu sombra cuando caminaras solo de noche. También, que debías conocer la diferencia entre tu mano potente y tu mano receptora. Tu mano potente (usualmente la derecha) se usa cuando estás dando algo y tu mano receptora (usualmente la izquierda) es la mano que usas para encargarte de las cuestiones sanitarias. Yo había oído antes sobre esta costumbre, de unos musulmanes practicantes, en la escuela, pero no sabía que esta práctica se extendiera más allá del Islam. Según Papá Raúl, esto era una simple manera de anular la maldad que fuera dirigida hacia ti. Además, eran malos modales comer con la mano izquierda o estrechar otra mano con ella.

Algunas de las historias más interesantes que me contó Papá Raúl eran las historias de sus orishás de Yorubaland en Nigeria, África. Se cree que durante la esclavitud estas antiguas divinidades viajaron al Nuevo Mundo para estar con sus hijos y ayudarlos a superar las condiciones opresivas que vivían. Existen una cantidad de orishás, pero sólo sobrevivieron los más populares entre la gente que fue llevaba al Caribe, Latinoamérica y Nueva Orleans, Louisiana:

Ellegua es el mensajero divino y embaucador
Obatala es el padre de la tela blanca y la paz
Yemaya es el orishá de la maternidad y del mar
Chango es el orishá del fuego y el trueno
Ochun es el orishá de la sensualidad y la belleza
Oggun u Ogun es el orishá de la guerra
Ochossi es el rastreador divino y el orishá de la policía
Babaluaiye es el orishá de la viruela y las enfermedades
Oya es el orishá del cementerio y los tornados.

Estos espíritus coincidían con las antiguas divinidades kamíticas de las que yo había leído antes de conocer a Bertha. La diferencia era que las divinidades kamíticas parecían distantes, extranjeras y parecían más creación de la fantasía, mientras que las divinidades Yoruba se me aparecían como más reales y tangibles, con sus fallas humanas, de la manera en que me las expresó Papá Raúl. Intenté comprender el proceso racional por el que esto era así y lo único que pude encontrar que tenía algún sentido era que las divinidades parecían ser lo que el psiquiatra suizo Carl Gustav Jung teoriza como arquetipos, complejos autónomos que existen en la personalidad humana, pero actúan independientemente y parecen casi entidades sobrenaturales que existen en lo que él llamó el inconsciente colectivo, lo que según pude entender era lo más cercano posible a Dios en términos humanos. En otras palabras, los arquetipos o divinidades parecían ser emanaciones de Dios o de la mente, pero ¿eran reales?

Según la teoría de Jung, cada arquetipo controla un aspecto diferente de la conducta y personalidad humana. Esto significa que si a uno de estos arquetipos se le permitiera dominar completamente la personalidad humana los resultados serían mentalmente catastróficos. Por lo tanto, cada arquetipo es necesario para que los seres humanos mantengan un perfecto estado de balance mental. Esto aún no explicaba si eran seres reales o sólo inventos de mi imaginación, así que por ahora dejé el tema de lado.

Entonces recordé *The Irritated Genie,* sobre cómo el loa/orishá Oggun era el responsable de inspirar la revolución haitiana, lo que llevó a Haití a ganar su independencia en 1804, poco después de la Revolución Norteamericana. Recordé que, al leerlo por primera vez, me pregunté cómo un espíritu podría hacer esto si los espíritus no eran reales. Como no me habían enseñado literal u oficialmente acerca de ángeles o espíritus, no podía creer realmente en ellos, porque parecían imaginarios. Era como rezarle a Dios: en algún momento de mi vida Dios no parecía real, en parte porque nos enseñaban rezarle a una figura imaginaria, a una Deidad misteriosa. De hecho, cuando leía sobre los ángeles, espíritus, orishás y Dios en otros libros, los veía como nada más que inventos de la imaginación dentro de nuestra psique. Entonces Papá Raúl me dijo algo que me hizo ver las cosas de modo un poco diferente.

Me dijo: Ten cuidado cuando vayas a bares y clubes, porque a Ellegua (el embaucador) le gusta causar jaleos por la noche haciendo bailar a Oshun (el orishá de la belleza/el amor), lo que atrae a Ogun (el laborioso orishá del hierro/la guerra), a sabiendas de que ella sólo tiene ojos para Shango (el orishá del fuego/relámpago). Eventualmente Ogun y Shango van a pelear y sabiendo esto, Ellegua va a llamar a Ochossi (el orishá rastreador y policía), y se sienta a reírse de toda la situación. Cuando pensé en algunos de los clubes y fiestas a las que había ido cuando iba a la escuela, recordé que eran siempre los que llamábamos "cabezas de nudillos" los que iniciaban las peleas por alguna cosa sin sentido.

"Wow", empecé a pensar, "¡esta historia es tan cierta!"

Ellegua es el mensajero divino y embaucador

Después de contarme esta historia, recuerdo que me dijo que hay un montón de espíritus y que todos tenemos espíritus que caminan con nosotros, pero que la gente necesita saber qué espíritus están con ellos y cuáles no. Para Papá Raúl, según lo que le habían enseñado su abuela y su familia, los espíritus alguna vez fueron seres humanos y todos eran considerados guerreros, así que se sentaban en el piso como lo hacían los guerreros y no en estantes colgados en las paredes, como se los representaba comúnmente.

Yo estaba totalmente confundido. Me sentía totalmente perdido con lo que me decía Papá Raúl. Ahora no estaba seguro de si Dios y los espíritus eran reales o no. ¿Podían existir realmente? ¿Podía ser por esto que yo había estado teniendo tantos problemas, porque no creía que existieran y pensaba que se trataba de mí? ¿Me había olvidado de algo? No estaba seguro. Me debatía entre lo que experimentaba y lo que había aprendido.

Yo tenía un pequeño santuario de ancestros con algunas imágenes, pero sólo lo tenía porque había visto que Bertha y otros que observé en Philly los tenían. Aunque era mi santuario de ancestros, yo realmente no tenía una conexión personal con él. Las fotos en el santuario eran de gente a la que comúnmente se recuerda en Kwanza o durante el Mes de la Historia Negra, pero había algo que me hacía preguntarme: ¿Y si una parte de esas personas aún existía? No estaba seguro.

Como fuera, la confusión, la duda y el estrés que sentía me hacían ver que mi abordaje no sólo estaba siendo puesto en duda por un sacudón de realidad espiritual, sino incluso empezando a desmoronarse. No sé si Papá Raúl sabía que esta pequeña historia me sacudiría así, pero lo hizo. Después, cuando descubrió que yo estaba estudiando la tradición kamítica e intentando implementarla en mi vida, se burló de mí por tratar de poner en práctica la antigua religión egipcia, porque dijo que era tonto intentar reproducir lo que se había hecho mil años antes. La razón era que lo que enfrentaban los antiguos egipcios era completamente diferente de los problemas que enfrentamos hoy. Dijo que la tradición egipcia se enfocaba en ocuparse de los problemas de los egipcios. La religión egipcia no estaba hecha para ocuparse de los problemas de la gente en los Estados Unidos, en Cuba o en ninguna otra parte. Había sido creada para ayudar al pueblo egipcio y sólo al pueblo egipcio. Una vez que sirvió a su propósito, dejó de existir, porque todo debe evolucionar, nada permanece igual.

Papá Raúl me dijo que en vez de enfocarme en tratar de practicar la religión egipcia debía enfocarme en tratar de entender los conceptos y principios kamíticos porque éstos eran los mismos conceptos y principios que han empoderado al modo de vida tradicional africano que existe hoy. Papá Raúl me dijo que los afroamericanos tenemos un rico legado ancestral pero el problema es que no hemos aprendido a usarlo porque nos han hecho sentir avergonzados de él. Dijo que esto es lo que hizo al Lucumi (o Santería) en Cuba único y diferente de la forma en que se lo practica en África, lo que le permitió sobrevivir. Dijo que para que la religión sobreviva tiene que adaptarse para servir a la gente. Nuevamente, me dijo que aprendiera los conceptos y principios, porque cuando haces eso los ancestros te ayudan a adaptar y modificar todo lo demás para que sea una herramienta de empoderamiento. Esto, dijo Papá Raúl, es mucho más importante que tratar de emular lo que otra gente hizo miles de años atrás.

La Visita a la Tienda de Velas

No mucho después de eso, perdí misteriosamente el contacto con Papá Raúl, pero lo que me había dicho se quedó conmigo por un largo tiempo. Como resultado, cambié mi enfoque y empecé a honrar más a mis ancestros en vez de intentar implementar la tradición kamítica en mi vida. Más adelante conocí a una anciana llamada Sra. Smith, de Detroit, que tenía una tienda de velas. La única razón por la que había visitado su negocio era que vi todos los diferentes tipos de velas en la pared, lo que me recordó a las tiendas de velas que había visto en mi barrio. Visité el negocio de la señora Smith varias veces y cada vez que lo visité ella estaba escuchando el sermón de un predicador grabado en un cassette, lo que me pareció extraño por lo que me habían enseñado, de que la gente que se apuntaba a prácticas espirituales no era piadosa. Pero la señora Smith, al igual que Papá Raúl, había dejado claro que la piedad no tiene nada que ver con las prácticas culturales a las que uno se apunta. Es cómo vives y cómo tratas a otros lo que determina si estás viviendo para Dios o no.

Por ejemplo, la señora Smith me dijo que un día había una mujer blanca que había venido a ella porque su hijo había hecho algo ilegal y estaba encarcelado. Después de hacer una lectura, ella supo que el hijo de la mujer había sido advertido antes de cometer un delito en particular. Naturalmente, la madre quería que su hijo fuera liberado, pero la señora Smith se rehusó a hacerlo. La razón era que la lectura que había hecho indicaba que el hijo de la mujer había sido advertido varias veces y siguió incurriendo en una conducta incorrecta, así que debía cumplir tiempo en la cárcel y los espíritus no iban a ayudarlo esta vez. La señora Smith dijo que le había dicho a la mujer que había cosas que podían hacerse para protegerlo mientras estaba ahí pero que no iba a ir contra Dios y tratar de hacer algo para hacer que liberaran al hijo de la mujer, porque sería espiritualmente incorrecto. Dijo que le advirtió a la mujer que había gente ahí afuera que decía poder hacer que su hijo fuera liberado, pero que eran individuos inescrupulosos a los que no les importaba si hacían lo correcto o lo incorrecto. La señora Smith me dijo que volvió a advertirle a la mujer que si su hijo era liberado nunca aprendería de las consecuencias de sus actos y cometería el delito de nuevo con peores efectos. La señora Smith dijo que sabía que su advertencia caía en oídos sordos pero que no iba a perder su don o su Espíritu Santo sólo por una pequeña ganancia material.

Este mensaje, venido básicamente de la nada, me confirmó que hay algunos practicantes inescrupulosos que harán lo que sea para obtener una ganancia material. Lo que me dijo la señora Smith me hizo entender que las recompensas y castigos espirituales no sólo suceden después de la vida, como cuando una persona es premiada con el cielo o castigada con el infierno. No, las recompensas y castigos espirituales ocurren en la vida presente de uno y continúan después de la vida, lo que son las consecuencias o efectos de las acciones o causas de uno. Así que los practicantes escrupulosos actúan y se comportan para mejorar, fortalecer y mantener su conexión con Dios. Este mensaje de la señora Smith también me verificó que se habían aprovechado de mí a causa de mi ignorancia e ingenuidad, pero que ahora que sabía que algo estaba mal y había aprendido la lección, se avecinaba un cambio, como cuando Harriet Tubman, después de liberar a unas 300 personas, dijo: "Podría haber salvado a miles, si sólo hubieran sabido que eran esclavos". ¡Yo ya no era un esclavo!

Entonces Bertha, que había empezado a recibir

beneficios médicos y financieros por la herida en su espalda, de repente, sin que viniera al caso, me dijo un día, cuando yo volvía del trabajo, y después de hablar con una amiga suya, que yo la estaba usando y "tomando la leche gratis sin comprar la vaca", como lo puso ella. *¡AJÁ! De ahí era probablemente de donde ella sacaba sus acusaciones de que yo la estaba engañando.*

De todos modos, sin ver las señales y reconocer lo que estaba pasando, yo pensé: "¡Qué atrevimiento!, ¿yo usándola?" No era que no quisiera casarme con ella al principio, pero no teníamos dinero, y yo quería tener una ceremonia de casamiento decente. Yo creía que ella me estaba usando a mí. La otra cosa era que aún estaba confundido con lo de Dios, otra razón por la que no me casaba con ella, pero yo no veía las señales. Sólo estaba verdaderamente asombrado de que ella estuviera convencida de que yo la estaba usando para tener sexo. Es decir, yo realmente me estaba esforzando para atravesar ese infierno, trabajando en dos empleos de tiempo completo, intentando proveer para sus hijos y todo, ¿por sexo? ¿En serio?

Cuando finalmente me callé y empecé a fijarme en lo que estaba pasando, pensé en cómo todo esto ocurría justo después de perder contacto con Papá y recibir el mensaje de la señora Smith, la dueña de la tienda de velas. La señal era que me estaban dando una salida. Antes no quería irme porque no quería que Bertha les dijera a sus hijos que los hombres sólo huyen y descuidan sus responsabilidades cuando las cosas se ponen difíciles. Yo quería que ellos vieran que me iba porque ella me lo había pedido. Después de todo, había soportado este infierno espiritual por bastante tiempo y ya era hora de que terminara, así que, sin discusión, le di todo lo que habíamos adquirido juntos y tomé mis libros, mi música y la bolsa de ropa usada comprada en tiendas de segunda mano. Entonces me fui a Kansas, adonde se había mudado mi familia.

Parte 3:
Aprendiendo a Caminar Solo

**La sabiduría de los ancianos es como el sol:
ilumina la aldea y el gran río.**

– Proverbio Nilótico

En la Extraña Tierra de Oz

Uno de mis hermanos menores me había pedido que me fuera a vivir con él y su familia a Michigan. Aunque habría querido, decidí mudarme a la casa de mis padres porque mi hermano y su esposa eran una joven pareja que no había estado casada por mucho tiempo. No necesitaban mi drama y yo no necesitaba en mi vida el drama que ellos estaban experimentando. Yo necesitaba tiempo para reflexionar, refrescarme, averiguar qué había andado mal y volver a plantarme sobre mis pies, y por eso es que decidí mudarme a Kansas, donde mis padres se habían instalado.

Esta parte de Kansas en la que vivíamos era bastante extraña. Muchos de los blancos seguían llamando a los negros "gente de color" como si viviéramos en un documental sobre derechos civiles, y muchos de los negros en la zona actuaban como si nunca hubieran visto a gente negra hablar inglés sin agarrarse sus partes. Era muy extraño porque yo nunca en mi vida había oído a los blancos preguntar de qué color son los bebés negros cuando nacen. Recuerdo que la primera vez que oí eso necesité hasta el último gramo de fuerza de mi interior y plantarme firmemente en el suelo para no abofetear al individuo y sacarle de la boca el gusto a ignorancia.

Debería haber sabido que algo pasaba cuando algunos de los vecinos pensaron que mis padres (que ahora trabajaban ambos como educadores) eran vendedores de drogas, porque eran de los pocos negros que habían comprado una casa en el lado norte de la ciudad —allí es donde vivía toda la "gente rica", me dijeron. *Wow.*

Como lo esperaba, fui apodado "negro de la casa" por algunos de los vecinos negros. Es extraño cómo se dan vuelta las cosas, pensé. Podría haberles mostrado mis KRS-1, Wu-Tang, Mos Def, Common (Sense), Dead Prez, Talib y otros discos de mi colección de hip-hop, o tal vez mi jazz, mi blues o mi colección de R&B. O quizás mi numerosa colección de historia africana y afroamericana, que había estudiado, pero no creo que hubiese importado.

Toda esta idea de la negrura, estaba empezando a ver, es realmente tonta en primer lugar. Especialmente considerando el hecho de que históricamente ha sido nuestra propia gente, desde las primeras revueltas de esclavos de Denmark Vessey, Gabriel Prosser y Nat Turner al asesinato de Malcolm X, quien ha entorpecido (si no totalmente detenido) nuestro progreso. Es decir, ya no me parecía divertido que los comediantes negros bromearan sobre el expresidente Bill Clinton diciendo que era el primer "Presidente Negro" porque creció pobre en Arkansas, sabía tocar el saxo y le gustaban John Coltrane y acostarse con todo el mundo. De hecho, me parecía bastante insultante, especialmente considerando el hecho de que durante la presidencia de Clinton no hubo muchas contribuciones significativas hechas en su nombre a la comunidad afroamericana.

Yo entendía el propósito de que el concepto de negrura existiera en el pasado, especialmente en términos políticos en sociedades occidentales que ponían gran énfasis en la clasificación según el color de la piel. Pero me parecía ahora que hubiera sido más ventajoso y beneficioso que, si necesitábamos clasificarnos e identificarnos con otros, lo hiciéramos basados en similitudes culturales. Hacer otra cosa es meterse en el mismo juego racial utilizado por los occidentales (jóvenes y viejos), en el que siempre ganan ellos porque es su juego y siempre pueden cambiar las reglas para adaptarlas a su propósito.

Puede debatirse hasta el fin del mundo la etnicidad del pueblo kamítico, que, contrariamente a la creencia popular, se representaba a sí mismo como una raza de piel oscura, similar a los modernos negros que existen en todo el mundo en diferentes tonalidades. Cualquiera puede imitar la así llamada "negrura", pero cuando se trata de cultura, es un asunto completamente diferente. La gente no puede imitar cuando se trata de cultura porque la cultura, que significa cultivar, tiene que ver con la evolución. Es como el hombre sabio y el necio. Un hombre sabio sabe cómo es ser necio porque fue necio alguna vez, pero el necio nunca sabrá cómo es ser sabio porque nunca fue sabio.

Por lo tanto, culturalmente hablando, yo encontraba similitudes entre mi propia situación y la de otros que no tenían que ver con la religión *per se.* Culturalmente hablando, los kushitas (antiguos nubios) eran parientes del pueblo kamítico, al igual que otros en todo el África subsahariana tradicional. Esto explica por qué, cuando los africanos fueron traídos a las Américas, muchos fueron capaces de formar alianzas con los amerindios, porque se identificaban entre sí basados en similitudes culturales. Por esta razón solamente, pienso que la tradición india del Mardi Gras debería ser reconocida, apreciada y celebrada para preservar el legado de nuestros ancestros en Norteamérica.

Bueno, volviendo a esta tierra extraña, yo estaba sorprendido y tuve que volver a la realidad cuando traté de tener una conversación con una joven negra que iba a la HBCU (*Historically Black College/University,* universidad creada para los negros durante la segregación) como yo. Esperando que ella estuviera expuesta a algunos de los mismos conceptos, ideas y filosofías a las que yo estaba expuesto, un día nos pusimos a conversar sobre la gente que en el siglo XXI aún llamaba a los negros "personas de color". Entonces, en medio de la conversación, después de que yo dijera "afroamericanos", ella proclamó con vehemencia que no era afroamericana porque no sabía nada de África. Yo estaba pasmado y no podía creer a mis oídos, que una persona que había ido recientemente a un HBCU aún pudiera siquiera pensar así. Le dije que la palabra "afroamericano" no tenía nada que ver con ir o venir de África. Era un término cariñoso elegido para reemplazar a las viejas etiquetas que nos habían puesto los blancos y los que hacían énfasis en el color. Era de Malcolm X de quien primero había oído yo utilizar la palabra "afroamericano", lo que luego se convertiría en "americanos negros" y luego "americanos africanos". El término pone más énfasis en la herencia debida a los Movimientos Culturales de fines de los 60 y principios de los 70. Después de decirle todo eso, comprobé que estaba perdiendo el tiempo, porque ella me dijo que sabía más de ser una "mayate" y del "barrio mayate" que de África.

"OK, que Dios te bendiga. Que tengas un buen día", fue todo lo que pude decir, porque ella estaba diciendo todo esto en público.

Por supuesto, no todos los que vivían en el barrio de Oz eran así, pero una gran cantidad de personas (negros, blancos y la creciente comunidad hispánica incluida) eran simplemente "IGNANTES[9] (ignorantes)", de lo que mucha gente se daba cuenta. Especialmente mi familia, que junto con algunas otras personas ayudó a crear y mantener un grupo de Historia Negra que organizó varios eventos para educar a la gente acerca de las contribuciones hechas por personas de desdendencia africana, en vez de idolatrar a los estereotipos negros. En Detroit yo nunca vi la relevancia de tener un grupo como ése y hasta entendía el argumento que daban los raperos para usar la infame palabra con "N", pero en una zona donde la ignorancia bate récords, donde la gente cree que todos los negros son matones, gangsters, vendedores de drogas, habitantes de guetos, estúpidos, dejados y

---

[9] Coloquialismo afroamericano que significa que uno es tan ignorante que ni siquiera puede incluir la letra "o" al escribir la palabra.

perezosos y no han hecho ninguna contribución a la sociedad, era un desafío ignorar esta basura estereotípica porque teníamos profesionales viviendo en nuestas comunidades, pero ¿y cuando no tienes esto y no sólo los chicos creen esto sino también los adultos? Te vuelves o bien parte del problema o bien parte de la solución, y yo sabía que algún día tendría que ser un modelo positivo, así que necesitaba hacer lo que es correcto, no sólo para mí sino también para ayudar a otros.

Ahora bien, una de las cosas buenas de vivir en esta tierra extraña era que había muchos trabajos e incluso, aunque había impuestos a todo, el costo de vida era relativamente bajo. No me llevó mucho tiempo adaptarme y en poco tiempo, conseguí un empleo bastante decente en una compañía petrolera. A través de este trabajo pude eventualmente ahorrar suficiente dinero para pagar la deuda que había adquirido cuando vivía con Bertha y usar el dinero para invertirlo y finalmente obtener mi título. Poco después encontré un empleo mejor y eventualmente tuve suficiente dinero para vivir solo, pero no tenía paz interior. Aún estaba confundido sobre lo que se suponía que debía hacer, así que, a pesar de lo mucho que se había aprovechado de mí, seguí en contacto con Bertha, aun cuando cada conversación que teníamos terminaba en una discusión. Entonces un día, después de llamarla, recuerdo que nos enzarzamos en una discusión tan acalorada que oí una voz que me preguntaba:

"¿Por qué la estás llamando? Ésta es la razón por la que te fuiste." Es verdad: ésta era la razón por la que me fui, pensé, así que ¿por qué estoy gastando mi dinero llamándola para enredarme en una pelea? Fue después de hacerme esa pregunta que dejé de llamar y reflexioné sobre toda la experiencia que había tenido con Bertha.

La experiencia con Bertha, me di cuenta, me había enseñado mucho sobre mí mismo. La relación que yo había tenido con Bertha, de principio a fin, no era más que algo que en el momento no había podido poner en palabras.

Fácilmente podía señalar con el dedo todo lo que ella me había hecho pero me era difícil al principio entender mi papel en todo el asunto. Después de recuperarme del *shock* inicial, tomé un baño de cáscaras de nuez para cortar permanentemente la relación entre nosotros. Mientras estaba en el baño me resultó claro que no debía poner mi fe en otros y ponerlos en un pedestal. En vez de eso debía poner mi fe en mis propias capacidades y talentos. En otras circunstancias no lo habría hecho pero eran mi búsqueda espiritual idealista, mi ignorancia espiritual y mi ingenuidad lo que me había llevado a comprometer mis principios. Como resultado, se habían aprovechado de mí... Lección aprendida. Poco después, el nombre Rau Khu vino a mí.

Ayuda de una Pequeña Santa Cubana

Me metí en todo este lío a causa de mi búsqueda de dicha espiritual, así que realmente no quería leer, estudiar u oír nada más sobre espiritualidad por un largo tiempo. Por supuesto, no pude apartarme durante mucho tiempo de eso. Como había perdido conexión con Papá Raúl, intenté llamar a la señora B., pero me dijeron que estaba fuera de la ciudad. Después de varias semanas de llamarla y de que me dijeran que seguía fuera de la ciudad, empecé a creer por un segundo que me estaba evitando. También me pregunté si Papá Raúl era un practicante legítimo o no. Es decir, yo nunca había estado en Cuba, así que no sabía si lo que él me decía era correcto o no. Realmente me hizo pensar en lo vulnerable que es un individuo cuando depende de otros, pero realmente preguntarme cómo podía uno saber lo que está bien y lo que está mal, qué funciona y qué no. Supongo que la única forma de saberlo es aplicarlo.

Entonces, una semana después, la señora B. me llamó. Al parecer, no había podido regresar al país en ese momento porque había viajado a Cuba a hacer *asiento*, la coronación ritual tradicional del orishá, que todos pueden recibir. Los que practican Palo Mayombe después de ser *arañados* (cortados ritualmente, para significar la iniciación en la religión), comúnmente reciben la coronación ritual del orishá, según aprendí.

Un par de veces, hablando con la señora B., le pregunté su opinión sobre algunas de las cosas que Papá Raúl me había enseñado. Ella me explicó que cada casa espiritual es diferente y opera de manera diferente. Que lo que podía practicarse en una casa espiritual difiere en otra a causa de las necesidades de la gente en esa casa espiritual en particular. Esto no significa que una casa espiritual está equivocada y la otra no, sólo que, aunque hay similaridades a lo largo de la religión, no siempre se ejecutan de la misma manera las prácticas porque las necesidades de la gente son diferentes.

Después de escuchar algunos de los consejos que me había dado Papá Raúl, la señora B. se rió y dijo que estaba muy agradecida de que los cubanos lucharan por preservar nuestros modos. Me dijo que, aunque los cubanos eran muy pobres, eran personas adorables, orgullosas y fuertes por su cultura. La señora B. me ayudó a entender algunas de las cosas que Papá Raúl me había dicho, al explicarme que son nuestra ética y valores familiares lo que se ve amenazado por el modo de vida capitalista y materialista estadounidense. Esto, en su opinión, es la razón de que haya tanta corrupción en todos los niveles. Fue a través de su visita a Cuba, dijo, que había visto lo que realmente significaba tener y pertenecer a una familia. Me dijo que una de las cosas más hermosas de toda la experiencia fue sentir que se había conectado con nuestros modos antiguos, llegando al final hasta África. Esto era verdaderamente una experiencia indescriptible que me dijo que no podía poner en palabras pero a través de su práctica sentía que estaba haciendo lo que sus ancestros habían hecho antes que ella.

No entendí exactamente lo que estaba diciendo la señora B., pero pude comprender un poco la experiencia. Esto era porque así me había sentido al sentarme a escuchar a Papá Raúl y hasta a mi abuelo, ahora que pienso en ello. Era una experiencia que estaba más allá del pensamiento racional y no podía ser duplicada.

La señora B. también me dijo que lo que hacía a la tradición afrocubana tan única respecto de la tradición africana es que se había adaptado para ocuparse de los problemas que existen en el hemisferio occidental. La señora B. me dijo que los africanos no tenían que luchar contra el racismo como lo tenemos que hacer nosotros en las Américas. Era por este elemento que se necesitaba una nueva tradición para empoderar a la gente para enfrentar tal adversidad. Por esto es que era más importante enfocarse en los conceptos y principios que en hacer lo que el pueblo kamítico hacía hace miles de años.

La señora B. me dijo que Papá Raúl sonaba como un legítimo *padrino* y que yo necesitaba seguir su consejo, porque, según la señora B., Papá Raúl vería algo que estaba a punto de suceder en mi vida y quería asegurarse de que yo siguiera el camino correcto. Esta era una de las razones de que me dijera que no desperdiciara mi suerte y usara sabiamente lo que me empoderaba.

La señora B., además, me animó a mantenerme fuerte y seguir adelante. En vez de eso, intenté hacer una pausa en el tema espiritual y aclarar mi cabeza de toda la mierda dogmática y la desinformación con que me había alimentado Bertha. Fue entonces cuando conocí a mi buena amiga Yazmín, una cubana-norteamericana de New York que me ayudó a entender más de qué hablaba Papá Raúl al introducirme en la cultura afrolatina.

Yazmín, o Z. como la llamaría yo, me ayudó a entender muchas cosas. Además de expandir mi interés en el jazz afrocubano al hacerme conocer la música de Cachao, Juan Formell y Los Van Van, Ibrahim Ferrer, Bebo Valdés, Chucho Valdés y el grupo de salsa timba Bamboleo, me recordó la manera en que mi abuela y mis tías abuelas cocinaban con verduras y hierbas frescas y me hizo conocer el *sofrito*, una salsa frita caribeña y latinoamericana que consiste principalmente en ajo, cebolla, pimientos verdes y tomates o salsa de tomate.

Fue a través de ella que aprendí a cocinar con aceite de oliva y el valor del freezer. Al mismo tiempo, Z. me enseñó a la distancia cómo hacer mejor uso de las verduras frescas y cocinar con ellas sin disminuir totalmente su valor nutricional. Como resultado, aprendí y me inspiré a cocinar picadillo, porotos negros y arroz, plátanos y tamales de estilo cubano, lo que me llevó eventualmente a aprender a cocinar tamales al estilo del Delta del Mississippi. También empecé eventualmente a incluir en mi sofrito una mezcla de apio y cilantro, lo que tomé prestado de la cocina criolla/cajun y trini (de la cultura de Trinidad y Tobago). Por supuesto, a Z. no le gustaban mis adaptaciones y sustituciones porque era una purista cubana, y me llamaba en chiste "Remix Chef". Como fuera, le estoy agradecido a Z. por reintroducir en mi dieta las verduras frescas.

Hubo otras cosas sobre Latinoamérica que me enseñó Z., que no se enseñan en las clases de historia. Por ejemplo, había un exesclavo llamado Gasper Yanga que lideró una rebelión de esclavos en México, lo que llevó a la fundación de Veracruz. Otra cosa que yo no sabía era que la independencia de Cuba se produjo mayormente por las contribuciones del legendario líder revolucionario afrocubano Antonio Maceo (1848-1896). Maceo, junto con los Mambises, los revolucionarios (mayormente negros), pelearon contra España para ayudar a Cuba a ganar su independencia.

Recordé haberme topado con su nombre antes, y entonces me di cuenta de que era uno de los nombres que Marcus Garvey tenía en sus barcos Star Line: el SS Antonio Maceo.

Iya y el Llamado

Otra mujer muy interesante que conocí fue Iya, una sacerdotisa yoruba de Oshun. Iya (que significa Madre en el idioma yoruba) era única en varias formas. Había sido iniciada en la Santería, también conocida como Lucumi o Regla de Ocha, y luego en la religión Ifa, por un sacerdote yoruba de Nigeria. Era esta mezcla única lo que le permitía ver las cosas desde una perspectiva diferente, como ver al Osar kamítico como el equivalente de Jesucristo.

Hubo un montón de cosas que me dijo Iya que me ayudaron a ver las cosas con claridad. Una de las cosas que me dijo Iya era que el nombre Rau Khu me iba bien, pero no significaba lo que yo creía. Dijo que me iba a decir lo que significaba en el futuro. Iya también me dijo que definitivamente me rodeaba una influencia ancestral. También dijo que la influencia kamítica era bastante fuerte pero no era la influencia preponderante en mi vida sino que sólo actuaba como mediadora. Iya explicó que la razón de que yo aprendiera sólo fragmentos de todo era que era mi destino ver el cuadro completo para cumplir mi propósito para estar aquí. También explicó que parte del problema que yo tenía para entender las cosas era que tenía una relación con mi maestra, Bertha. Era la relación la que había cambiado la dinámica de las cosas y hacía difícil comprender y respetar verdaderamente algo.

Entonces, como una madre que sabe lo que el futuro tiene reservado para su hijo, Iya me dijo del modo más dulce posible que yo debía lamer mis heridas porque mi ordalía espiritual aún no había terminado. Iya dijo que yo había sido "Llamado" y, cuando le dije que siempre había deseado específicamente que algún anciano o algo así me enseñara, ella me dijo que tradicionalmente eso es lo que debería haberme sucedido, especialmente cuando se dieron cuenta de que yo había nacido al revés. Me dijo que era porque vivimos en una sociedad que no cree en la cultura espiritual que las cosas ya no se hacen así, porque el modo de hacerlo se ha perdido para la mayoría. Dijo que los viejos modos estaban perdidos, pero no los caminos. Por eso es que quienes han sido "Llamados" han sido llamados: se supone que deben reestablecer los modos, lo que era mi misión.

Cuando le hablé de mi infancia y de todas las experiencias que tuve mientras crecía y era llamado PK, Iya me dijo que entendía porque ella también era una PK. Afirmó que había crecido en un hogar apostólico pentecostal, como yo, en el que su padre era un predicador. Los únicos miembros que ella dijo que tenía, creo, eran su familia y un par de personas más, cinco en total. Iya entendía de primera mano la angustia, el enojo y la humillación que conlleva ser hijo de un predicador, pero me dijo que "Si eres 'Llamado' a hacer el trabajo de Dios eres 'Llamado' y no puedes escapar de ello".

Le dije a Iya que no quería ser un predicador porque había visto todas las cosas que ellos atravesaban. Dijo que una vez había pensado lo mismo por la pertenencia de su padre a la iglesia. Después me dijo que ser llamado no significa que debes ser un predicador. Dijo que ser llamado significa que eres llamado a ayudar a la gente y a hacer un trabajo en particular para Dios, porque es tu destino. Iya dijo que había aprendido esta lección de la forma difícil y que era capaz de ayudarme porque no sólo ella era una PK (hija de predicador) sino también una vidente, es decir un individuo que puede ver físicamente cosas que otros ordinariamente no pueden, por el "don de la visión". Ella dijo que era su don, que era "Llamada" a usarlo para ayudar a otros. Explicó que cuando respondemos a nuestro "Llamado" surge naturalmente y es casi como practicar un hobby pero estamos ayudando a la gente, lo que es hacer el trabajo de Dios.

Todos tienen un "Llamado", algunos son "Llamados" a ser doctores, algunos maestros, algunos artistas, algunos músicos, algunos son "Llamados" a ser sanadores, etc., de lo que se puede ver que es algo natural y que son buenos en lo que hacen pero debes aceptarlo. Entonces ella me dijo que mi llamado era ser un chamán, que es algo que está entre la humanidad y Dios y los ancestros, conectando lo viejo con lo nuevo, el pasado con el presente, y entender el sentido de todo eso. Iya dijo que la razón de que yo no pudiera instalarme en ningún sistema espiritual en particular era que estaba llamado a ser un chamán, y como la mayoría de los chamanes tenía que saber todo acerca de cómo funciona un sistema en particular.

Los chamanes, me dijo, tienen su propio sistema de creencias y prácticas porque han pasado a través de ello, tienen una experiencia personal con el sistema en el que creen porque lo han visto en funcionamiento. Algunos chamanes saben cómo curar a la gente de cierta enfermdad porque han estado aquejados de la misma enfermedad o una similar. Los chamanes son como científicos espirituales, dijo Iya, que no sólo se apoyan en la teoría encontrada en algún libro sino que aplican y testean la teoría para ver si realmente funciona. Entonces me dijo que yo estaba en modo de exploración en ese momento pero que pronto descubriría mi camino.

Ahora bien, cuando Iya me dijo que se suponía que yo debía ser un chamán, yo pensaba, "lo que sea", porque realmente no comprendía el trabajo que realizaban los chamanes. Todo lo que sabía era que en la mayoría de las películas que había visto, como las películas de Shaka Zulu y el héroe norteamericano nativo Tecumseh, de quien recientemente había descubierto que se creía que había nacido el mismo día que yo, los chamanes sufren heridas graves porque atraviesan un montón de mierda espiritual. Después, sin embargo, son bastante malos (malos significa buenos), así que Iya, oyendo mi aprensión, me recomendó leer el libro de James Hall *Sangoma: My Odyssey Into the Spirit World of Africa* para tener una mejor comprensión del chamanismo y para que me ayudara a encontrar mi camino.

Seguí su consejo y leí el libro, pero nunca pensé muy seriamente en lo que Iya me había dicho, hasta que empecé a recordar algo que me había dicho Papá Raúl. Era que no todo funciona para todos. Ésta es la razón de que nunca puedas tomar literalmente la palabra de nadie en relación a si algo te beneficia o no. Es porque todos somos diferentes, tenemos diferentes experiencias, venimos de diferentes ámbitos y como resultado tenemos diferentes necesidades, así que lo que funciona para una persona no está garantizado que funcione para otra. Para ver si algo te va a resultar beneficioso, tienes que probarlo por ti mismo y dejar de creer literalmente en la palabra de otros y observar su energía. Esto coincidía con lo que me había dicho Iya y confirmaba que yo estaba destinado a ser un chamán. Cuando investigué más sobre el tema, descubrí que una de las formas en que los chamanes entran en trance es escuchando música en un idioma que no entienden literalmente, que era la práctica que me habían enseñado en la iglesia en mi infancia para entrenar a mi mente a enfocarse. Mis experiencias *déjà vu*, mi necesidad de estar solo en el sótano y en el garaje cuando era más joven, etc., eran todos signos de que éste era mi camino. La pregunta ahora era cómo iba a convertirme en chamán. No tenía idea, y por un tiempo traté de encontrar maneras de que sucediera. Finalmente, me rendí y decidí que, si estaba destinado a suceder, sucedería, y después de eso seguí con mi vida.

Mi Amiga, Mejor Amiga, Novia & Esposa

Había muchas otras cosas que la experiencia con Bertha me hizo cuestionar y sobre las que preguntarme. Por ejemplo, sabía que no quería a una mujer espiritual nunca más, porque cuando pides una mujer espiritual no hay modo de saber qué energía espiritual va a tener. En vez de pedir una mujer espiritual o pedir nada remotamente similar, sólo quería una buena mujer, así que dije: "Quiero una mujer que me ame y me contenga". Meses después, sin esfuerzo, conocí a mi querida amiga, quien se convirtió en mi mejor amiga, novia, prometida y más tarde mi esposa que me apoyaba.

Ahora bien, antes de que me casara con mi esposa había algunos obstáculos que teníamos que superar. Su ex, por ejemplo, era muy celoso, posesivo y abusivo. Era un hombre alto y grande comparado conmigo, pero después del infierno que yo había atravesado no había forma de que me echara atrás y no fuera respetado. Yo era un hombre diferente, me daba cuenta, por mi experiencia pasada. En el pasado, yo no habría sido necesariamente un cobarde, pero no creo que me hubiera plantado ante él como lo hice. Pero yo quería protegerla cuando no estaba. Entonces, de la nada, tuve la idea de espolvorear pimienta roja alrededor de la casa para protegerla a ella y mantenerlo lejos a él. No sé de dónde me vino la idea de hacer esto, sólo me apareció en la cabeza y lo hice. Me interesó oír que él anduvo conduciendo por ahí pero nunca puso un pie en la propiedad.

Enfrentábamos otros problemas también. Por ejemplo, yo aún dudaba de si mi familia iba a aceptarla porque era latina. No es que yo pensaba que mi familia tuviera prejuicios contra los latinos, porque había una cantidad de latinos viviendo en Detroit. De hecho, había varios portorriqueños que vivían en nuestro barrio y de los que éramos buenos amigos y nunca supe que fueran latinos hasta que crecimos y nos enteramos de que tenían apellido español.

Era sólo que nadie en nuestra familia se había casado con nadie que no fuera afroamericano, así que me preocupaba ver cuál iba a ser la reacción. Por otra parte, me preocupaba porque no habían aceptado a Bertha, pero cuando mis abuelos conocieron a mi esposa la recibieron con los brazos abiertos y de hecho me dijeron que esto era lo que se suponía que yo debía haber hecho la primera vez. Es decir, permitirles a los ancianos y a mi familia conocer a la mujer con la que estaba antes de huir con ella, como había sido el caso con Bertha.

Después, mi abuela, mi madre y mis tías llevaron a mi prometida a la cocina, donde estaban preparando comida y haciendo su *"thang"* (contando chismes). No sé por qué me preocupaba tanto que mi familia la aceptara, pero cuando me dijo que sus padres también habían sido tratados como perros durante la era de los derechos civiles y tenían que ir al fondo del autobús y dejarles sus asientos a los blancos, comprendí que teníamos más cosas en común que diferencias. Después, cuando supe que la abuela de mi esposa era una curandera (una sanadora tradicional similar a los viejos practicantes de vudú), comprendí que estábamos ligados culturalmente. Otra señal de que mi prometida estaba culturalmente ligada a mí fue cuando me dijo que veía al sol y la luna como los ojos de Dios. Fue entonces que me quedó claro, porque yo no había ido activamente a buscarla, que habíamos sido definitivamente llevados a encontrarnos por alguna fuerza oculta.

Esto me hizo comprender que la razón de que Bertha y yo no nos hubiéramos casado era que, aunque yo no pudiera explicarlo lógicamente, mis ancestros simplemente no lo aprobaban, y por eso discutíamos constantemente. Bertha era lo que Fela Kuti llama una *"Dama"*. Mi esposa, en cambio, era alguien con quien podía tomar *"Una Larga Caminata"*, como canta Jill Scott. Mi esposa era alguien que se preocupaba por mí y por mi bienestar; como resultado, tomamos compromisos e hicimos lo necesario para mantener el amor y la paz en nuestra relación, como no discutir y ser lo suficientemente adultos como para comunicarnos mutuamente nuestros sentimientos. Nuestro compromiso implicó que algunas veces yo tuviera que mirar películas de chicas para que luego pudiéramos ver las de terror y ciencia ficción que a mí me gustaban.

Teniendo cierta comprensión de Dios, nuestra ceremonia de casamiento consistió en la bendición de las monedas, la ceremonia del Salto de la Escoba y otras prácticas simbólicas que ahora realizamos anualmente en nuestro aniversario.

Tratando de Entender esta Búsqueda

Como nací y fui criado cerca del agua, nacido bajo un signo de agua, yo era un niño de agua, pero vivir en esta parte de Kansas sin agua me estaba matando. Sólo me quedé por mi esposa. Vivir en Kansas me hizo apreciar muchas cosas que yo daba por sentadas. No había nadie que me dijera lo que debía creer o pensar, ni grupos de estudio, ni comunidades, ni nadie con quien hablar. Lo que sea que tú tengas o siquiera imagines tener, no estaba ahí en la parte del mundo en la que yo estaba viviendo. No mucho después perdí contacto con Z., mi conexión externa con el mundo real, y tuve que arreglármelas solo. Aunque tenía a mi esposa, con quien era fácil hablar, ella no entendía mucho mi predicamento, porque no había experimentado todo lo que había experimentado yo, pero me animó y siguió a mi lado a través de todo eso.

Era verdaderamente un desierto en Kansas. No un desierto real, porque había malezas y suficientes árboles para contar con una mano, para acompañar a los pájaros muertos que estaban cansados de volar buscando árboles (sonrisa). Yo consideraba a este lugar un desierto porque, además de no haber agua, parecía que directamente no había vida. La mayoría de las personas andaban como en un bucle de tiempo porque estaban contentas con cómo eran las cosas, no importaba lo malas que fueran. Era horrible. Yo lo odiaba. De hecho, lo odiaba tanto que, cuando la gente me preguntaba dónde estaba yo, respondía que en un lugar que hasta Dios olvida (risa).

Tuve que ajustarme mucho para aceptar el cambio y someterme a él. Fue sólo después de mirar la tierra llena de granjas, ver el cielo despejado por la noche, con la luna y las estrellas, y cómo los animales y el ganado respondían a los diferentes patrones climáticos y cambios de ambiente, el tiempo antes, durante y después de una tormenta, las tormentas de polvo y los tornados, que se me hizo claro que había sido traído aquí por una razón. Además de conocer a mi esposa, este desierto era como los 40 días de Jesús en el desierto. Era un campo de entrenamiento inicial donde uno se prepara para algo más grande, como el personaje de Luke Skywalker hizo en la trilogía original de *Star Wars*. Era Arrakis, el planeta desierto en el que Paul Atreides, en el filme de ciencia ficción de 1984 *Dune*, basado en la novela homónima de Frank Herbert, aprendió a vengar la muerte de su padre y volverse una fuerza irreconciliable contra el mal.

Fue viviendo en este "desierto" que tuve la oportunidad de ir hacia mi interior, lo que me hizo comprender que el antiguo pueblo kamítico no pudo haber tenido una panreligión, como tantos creen. La gente, como las ideas y creencias de la mayoría de los tradicionalistas, era influenciada por su entorno, lo que reflejaba sus creencias acerca de Dios.

Aunque un poco nervioso, empecé a cuestionarme todo, como el objetivo y propósito de la espiritualidad en mi vida y por qué debería tener un problema espiritual o algo así. Entendí después algo que había leído antes, escrito por John Mbiti en su libro *African Religions & Philosophy*:

"Ser humano es pertenecer a toda la comunidad, y hacer eso implica participar en las creencias, ceremonias, rituales y festivales de la comuniad. Una persona no puede desligarse de la religión de su grupo, porque hacerlo es separarse de sus raíces, de su fundación, su contexto de seguridad, sus parentescos y el grupo entero de quienes le dan conciencia de su propia existencia. Estar sin uno de esos elementos corporativos es estar enteramente fuera del cuadro. Por lo tanto, estar sin religión implica una excomunión de toda la vida social, y los pueblos africanos no saben cómo existir sin religión."

Yo sabía que parte de la razón por la que estaba teniendo tantos problemas era que no tenía una verdadera conexión espiritual con Dios, pero nunca había pensado en cómo las enseñanzas espirituales de la iglesia eran básicamente mis raíces espirituales, sin importar cuánto tratara de negarlas. Comprendí que muchos de nuestros ancestros hicieron numerosas contribuciones a la iglesia para volver a la religión en algo tan único como lo es. Para terminar de verificar lo que Mbiti dijo, entendí cómo mi familia, que iba a la iglesia regularmente, vivía una vida bastante pacífica, pero quienes no lo hacían tenían un montón de problemas y tragedia en sus vidas. La iglesia, empecé a concluir, era más que una institución religiosa. La iglesia era además un elemento corporativo, pero como toda institución también tenía problemas. No podía darme cuenta realmente de lo que no me importaba de la iglesia pero sabía que era algo enterrado profundamente en mí que causaba esta crisis espiritual.

Yo sabía que me gustaban ciertas cosas de la iglesia y que había ciertas cosas que no me gustaban que me habían llevado a experimentar con la espiritualidad oriental y arábica y en otras formas. Recuerdo que dejé la iglesia porque quería el Espíritu Santo para escapar de los males que aquejaban a mi comunidad. Recordé que quería el Espíritu Santo porque los viejos a los que oía hablar de su poder testificaban cómo había mejorado sus vidas. Era porque yo no era capaz de retener mi Espíritu Santo que inicié este camino de autodescubrimiento, según recordé. Una de las razones de que estuviera tan disgustado con la iglesia era que los clérigos sólo le enseñaban a la gente a creer pero no daban nigún sentido de razón ulterior para eso. Por ejemplo, te enseñaban a creer que habías nacido en pecado, no importaba si esto tenía un sentido racional o no, sólo a creerlo. La otra cosa era que la iglesia siempre hablaba de ser "salvado" pero no le enseñaba a la gente en esos días cómo utilizar el poder de Dios para vivir o ser *"salvado"*.

De hecho, ahora que pienso en ello, cuando yo era más joven me obligaron a hacer muchas cosas relacionadas con la iglesia. Íbamos a la iglesia, cantábamos en el coro, participábamos en las funciones de la iglesia y así, porque eso es lo que nos decían que hiciéramos. No nos dieron ninguna explicación de por qué se suponía que debíamos hacer esas cosas, sólo nos decían que las hiciéramos y aceptáramos lo que nos enseñaban acerca de la Biblia sin hacer preguntas.

Ahora pienso que si me hubieran dado una explicación de por qué debería hacer algo, en vez de simplemente obligarme a hacerlo, habría sido un poquito más receptivo, porque habría tenido una mejor comprensión de cómo aplicar las cosas en mi vida. Por ejemplo, si me hubieran dicho que la Biblia no era un libro de historia mundial sino un libro que se enfoca en la genealogía de Jesús desde Adán, no creo que hubiera cuestionado nunca con quién se casó Caín o siquiera intentado aprender acerca de cómo los antiguos judíos y cristianos tomaron prestados conceptos e ideas de la tradición kamítica.

Creo que si me hubieran hablado de los espíritus en la

iglesia, y si me hubieran dicho que todos estamos rodeados de dos fuerzas espirituales: una fuerza espiritual que promueve el bien (ángeles, guías, guardianes, etc.) y una fuerza espiritual que promueve el mal en la tierra (demoníaca, etc.), no habría salido a buscar e intentar aprender de otra gente acerca de los varios espíritus que existen, pero supongo que eso es parte de la búsqueda. Algunas personas tienen que luchar contra la pobreza, otras contra el abuso de sustancias, otras contra las malas relaaciones, etc. Mi búsqueda, como estaba empezando a entenderla, era esforzarme por vivir una vida mejor, con o sin Dios. Es como si me hubiera parado frente a Dios y Dios me hubiera dicho: "Prueba que puedes hacerlo conmigo o sin Mí".

Todos estamos destinados a atravesar algo. Si no tuviéramos alguna cosa contra la cual luchar, supongo que no estaríamos físicamente aquí. Así que tuve que retornar al propósito original de haberme embarcado en esta búsqueda, que era haber empezado a estudiar la tradición kamítica porque el pueblo kamítico parecía haber sabido cómo acceder al Poder de Dios y utilizarlo para mejorar sus vidas. Era esta teoría de que aparentemente el pueblo kamítico sabía cómo acceder a "algo" lo que me llevó a tomar este camino, pero me preguntaba por qué. ¿Por qué estaba en este camino? ¿Por qué estaba buscando tan intensamente una conexión?, me preguntaba. Entonces recordé que un día mi padre, viendo la angustia en mi rostro, me dijo que los viejos solían decir: "Tienes que atravesar algo para conseguir algo". ¿Pero qué era el algo que yo estaba tratando de conseguir? No sabía lo que era y me sentía perdido porque realmente ya no sabía qué estaba buscando. Entonces me di cuenta de que yo, como tantas otras personas, estaba bajo la impresión de haber perdido mi camino ancestral.

Entonces fue cuando empecé a recordar que cuando dejé la iglesia, a corta edad, y empecé a aventurarme y conocer otras fes, muchos de los cristianos negros no parecían querer saber sobre su propia historia, su cultura o nada que tuviera relación con África. Recordaba haber tenido muchos debates acalorados sólo hablando de los antiguos egipcios. Todo esto, junto con otras cosas que no me gustaban particularmente de la iglesia, es lo que me convenció de que la cristiandad era la religión del hombre blanco.

Naturalmente, cuando dejé la iglesia y empecé a estudiar la historia africana y afroamericana, parecía tener sentido por qué los cristianos negros actuaban de la forma en que lo hacían, cuando aprendí que los misionarios racistas del sur, durante la esclavitud, enseñaban una versión de la cristiandad a los esclavos, para volverlos dóciles y que aceptaran su bajo destino como esclavos, por ejemplo introduciendo la maldición de Noé en Ham, para justificar la esclavitud y proclamar que los negros (y otras personas de color) eran inferiores a ellos. De nuevo, tenía sentido por qué algunos cristianos negros no querían saber sobre su historia, cultura, etc. Esto también me hizo preguntarme cómo uno no sabe cuándo está siguiendo la verdadera doctrina o la versión alterada que promueve la docilidad. Para el caso, ¿cómo sabe uno si está haciendo algo bien, si no tiene una conexión con Dios?

Todos estos sentimientos que recordaba haber tenido no eran nuevos, sino que los había tenido la gente negra (especialmente los hombres negros) por años antes de que yo naciera. Aprendí que mi difunto abuelo, que se convirtió en ministro más tarde en su vida, una vez incluso albergó estos mismos sentimientos, al igual que otros varones en mi familia. En mi investigación y experiencia personal, aprendí que eran estos mismos sentimientos de que la cristiandad es una *religión del hombre blanco* o una versión lavada los que inspiraron a muchos afroamericanos entre los años 50 y 70 a convertirse a la Nación del Islam y al Islam sunní, así que yo sabía que no estaba solo.

Entonces, de la nada, tuve una revelación sobrecogedora. Al reflexionar sobre mi vida y los pequeños eventos que habían tenido lugar, pude ver que Bertha y yo no podíamos llevarnos bien porque había una diferencia cultural. La cultura de uno es el reflejo de los ancestros de uno y por esto es que Bertha y yo teníamos problemas. Cada familia, empezaba a comprender, tiene un conjunto de prácticas, reglas y tradiciones culturales que los miembros de la familia deben seguir. Si uno no las sigue, tendrá problemas. Esto explicaba por qué a mi familia no le importaba Bertha pero aceptaba a mi esposa. Eran nuestras similitudes culturales.

Esto me hizo preguntarme si los problemas que tenemos en la vida se deben a problemas que nuestros ancestros tuvieron en las suyas. ¿Podría ser que los problemas espirituales que tuvieron quienes vivieron antes que nosotros hubieran pasado a la generación siguiente como rasgos hereditarios? No estaba seguro, pero sonaba razonable.

Cuando pensé en ello e hice un poco de investigación en la historia de mi familia, descubrí que hubo una cantidad de hombres a lo largo de mi linaje familar que tuvieron problemas para aceptar la cristiandad y todo más o menos por la misma razón. Eso explicaba por qué, cuando cerraba los ojos y llamaba a Jesús, se me aparecía la imagen de un hombre blanco y de ojos azules, aunque yo sabía que Jesús, según los registros bíblicos, era una persona de color. Esto me convenció de que definitivamente estaba sucediendo algo en mi espíritu. Contradecía lo que yo quería y lo que sabía. Entonces me di cuenta de que, si es verdad que somos descendientes de nuestros ancestros y que somos el último eslabón en una cadena ancestral, lo más probable era que los problemas que yo tenía hubieran sido heredados o transferidos de parte de alguien que ya no está físicamente aquí pero que está aquí espiritualmente. Con suerte, lo bueno del caso sería que la aptitud espiritual de nuestros ancestros también se transmitiría. *Con suerte.*

Ahora bien, yo no creía en la reencarnación *per se*, pero creía en las maldiciones generacionales y había visto cómo funcionaban, especialmente en relación con la familia. Hay algunas cosas que simplemente no pueden ser explicadas. Simplemente tienes que aceptarlas e intentar entenderlas luego, empezaba a sospechar. Por ejemplo, por qué yo había nacido en los 70, hijo de un sacerdote apostólico pentecostal, y sin embargo tenía problemas para conectarme con Dios. Era un verdadero aprieto, pero cuando empecé a aprender sobre la reeencarnación las cosas se volvieron un poco más comprensibles.

Desde una perspectiva africana, aprendí que la reencarnación no ocurre como en la filosofía oriental, donde uno es reencarnado de un ser humano a un perro, un pez, un escarabajo, otro ser humano, etc. En el sentido africano, la reencarnación, tal como yo la entendía, es la evolución del alma de uno, en la que un individuo intenta perfeccionarse aprendiendo sobre Dios. La razón de que un individuo tenga problemas en la vida es que es a través de estos problemas que aprende acerca de Dios y de sí mismo. Teóricamente esto tenía sentido, pero hasta cierto punto apestaba porque significaba que la vida es una maestra que enseña a golpes. Tenía perfecto sentido, y explicaba que si yo no hubiera mirado a lo que hacía en la relación con Bertha habría cometido los mismos errores y elegido a otra compañera con problemas similares, si no peores. Era porque analicé mi conducta en la relación que aprendí de mis errores para no volver a cometerlos.

Claramente, si un individuo nunca tenía problemas y todo estaba bien, nunca sabría lo que está mal. Es porque aprendemos lo que está mal que sabemos cómo ser buenos. Ésta es la razón por la que nacimos y es sólo después de habernos perfeccionado, aprendido nuestra lección y alcanzado nuestro destino, o lo que ocurra primero, que se nos permite partir.

Esta comprensión, sin embargo, me hizo preguntarme qué estaba pasando en los años anteriores a mi concepción. Es decir, en qué estaban pensando mis padres en ese momento de concepción. Me pregunté qué estaba pensando mi madre cuando me llevaba en su vientre y por qué decidí darme vuelta en ese último momento, como intentando incumplir un contrato. Yo sabía que en ese tiempo estaban pasando un montón de cosas. Por ejemplo, Detroit aún se estaba recuperando de un tumulto racial que había ocurrido a fines de los 60 al igual que en otras partes del país. Varios cambios culturales estaban ocurriendo en todo el país, mientras la impopular Guerra de Vietnam flotaba en el ambiente. Yo sabía que no había forma de obtener respuestas a algunas de estas preguntas porque había sucedido hacía tanto tiempo. "Acude a los que saben. Acude a tus *Ancestros*", oí.

Sin racionalizar o pensar en lo que hacía, ante mi simple altar ancestral, me dejé ir. Les expliqué a mis ancestros lo mejor que pude qué era lo que estaba tratando de hacer. Les dije que no era por faltarles el respeto pero que estaba tratando de reconectarme espiritualmente con Dios usando nuestra cultura que se había perdido. Les dije que no creía que los antiguos kamíticos fueran adoradores de ídolos porque eso contradecía todo aquello en lo que creían. Tuve una charla seria, y estoy bastante seguro de que si me hubieran visto habrían pensado que estaba loco, pero lo hice porque tuve una visión de que mis ancestros estaban peleando unos contra otros. Así me sentía, como si hubiera una cinchada en mi mente, que trataba de aceptar unas cosas y no aceptar otras. Me sentía como si estuviera intentando ir hacia adelante pero algo me lo impidiera. Recordar que soy uno de los últimos descendientes de una cadena ancestral significaba que había heredado todas sus dudas, miedos y preocupaciones y tenía que ocuparme de ellas. "Son *ellos*": aunque no podía probar que existían, sabía que eran mis ancestros.

Mis ancestros eran bautistas, de la Iglesia de Dios en Cristo y pentecostales, pero había otras cosas que ellos (mis ancestros) aceptaban que yo me había perdido, lo que, concluí, es una de las razones de que estuviera aquí. Necesitaba saber la verdad para terminar con este dilema espiritual en que me hallaba. Necesitaba empezar por el mismo principio para comprender cómo empezó este aprieto espiritual, porque me estaba destrozando por dentro.

Después de explicarles mis intenciones y descargarme, me sentí mucho mejor, porque sentí que me habían sacado de los hombros una carga pesada. Empecé a comprender de alguna manera que Dios existe pero probar que Dios existe es una empresa tonta y sin sentido porque no puede probarse. A Dios tienes que experimentarlo. Lo mismo hay que hacer con nuestros ancestros. O crees o no crees basado en tu experiencia. Cuando junté todo, lo que esto significaba para mí es que, como yo soy uno de los últimos eslabones en mi cadena ancestral, mis problemas no son míos, son los problemas de mis ancestros, lo que significaba que ayudándolos me ayudo a mí mismo y viceversa. Que cuando aprendo algo ellos aprenden algo también y viceversa, lo que significa que a medida que crezco ellos también crecen porque sus deficiencias son un reflejo de las mías. Tal vez ésta es la razón de que se diga que nuestros problemas no son nuestros. Como sea, esto tenía mucho más sentido, pero yo aún no sabía cómo usarlo en la práctica. Sin embargo, fue esta comprensión lo que me abrió la puerta para descubrir las verdades ocultas sobre la espiritualidad afroamericana.

El Mito de la Religión del Hombre Blanco

La verdad oculta que encontré fue que unos diez millones de personas fueron traídas a la fuerza a las Américas desde la costa oeste y las regiones centrales de África en un período de cuatro siglos, pero lo que la mayoría ignora es que estos africanos que fueron forzados a trabajar en las varias minas, hogares y plantaciones de azúcar, tabaco y algodón en las Américas fueron arrancados de un vibrante sistema familiar, cultural y político que organizaba cada aspecto de sus vidas.

La esclavitud había existido antes en otras sociedades y se había practicado aun en el África en forma de servidumbre, en la que los esclavos no eran muebles, tenían derecho de casarse, tener propiedad y descendencia que nacía libre y hasta podían comprar su libertad. Lo que hacía que el Comercio Transatlántico de Esclavos (o *Maafa*) fuera tan drásticamente diferente de cualquier otro sistema esclavista que existiera en el mundo era que, además de globalizar el sistema de esclavitud, la esclavitud en el Nuevo Mundo se enfocó totalmente en la erradicación de todos los aspectos de la cultura africana para crear un *"esclavo perfecto"* y prevenir que los esclavos se rebelaran contra sus opresores. No obstante, los africanos traídos al Nuevo Mundo encontraron maneras de resistir, rebelarse y superar la persecución para convertirse en las vibrantes culturas afroamericanas que existen hoy en las Américas.

Hubo muchos africanos que fueron traídos a las Américas con su propio lenguaje y prácticas culturales. Los barcos esclavistas transportaron a distintos pueblos africanos como fons, mandikas, gambianos, bambaras, senegaleses, fantis, yorubas, igbos, wolofs y angoleños. Hasta hubo algunos africanos que eran musulmanes, como los Hausa, que fueron traídos a las Américas pero no fueron los primeros en ser esclavizados por los europeos ni fueron los primeros pueblos de piel oscura que los europeos se encontraron.

Años antes de que los europeos entraran en el comercio de esclavos africanos y dividieran el continente africano en partes propiedad de europeos, comerciantes portugueses se instalaron a lo largo de la costa de África a lo largo del estuario del río Zaire, en 1483, para establecer comercio. La mayoría creen que los portugueses se sintieron atraídos a África por el rumor de un muy lucrativo comercio de oro, especias y esclavos a través del África trans-sahariano, entre las varias naciones africanas (tribus) que producían el oro y los musulmanes del norte de África. Se cree que al principio los portugueses querían eliminar la influencia musulmana, como lo habían hecho sus antecesores durante las Cruzadas, así que, después de llegar en 1482 y establecer un puesto comercial alrededor de 1491, a los portugueses se les permitió llegar al interior y allí empezaron a llevar la cristiandad a la gente de la región congo-angoleña.

La nueva fe se propagó entre los congo-angoleños tan rápido y a una tasa tan alarmante, que las familias reales, los nobles y hasta el Mani-Kongo, el premier del Reino del Congo, se convirtió rápidamente a ella. El Mani-Kongo, después de convertirse a la cristiandad, se cambió el nombre por el de Afonso I e intentó crear un estado cristiano. Después de que Afonso I ascendiera al gobierno, empezó a modelar su reino a semejanza de las monarquías cristianas europeas. Ahora bien, no se sabe por qué los congo-angoleños se convirtieron a la cristiandad tan rápido, pero muchos creen que fue por las numerosas similitudes que la religión congo-angoleña tenía con su nueva fe.

Nuevamente, algo que la mayoría ignora, antes de conocer la cristiandad los congo-angoleños creían en la existencia de un Ser Supremo al que llamaban Nzambi Mpungu. Nzambi Mpungu era la fuente invisible de las semillas, las lluvias, el poder sanador y las medicinas sagradas o encantos mágicos. Los congo-angoleños también creían en la existencia de espíritus menores a los que llamaban *basimbi* (espíritus benevolentes bondadosos parecidos a ángeles), *bakulu* (espíritus ancestrales que eran honrados por el cacique, los jefes de clan y los herreros) y un conjunto de espíritus maliciosos llamados *bankuyu* (similares a los espíritus embaucadores como diablos/demonios) que se creía que eran los espíritus de quienes practicaban la brujería (malvada) durante su vida y se les negaba la entrada al reino de los ancestros después de la muerte (o el paraíso). Sin embargo, los congo-angoleños le debían todo a Nzambi Mpungu, el Ser Supremo.

A Nzambi Mpungu no se le ofrecían sacrificios pero en tiempos de dificultades y lucha era a Nzambi a quien la gente acudía en busca de ayuda. Nzambi Mpungu era quien les daba las medicinas sagradas o encantos mágicos llamados *minkisi* que los ayudaban a superar sus dificultades en la vida.

Otras naciones africanas, como los yoruba, los dahomeyanos y los Ibo, creían en un Ser Supremo a quien llamaban el gran padre, el gran Espíritu, el gran abuelo, el ancestro supremo de quien descendían todos. También, sin embargo, creían en una multitud de dioses y diosas menores, asociados con las varias fuerzas de la naturaleza, que eran equivalentes a los ángeles y santos europeos. Los africanos que tenían este complejo panteón no recurrían al Ser Supremo con sus problemas porque frecuentemente se creía que Dios estaba demasiado ocupado administrando el Universo para lidiar con problemas tan pequeños. En vez de eso, la gente le llevaba sus problemas a los emisarios de Dios, estos dioses y diosas menores, porque eran como ángeles guardianes similares en rol a los santos y ángeles del catolicismo romano.

A mediados del siglo XVI, el sueño de un estado cristiano que Afonso I y todos sus sucesores trataron de construir se desmoronó y no dio frutos, porque los portugueses habían descubierto la rentabilidad de comerciar cautivos africanos a las recientemente descubiertas minas y plantaciones de las Américas. Para incrementar la captura de esclavos, los portugueses alentaron la guerra entre las varias tribus y naciones africanas. Un siglo después, la cristiandad fue prohibida por la monarquía en el Congo y el Reino del Congo les declaró la guerra a los portugueses. La falta de recursos humanos y de otros tipos determinó que la región congo-angoleña recibiera un golpe mortal de su enemigo y sucumbiera totalmente al imperio europeo.

Los primeros africanos traídos al Nuevo Mundo vinieron por medio de los exploradores españoles y ni siquiera eran esclavos. La esclavitud ni siquiera era un gran negocio entre los europeos al principio. No fue sino hasta que apareció la necesidad de una fuerza de trabajo para las minas y tierras en el Nuevo Mundo que los españoles se involucraron en el tráfico de esclavos africanos, lo que vino después de que fracasaran en el intento de esclavizar a la población indígena de las Américas y en mantener ese sistema. Los primeros esclavos traídos a las Américas, así como los primeros esclavos traídos a Jamestown, Virginia, eran de origen congo-angoleño.

Una vez que el tráfico de esclavos tomó plena fuerza, atrajo los intereses de otras naciones europeas que querían beneficiarse con ese sistema brutal de propiedad de personas. El continente africano fue dividido en partes entre las naciones europeas esclavistas. Los portugueses vinieron a gobernar en Angola; los ingleses dominaron Gambia y Nigeria; los franceses tomaron el control de Camerún, Dahomey, Senegal y partes del Congo. Un gran número de ashanti fueron enviados a las Islas Inglesas, mientras que grandes concentraciones de yorubas fueron enviados a Brasil y Cuba. Haití recibió una cantidad muy significativa de congoleses y dahomeyanos, mientras que una cantidad de fons, wolofs y congoleses fueron enviadas en barco a

Norteamérica.

Como la mayoría de los africanos embarcados hacia las Américas, los europeos daban por sentado que los africanos llegados a las costas de Norteaméric no tenían ninguna cultura o concepto de Dios. Como resultado, el Consejo de Plantaciones Extranjeras envió instrucciones de cristianizar a los indios y los negros para proteger los intereses de Inglaterra (de modo que las colonias inglesas no fueran invadidas por España y Francia), promover la religión protestante y justificar la esclavización de africanos en 1660[10], pero cristianizar a los africanos no era tan fácil como parecía. Muchos de los propietarios de esclavos ingleses se rehusaron a darles instrucción religiosa a los africanos porque temían que el bautizarlos los hiciera creer que habían sido emancipados. Infinidad de reportes indican que los propietarios de esclavos impidieron que los misioneros protestantes bautizaran a los esclavos por miedo a que los esclavos interpretaran que habían sido puestos en libertad.

Así que, a partir de 1664, en Maryland y luego en otras colonias inglesas se instauró una legislación que establecía que los esclavos que eran bautizados no estaban emancipados de su cautiverio[11]. Aunque esta leigslación les dio a los esclavistas el derecho legal de mantener a los africanos en cautiverio eterno, se informa que la instrucción religiosa aún era temida por muchos esclavistas a causa de diferencias culturales; distinciones raciales en el sentido de que los africanos eran inferiores a los blancos; el argumento de que

---

[10] *Slave Religion: The "Invisible Institution" in the Antebellum South,* por Albert J. Raboteau, p. 97.

[11] Ibíd. p. 99.

cristianizar a los esclavos los volvería orgullosos, ingobernables y rebeldes; y la creencia de que eso redundaría en una pérdida económica, porque la mayoría de las plantaciones les daban el domingo libre a sus esclavos, el único día de la semana para descansar y visitar a otros esclavos, bailar y realizar otras actividades entre ellos, lo que muchos misioneros consideraban un sacrilegio contra el día del Señor.

Para aplacar las preocupaciones del esclavista, los misioneros anglicanos de la Sociedad para la Propagación del Evangelio (SPG, por sus siglas en inglés) transformaron las enseñanzas amorosas, justas, de paz y derechos humanos de Cristo para justificar la esclavitud, introduciendo la maldición de Noé a Ham[12]. La maldición que pronunció Noé fue hecha equivaler a la piel negra de los africanos, racionalizando que Canaán se había vuelto negro antes de instalarse en África. Así, todos los descendientes de Canaán tenían piel negra y siglos después la piel negra era sinónimo de África, esclavitud, maldad, idolatría, bestialidad, paganismo, etc.

Para librar al esclavo de su maldición había que darle instrucción religiosa, lo que no sólo salvaba su alma pagana sino que lo volvía más manejable, dócil y controlable. A los esclavos de las colonias inglesas se les enseñaron la Plegaria del Señor, el Credo y los Diez Mandamientos y se los animó fuertemente a obedecer a sus amos, lo que les haría recibir su justa recompensa en el cielo.

El catequismo de esclavos en las colonias inglesas terminó por ser contraproducente, porque los africanos aprendieron plegarias y ritos cristianos pero no creencias cristianas. Como resultado, los blancos pronto comprendieron

---

[12] En realidad, la verdadera maldición era sobre el hijo de Ham, Canaán.

que tenían un control muy limitado sobre sus esclavos. Se informa que a fines de los 1700 y principios de 1800 la mayoría de los africanos esclavizados en Norteamérica no se habían convertido al cristianismo. Esto era en parte porque los esclavos se sentían muy indiferentes respecto del cristianismo. Se determinó que muchos esclavos, al descubrir que el bautismo no los emancipaba, se pusieron furiosos y conspiraron contra los esclavistas. Algunos dueños de plantaciones afirmaron que sus esclavos se habían vuelto perezosos y había que azotarlos para que hicieran su labor, mientras que otros hablaban de esclavos que tramaban en secreto para envenenarlos como medio de hacer el mal para justificar el bien. También había otros actos de insurrección en las plantaciones.

No se sabe bien cuántos esclavos aceptaron su nueva fe; lo que se sabe es que cerca de mediados o fines de los 1800, después de un extendido movimiento protestante, afroamericanos esclavizados y libres se convirtieron rápidamente al cristianismo y a *revivals* metodistas y bautistas. Se hizo claro como el agua para los blancos que los tempranos afroamericanos habían usado su pasado cultural para interpretar el cristianismo cuando llegaron noticias de la rebelión de Denmark Vessey en 1822 y la rebelión de Nat Turner en 1831. Ambos eran religiosos afroamericanos que utilizaron pasajes bíblicos para fogonear sus revueltas.

Fue después de estas dos grandes insurrecciones que se citó a veedores. El servicio religioso debía brindarse a plena vista o con la presencia de policías que se aseguraran de que los esclavos no estaban conspirando contra sus propietarios. Hay registros que indican que la cantidad de afroamericanos superaba el número de africanos que eran importados al país a principios de 1800. Esto significaba que aunque había diferencias culturales entre los dos grupos (africanos y afroamericanos), los afroamericanos que se habían convertido al cristianismo sólo habían sido tocados brevemente por las enseñanzas retorcidas y deformadas de los misioneros racistas. Cuando estos afroamericanos tempranos empezaron a convertirse rápidamente al cristianismo, era claramente porque interpretaban que el bautismo incluía toda clase de libertades, ya que los *revivals* les permitían alabar a Dios de la manera en que lo desearan.

Durante el Segundo Gran Despertar de fines del siglo XVIII y principios del XIX, se informa que una cantidad aun mayor de afroamericanos tempranos se convirtieron al cristianismo porque los ministros bautistas y metodistas redicaban un mensaje sencillo de esperanza y redención, dirigido a los estilos de adoración afroamericanos tempranos, incluyendo el canto del llamado y la respuesta, el baile y la posesión por espíritus.

Vodu, Gris-Gris y la Compra de Luisiana

Antes de que el Territorio de Luisiana se convirtiera en parte de la Unión, era una colonia propiedad de los franceses y los españoles. Como la mayor parte del sur, la economía de Luisiana estaba basada en plantaciones de esclavos que producían añil, arroz, algodón y azúcar, pero lo que hacía a Luisiana única era que tenía una ciudad muy próspera llamada Nueva Orleans, que era una ciudad con puerto hacia el Caribe y una patrulla militar en el bajo Mississippi.

La esclavitud en Luisiana, particularmente en Nueva Orleans, era diferente de la de las otras colonias en Norteamérica porque había una cantidad de esclavos urbanos. Los esclavos urbanos eran trabajadores domésticos, herreros, carpinteros y albañiles que se alquilaban a sí mismos a cambio de una porción de las ganancias que les daban a sus dueños. La sociedad negra en Luisiana consistía en africanos importados, afrocaribeños importados nacidos esclavos (particularmente de Santo Domingo y Cuba), esclavos nacidos en Luisiana y gente de color libre (*gens de coleur:* descendientes mixtos de africanos y europeos que tenían derecho a la educación y a otros privilegios por su ascendencia europea). Esto, junto al hecho de que los plantadores eran predominantemente católicos romanos pero se involucraban mucho en el folklore católico al codearse con las culturas norteamericanas nativas de alrededor del Mississippi, hizo que Nueva Orleans fuera terreno fértil para las prácticas mágico-religiosas.

No muchos saben que la Compra de Luisiana fue posible por un levantamiento de esclavos en Santo Domingo, que se cree fogoneado por un sacerdote Vodu[13] llamado Dutty Boukman, cuyo apellido venía de su sobrenombre en inglés "Book man" ("Hombre libro"), que significaba que sabía leer. Durante la revuelta, que luego se convirtió en una guerra por la independencia, el general negro Touissant L'Ouveture fue capturado y enviado a Francia, pero el ejército de Napoleón fue finalmente derrotado por las tácticas de guerra de guerrillas de Jean-Jacques Dessalines, lo que llevó a la independencia de Haití en 1804.

Como los misioneros anglicanos en los territorios ingleses, los misioneros católicos romanos buscaron formas de justificar la esclavitud e intentaron ansiosamente cristianizar a los amerindios y a los descendientes de africanos esclavizados, ocupándose al mismo tiempo de las necesidades religiosas de los euroamericanos, rehusándose a darles total libertad a los negros y no permitiéndoles servir o tener posiciones importantes en la iglesia. Instrucciones similares se les dieron a los esclavizados, lo que llevó también a varias insurrecciones. Las más devastadoras

---

[13] La palabra Vodu, que viene del grupo étnico de lenguaje Fon, literalmente significa "servir a Dios o al Espíritu". La palabra Vodu fue corrompida a propósito y transformada en Vudú para significar magia negra, maldición, hechizo o brujería, para evitar que los descendientes de africanos usaran su religión contra sus propietarios.

fueron las revueltas de 1795 y 1811.

Nueva Orleans es importante en este estudio porque muchos creen que es el lugar de nacimiento o la fuente de las prácticas espirituales mágico-religiosas afroamericanas. La verdad, según registros recuperados de los tiempos coloniales, es que los descendientes de africanos estaban envueltos en dos prácticas distintas, a las que llamaban vudú y gris-gris.

Vodu, para los que no lo saben, es una religión organizada que viene de la Costa Oeste de África, principalmente de los pueblos Ewe y Fon. Como otras grandes religiones, Vodu tiene un conjunto de rituales organizados, un clero, una teología, etc.

Gris-gris, por el otro lado, significa en francés amuletos, fetiches[14] y lo que los afroamerianos llaman mojos, bolas de la suerte, manos en la tradición folklórica conocida como *hoodoo*. Aunque se cree que todos los africanos tenían alguna forma de tradición folklórica que trajeron a las Américas, hay registros que indican que lo más probable es que la forma que sobrevivió haya venido del África centrooccidental. De hecho, la famosa Sacerdotisa Vodu de Nueva Orleans, que tenía a la ciudad bien agarrada entre 1830 y 1880, se distinguía de otras declarándose sacerdotisa de una religión organizada y no una mera mujer de conjuros (una practicante de hoodoo).

---

[14] Debe notarse que mientras que los judíos encienden velas y lucen la Estrella de David, los asiáticos se inclinan ante las fotos de sus seres queridos y/o maestros fallecidos, los cristianos comen y beben el cuerpo simbólico de Cristo, llevan crucifijos y tienen gran respeto por la Biblia y los musulmanes exhiben y visten orgullosamente escrituras del Corán en sus hogares y lugares de negocios para protegerse del ojo malvado, parece que sólo las tradiciones derivadas de África son ridiculizadas y consideradas paganas por prestarse a prácticas similares que otros realizan en todo el mundo.

Las Influencias del Espiritismo y el Espiritualismo

Todo el asunto de la esclavitud atrajo muchas cuestiones éticas y morales que había que atender. El problema de la esclavitud ya amenazaba con dividir a la nación a través de la Guerra Civil Norteamericana (1861-1865), mientras enfermedades como el cólera y males tropicales como la malaria y la fiebre amarilla, que era transportada y transmitida por mosquitos traídos sin querer de África, reclamaban las vidas de muchas personas. Todo mientras se producían avances científicos y tecnológicos. Con el constante pensamiento sobre ética, moralidad y ciencia y el miedo a la muerte rondando, nació un nuevo movimiento.

Hippolyte Leon Denizard Rivail, un educador francés en astronomía, anatomía comparada, química, matemática, física y fisiología que escribía bajo el seudónimo Allan Kardec, inspirado en tres hermanas (conocidas como las Hermanas Fox) y su experimentación con la comunicación con los muertos a través de golpecitos en la mesa (una afirmación que luego se creyó falsa), realizó varios experimentos acerca de la vida después de la muerte y publicó sus hallazgos en su libro llamado *The Spirits' Book*. Para distinguir sus hallazgos científicos de los trucos de salón de los magos y de golpecitos dados en la mesa por simple entretenimiento, que lo volvían una filosofía refutable, Kardec llamó a su nueva filosofía de inspiración científica/religiosa espiritismo.

Ahora bien, yo me pregunté por qué Kardec llegó a tales extremos para distinguir a sus hallazgos y filosofía de prácticas que en la superficie parecían similares a las suyas. Así que compré e intenté leer el libro de Kardec, y lo que me pareció más interesante, lo que no entendí al principo pero sí después, fue que el mismo Kardec no era un médium. De hecho, era bastante escéptico, por lo que leí del asunto. Así que Kardec les preguntó a varios médiums espiritualistas que se estaban comunicando con los muertos o con el otro lado sobre la vida después de la muerte. Compuso una lista de 1019 preguntas, de manera similar a como uno realizaría una investigación científica. Fue basándose en esas respuestas que publicó su libro, lo que explica que haya promovido el espiritismo más como una filosofía científica que como una religión. Las respuestas a las preguntas de Kardec dieron una nueva vuelta de tuerca a las cosas, porque cuando sabes qué va a pasar después de la muerte tienes una mejor idea de por qué y cómo prepararte para ella, en vez de sólo seguir la versión más básica de la instrucción religiosa.

Tipos de Espíritus según Allan Kardec

0. Dios
1. Espíritus Puros
2. Altos Espíritus
3. Espíritus Sabios
4. Espíritus Instruidos
5. Espíritus Solidarios
6. Espíritus Bulliciosos
7. Espíritus Neutrales
8. Espíritus Mentirosos
9. Espíritus Frívolos
10. Espíritus Impuros

Otro punto interesante digno de mención era que Kardec aprendió a través de su trabajo que había diez clases de espíritus y que todos estaban por debajo de Dios. Estos espíritus eran llamados puros, altos, sabios, instruidos, solidarios, bulliciosos, neutrales, mentirosos, frívolos e impuros. Lo que hacía a esto aun más interesante era que estos diez tipos de espíritus parecían superponerse con la Matemática Suprema, el sistema esotérico de la Cábala judía y el Paut Neteru también.

Por supuesto que yo podría haber tomado una actitud egoísta y considerar a esto una mera coincidencia, pero en vez de eso lo tomé como una señal de que definitivamente había un espíritu encargado de mí, aprendiendo lo que yo había aprendido. Seriamente sentía que había sido guiado a hallar esta información.

El espiritismo, o espiritualismo como se lo conoció en Norteamérica, despegó principalmente porque le daba a la gente una prueba de que la vida después de la muerte realmente existía. Era popular entre la élite y muchos intelectuales principalmente porque era anticlerical e iba en contra de la cristiandad tradicional, con sus creencias de que Dios era un Espíritu Infinito.

Los espiritualistas, en un esfuerzo por promover la ciencia por sobre las supersticiones de la religión, creían que la ley natural y la ciencia eran fundamentales para alcanzar el verdadero conocimiento, que podía conseguirse comunicándose con altos espíritus por medio de sesiones (como lo había hecho Kardec). En el interés por comunicarse con espíritus superiores con el propósito del descubrimiento científico, el hombre no sólo adquiría más conocimiento sobre esto y sobre la vida humana, sino también un ser más ético y moral. Como resultado, la mayoría de los espiritualistas se enfocan en objetivos más seculares (o en las necesidades de un individuo) en vez de hacer algo para ir al cielo y no al infierno.

El espiritismo y el espiritualismo se difundieron rápidamente por Europa y las Américas. Eventualmente se volvieron populares también entre las clases media y baja porque parecían verificar creencias folklóricas. En los Estados Unidos había una cantidad de clubes y sociedades dedicadas a practicar el espiritualismo, que tenían contacto con otras sociedades en Europa y las Américas. No se sabe cuándos norteamericanos participaron realmente en sesiones espirituales. Lo que se sabe es que el movimiento no fue tan exitoso como podría haberlo sido en Europa y Latinoamérica a causa de la pobre planificación a nivel nacional.

Así que, para el tiempo en que el espiritualismo en Norteamérica se puso a organizarse nacionalmente, otros dos movimientos religiosos emergentes ya estaban creciendo en popularidad. Es importante notar esto porque, aun cuando el movimiento espiritualista nunca se afirmó en Norteamérica, las creencias y prácticas espiritualistas siguieron existiendo en la Norteamérica urbana y tuvieron influencia en los movimientos que vendrían. Sé que es así porque recuerdo que de chico visité un par de iglesias espiritistas con mi familia. A veces mi madre miraba sus programas en la televisión los domingos por la tarde, antes de volver a la iglesia. Sólo que yo no sabía que eran iglesias espiritistas. Sabía que eran diferentes porque, aunque allí cantaban canciones similares a las que se cantaban en mi iglesia, algunas de las cosas que hacían me resultaban interesantemente peculiares, como el uso de altares y velas.

Las Influencias de la Santidad y el Pentecostalismo

Según la historia religiosa norteamericana, el pentecostalismo es una extensión de un momento de *revival* que se inició entre mediados y fines del 1700. Después de la Guerra Civil, mucha gente se estaba volviendo más y más materialista y menos interesada en las obligaciones morales que le había inculcado la religión organizada. A medida que un número creciente de personas en todo el país se volvían más seculares en vez de espirituales, en 1867 se organizó un grupo interdenominacional, la Asociación Nacional de Encuentros de Campamentos para la Promoción de la Santidad, constituida por personas de varias fes y orígenes y dedicada a devolverle a Norteamérica la piedad religiosa. Este grupo creía que para devolverle a Norteamérica la devoción religiosa uno debía ser:

1. Regenerado por la gracia a través de la fe para alcanzar la santidad.
2. Santificación por la gracia, en la cual uno dedica su vida a Dios para ser guiado por el Espíritu Santo.

El movimiento de la Santidad apelaba tanto a negros como a blancos en toda Norteamérica, pero debido a presiones de la sociedad norteamericana el movimiento, que comenzó como un grupo interdenominacional e interracial, terminó defendiendo una segregación basada en la raza. Como resultado, los afroamericanos asociados al movimiento de la Santidad se fueron y acabaron formando parte de otro movimiento emergente *revivalista*, llamado el movimiento pentecostal.

Ahora bien, crecer como un PK me permitió ver y oír muchas cosas que la mayoría no conocen, porque vi lo duro que trabajaba mi padre y podía imaginarme lo duro que trabajaría el pastor de mi iglesia. Recuerdo los buenos días en que tenía a mi padre cerca y también los malos días en que no lo tenía porque pasaba tanto tiempo con la iglesia. Había veces que el pastor y mi padre (como su asistente) iban a funerales, visitaban asilos de ancianos, llevaban a personas que no tenían cómo transportarse hacia la iglesia, pasaban a buscar por la estación a ministros que venían de visita, recorrían prisiones, visitaban otras iglesias, iniciaban servicios en la suya, a veces reprimían disputas entre marido y mujer y visitaban tres o cuatro hospitales en un día.

A diferencia de muchos pastores de hoy, que no sólo tienen un coche de lujo sino muchos coches de lujo de alto precio, yo entendía por qué nuestro pastor tenía un Cadillac, porque era un buen auto para el camino, según muchos mecánicos. Se usaba específicamente para viajar. Mi padre no tenía un Cadillac; él y mi madre tenían cuatro muchachos que estaban creciendo, pero él tenía un buen auto familiar.

Una vez culpé a su compromiso con la iglesia por mi decisión de abandonarla, pero sabía que no era así, porque él y mi madre nos compensaban a mis hermanos y a mí llevándonos por todo el país y hasta Canadá. A un observador externo que viera todas las cosas que ellos (el pastor y mi padre) hacían sin recibir paga, la cosa le parecería una locura; yo me convencí de que no quería ser un ministro para nada. Por eso es que chillaba cada vez que alguien profetizaba: "Tú vas a ser un predicador", porque en el fondo de mi mente yo decía: "No si puedo evitarlo".

No entender el compromiso de mi padre me hizo huir de mi destino. No veía que mi padre no estaba comprometido con la iglesia sino con ayudar a la gente, que era hacer el trabajo de Dios. Esta falta de comprensión me hizo callar y observar, cada vez que los predicadores hablaban entre ellos.

Una de las conversaciones que los predicadores tenían todo el tiempo era acerca del origen del movimiento pentecostal. Cuando mi padre estaba entre otros ministros, siendo pastor asistente, les decía lo que su pastor le había dicho y lo que había aprendido del Espíritu Santo en Azuza Street. Todos los ministros pentecostales que oí hablar, vi, etc. hablaban de Azuza Street. Hasta a los ministros blancos que no tenían relación con iglesias negras los he visto preguntar sobre los misteriosos eventos que tenían lugar en Azuza Street, pero extrañamente, aun creciendo en un hogar pastoral, yo no sabía nada de eso, porque uno de los mayores problemas de nuestra comunidad en su conjunto es pasarles cosas a sus descendientes.

Nuevamente tuve que aceptar que estaba siendo dirigido a encontrar y comprender esta información. Así que, en los 1900, un ex ministro metodista blanco llamado Charles Fox Parham estableció en Topeka, Kansas, el Bethel Bible College, y la Bible Training School en Houston, Texas, en 1905. En 1906, William Joseph Seymour, un estudiante negro de Parham, inspiró a grupos de personas en una iglesia metodista abandonada que llamaban la Misión de Azuza Street. Según registros, era la temporada de Pascua, y personas de diferentes grupos raciales y fes religiosas eran, como lo llamarían los pentecostalistas contemporáneos, golpeados por el poder de Dios, el Espíritu Santo. Se dice que por tres días y tres noches la gente "gritó" (bailó) tanto que cedieron los cimientos de la vieja misión.

La principal diferencia entre la Santidad y los pentecostales, según mi investigación, era que los últimos estaban inspirados por las enseñanzas del ministro de la Santidad Benjamin Hardin Irwin (que eran inicialmente rechazadas por los ministros de la Santidad), que decía que debía haber evidencia de la santificación porque cuando uno había recibido el don del Espíritu Santo se ponía a hablar en lenguas. Esto era necesario para vivir una vida santa o según Cristo. Otros signos de que uno había recibido los dones del Espíritu Santo o había sido "bautizado por el fuego", como lo llamaron muchos pentecostales, eran las habilidades de curar, realizar milagros, profetizar, enseñar y ayudar a otros. Sin mencionar que, al permitirle al Espíritu Santo que lo guiara, un individuo adquiría también lo que se denomina "el fruto del Espíritu" que consiste en paciencia, amor, gozo, paz, amabilidad, fidelidad, caballerosidad, mansedumbre y autocontrol, según Gálatas 5:22-23.

No es de extrañar que más adelante, cuando Parham llegó al *revival* de Azuza Street en 1906, la mayoría de los ministros negros y la gente de la que yo había oído hablar de este evento dijeran que él era un racista. Otros decían que Parham simplemente no creía lo que estaba ocurriendo. Según Vinson Synan, autor de *The Holiness-Pentecostal Movement in the United States*, Parham estaba más que pasmado. Estaba tan alarmado por el evento que lo denunció en un sermón como un evento que aparentemente había sido copado por "hipnotistas" y "espiritualistas". De hecho, según

Claude F. Jacobs y Andrew J. Kaslow, autores de *The Spiritual Churches of Nueva Orleans: Origins, Beliefs and Rituals of an African-American Religion*, el Catecismo de Baltimore condenaba el espiritualismo junto con el mesmerismo o hipnotismo, los médiums espíritas y los adivinos como:

"... personas que simular conversar con los muertos o con los espíritus del otro mundo. También simular darles su poder a otros, para que sepan lo que está ocurriendo en el cielo, el infierno o el purgatorio... Otra práctica muy peligrosa para la fe y la moral es el uso del mesmerismo o hipnotismo, porque se presta a abusos pecaminosos, porque priva temporalmente a una persona del control de su razón y voluntad y pone su cuerpo y mentre enteramente en poder de otra... Los adivinos son impostores que, enterándose del pasado o deduciéndolo, simulan también saber el futuro y ser capaces de revelárselo a cualquiera que pague por este conocimiento. También simulan conocer todo lo que ataña a cosas perdidas o robadas, y los pensamientos, acciones o intenciones secretas de otros... Creyendo en hechizos, encantamientos, médiums, espiritistas y adivinos les atribuimos a criaturas las perfecciones de Dios porque esperamos que estas criaturas realicen milagros, revelen juicios ocultos de Dios y hagan conocidos Sus designios para el futuro respecto de Sus criaturas, cosas que sólo el mismo Dios puede hacer."[15]

Como sea, William J. Seymour, según la mayoría de los pentecostales que he conocido, especialmente los afroamericanos y el creciente número de pentecostales latinoamericanos, es considerado el padre del movimiento Santidad-pentecostal.

---

[15] *A Catechism of Christian Doctrine ... No. 3, Supplemented* por el Rev. Thomas L. Kinkead. Benziger Brother, 1921, pp. 261-262.

El Espíritu Santo, para muchos pentecostales, no es considerado una manifestación de Dios sino una personalidad distinta y única de Dios, según las "Confesiones de la Fe de la Iglesia de Dios en Cristo", *The Encyclopedia of American Religions: Religious Creeds* de Melton J. Gordons. Esto me explicaba cómo y por qué yo, como adolescente (junto con otros adolescentes), había sido fuertemente animado a esperar que el Espíritu Santo descendiera sobre nosotros, porque se creía que entraría y cambiaría nuestras mentes y cuerpos. Esto también explicaba por qué mis padres (especialmente mi madre) hacían que mis hermanos y yo, cuando nos portábamos mal el domingo por la tarde, fuéramos a sentarnos en los bancos del frente de la iglesia el domingo por la noche. Recuerdo que no sólo mis hermanos y yo nos sentábamos ahí sino también ocasionalmente otros chicos, a causa de su conducta, y nos cargaban por eso. Esto era porque, según mis padres y aparentemente también otros, hay varios espíritus, diablos o demonios que estaban dentro de nosotros y es a través del Espíritu Santo que ellos (el demonio discutidor, los demonios irrespetuosos, etc.) iban a ser echados de nuestro cuerpo. El espíritu discutidor y peleador que entraba en mis hermanos y en mí el domingo por la tarde pronto sería expulsado, en el servicio del domingo por la noche, cuando me hicieran sentarme en el banco del frente. Cuando la gente daba testimonio de haber superado una enfermedad, en realidad estaba dando testimonio verbal de que el Espíritu Santo había expulsado de su mente y cuerpo a un espíritu causante de enfermedades, a un demonio del cáncer, y así.

Era importante para mí saber esto, por varias razones. La primera razón de que fuera importante para mí saberlo era que indicaba que, aunque algunos misioneros blancos del sur intentaran imponer una versión deformada del cristianismo para justificar la esclavitud, la espiritualidad afroamericana (antes de la aceptación del Islam, antes de que el Movimiento Cultural de los tardíos 60 y tempranos 70

inspirara la conversión de los afrocaribeños, especialmente
Vodun haitianos, santería afrocubana, Palo Mayombe y las
religiones africanas Ife y Vodun), especialmente respecto de
mis propios ancestros, estaba mayormente compuesta de
misticismo y teología africanos, que consistían
principalmente en raíces congo-angoleñas con pequeños
elementos de la religión Vodu de África occidental, y que a
través del sincretismo religioso se fundieron particularmente
con el cristianismo protestante euroamericano (metodista,
bautista, espiritualismo, Santidad y pentecostalismo) para
convertirse en lo que John Thornton[16] llama en su libro
*Africa and Africans in the Making of the Atlantic World,
1400-1800 (Studies in Comparative World History)* una "...
nueva religión afro-atlántica".

Quien mejor lo dice es W.J. Hollenweger en *The
Pentecostals: The Charismatic Movement in the Churches*:

"... el pastor pentecostal, el bautismo del Espíritu es
equipamiento indispensable para el ejercicio de su llamado.
En términos de fenomenología de la religión, un pastor
pentecostal podría ser descripto como un moderno **'chamán'**.
A través del bautismo del Espíritu, él aprende a usar niveles
de su alma y su cuerpo hasta entonces desconocidos para él,
como órganos sensores con los que aprehender un clima
psicológico, una situación de dinámica grupal." (Énfasis mío,
porque estaba de nuevo esa palabra, chamán.)

La segunda razón de que fuera importante para mí
saber esto era que mientras yo estaba fuera a mi madre le
habían diagnosticado un tumor canceroso en su cuerpo. No
fue hasta que me mudé a Kansas que supe de su mal y de
cómo lo derrotó a través de medicación y dieta, pero

---

[16] *Africa and Africans in the Making of the Atlantic World*, 1400-1800, por John Thorton (p. 235).

principalmente a través de la oración.

Sincretismo Religioso en Norteamérica

Si bien frecuentemente se da por sentado que los afroamericanos, siendo los más apartados de África, perdieron toda su africanidad y se volvieron ovejas dóciles y perdidas en la barriga de Norteamérica, esta viñeta histórica me convenció de que los ancestros de los afroamericanos lucharon y resistieron la esclavitud igual que otros africanos a través de la diáspora africana. Los tempranos afroamericanos resistieron la esclavitud en todas las formas posibles que supieron, incluso usando la misma Biblia que algunos blancos racistas habían tratado de usar contra ellos como una herramienta de empoderamiento.

La espiritualidad afroamericana es única y diferente de la espiritualidad euroamericana porque los afroamericanos fueron incapaces de preservar más de su cultura original como lo habían hecho sus parientes en el Caribe y Latinoamérica. Esto era porque, según Melville J. Herskovits, autor de *The Myth of the Negro Past,* los blancos generalmente superaban en número a los negros en el Sur estadounidense. Esto, junto con el hecho de que, quitando a la isla Gullah, partes de Luisiana y otras pocas comunidades que existían en Florida, no había muchos refugios adonde los esclavos pudieran escapar y donde desarrollar una comunidad estable sin interferencia de los blancos. El único lugar donde los africanos y tempranos afroamericanos podían retirarse, encontrar refugio y eventualmente escapar de la interferencia blanca era en el campo abierto y más tarde en la iglesia, que así se convirtió en una herramienta de empoderamiento, lo que fue reconocido en broma en una de mis comedias musicales favoritas, el film de 1980 de John Landis *The Blues Brothers.*

Recibir sólo el Credo de los Apóstoles, los Diez

Mandamientos, la Plegaria del Señor y el bautismo para justificar y mantener la esclavitud les permitió a los primeros afroamericanos interpretar esta nueva religión protestante según su perspectiva cultural. Para los africanos cuyas creencias religiosas consistían en un panteón de divinidades similar a los mártires y los santos del catolicismo romano, el pensamiento religioso no sobrevivió intacto, pero tampoco desapareció. Para los africanos que ya creían en la Unicidad de Dios, como los de la región congo-angoleña, sobrevivió y el Ser Supremo congo-angoleño, Nzambi Mpugu, se convirtió en el Dios afroamericano. Este sincretismo religioso ocurrió en parte porque, según Michael A. Gómez, autor de *Exchanging Our Country Marks: The Transformation of African Identities in the Colonial and Antebellum South,* el porcentaje más alto de los africanos traídos a las Américas[17] era de la región congo-angoleña. Esto, aparte del hecho de que los congo-angoleños ya habían sido expuestos a una forma pura e intocada de cristianismo (una que no trataba de justificar la esclavitud por medio de la maldición hamítica), o estaban al menos familiarizados con el cristianismo antes de ser traídos a las Américas, sin mencionar que sus creencias religiosas tradicionales tenían muchas similitudes con el cristianismo en primer lugar, lo que hizo que se convirtieran abiertamente a la nueva fe antes del Comercio de Esclavos Transatlántico, hizo un suelo fértil para que la espiritualidad afroamericana floreciera y prosperara.

Prueba de la ocurrencia de este sincretismo religioso o de la ideología religiosa congo-angoleña puede hallarse en toda la experiencia afroamericana. Cuando se la compara con las primeras creencias euroamericanas acerca de Dios, vemos que Dios es el Ser Supremo que creó todo pero descansa en el

---

[17] Gomez, Michael A. *Exchanging Our Country Marks: The Transformation of African Identities in the Colonial and Antebellum South* page 29. The University of North Carolina Press, 1998.

---

cielo. Dios, en el sentido antiguo euroamericano, aunque es considerado la causa de la creación, lo que es reconocido y mencionado en la mayoría de sus lemas, fórmulas y slogans más importantes, como *In God We Trust (En Dios Confiamos)* o *E Pluribus Unum (De Muchos, Uno)*, etc., es una Deidad solemne distante de Su creación, tanto que para muchos euroamericanos tempranos no podía concebirse que hubiera una mezcla de razas. Dios, para los primeros euroamericanos, era un segregacionista y básicamente creó lo que Charles Darwin luego definiría como la teoría de la supervivencia del más apto. Tanto los primeros euroamericanos como los europeos estaban perplejos por su lógica, y es por eso que frecuentemente se pensaba que "Dios ha muerto", como lo resumió el filósofo alemán Friedrich Nietzsche en *La gaya ciencia*, en 1882. Simplemente porque ¿cómo iba un Dios justo a crear cosas inmorales o a permitir que la inmoralidad se paseara rampante? Estos mismos sentimientos aún son repetidos por muchos autoproclamados ateos, que preguntan por qué Dios permitiría que ocurran la esclavitud y otras injusticias. La respuesta, para ellos, es que Dios simplemente no existe.

Esto explica desde una perspectiva psicorreligiosa por qué los blancos racistas intentaron desesperadamente crear una sociedad que dominara las vidas de otros usando la religión[18]. Era porque su concepto de Dios influyó en su actitud social y en su conducta de dominar a otros. Se pueden ver ejemplos de esto desde su perversión de la Biblia para justificar la esclavitud hasta los códigos de conducta y leyes racistas de Jim Crow. Todo su propósito era justificar su autoridad y control usando como modelo sus conceptos de un Dios dominante. Históricamente, este concepto de Dios ha llevado además a los primeros euroamericanos (y otros

---

[18] *Slave Religion: The Invisible Institution in the Antebellum South* by Albert Raboteau (Oxford University Press, 1978) pg 103

occidentales) a involucrarse en toda clase de tratamientos inhumanos de otras personas, incluyendo los nativos norteamericanos, los afroamericanos, los isleños del Pacífico, los latinoamericanos, etc.

Recordaba, por haber leído la *Ilíada* y la *Odisea* de Homero, que ésta era la misma relación que los mortales tenían con los dioses griegos. En la mitología griega, el dios más importante era Zeus, que arrojaba rayos. Zeus básicamente se sentaba en su trono en el Monte Olimpo y amenazaba a los otros dioses y a los seres humanos por igual. Estaba constantemente teniendo sexo con otros dioses y con mortales, lo que resultó en muchas grandes aventuras épicas. En mi opinión, es a esta aproximación helenística a lo que adhieren muchos occidentales, y aunque han cambiado el nombre de su Deidad, esta visión de Dios como un Ser distante que amenaza a derribarte con el rayo si lo haces enojar es la imagen que tiene la mayoría.

No puede decirse lo mismo de los primitivos conceptos afroamericanos de Dios, según estaba aprendiendo. Un análisis del concepto de Dios afroamericano es que Dios es el Ser Supremo, el creador de los cielos y la tierra, con una clara diferencia de la antigua perspectiva euroamericana de Dios, un Dios humanitario y personal. Esto es en el sentido en que el Dios de los afroamericanos se interesa activamente por todos sus asuntos, tanto que muchos afroamericanos creen que cuando fracasan o tienen problemas es porque le han dado la espalda a su amado y viviente Dios, perdiendo así la gracia misericordiosa de Dios, como los israelitas bíblicos. Muchos de estos conceptos pueden oírse hoy en los púlpitos afroamericanos y en la música gospel. No es raro oír a los afroamericanos rezando o cantando para que Dios no les pase de largo o para que Dios los guíe, camine con ellos o se quede con ellos en los momentos turbulentos de sus vidas. Como sus ancestros congo-angoleños, los primeros hombres y mujeres afroamericanos personificaban a Dios para ver la divinidad dentro de sí mismos y así poder superar los varios obstáculos y problemas que enfrentaban en Norteamérica.

A diferencia del punto de vista europeo y euroamericano temprano, en el que se podía aventurar que Dios no existe por algo que no puede entenderse lógicamente, los africanos y los primeros afroamericanos, cuando no entienden a Dios, simplemente posponen el tema y aceptan que Dios es un misterio. Los primeros afroamericanos y la mayoría de los afroamericanos de hoy no declaran que Dios no existe. Culpan a su lógica o a su comprensión incorrectas y buscan formas alternativas de sostener su paradigma en un esfuerzo de entender a Dios. Por esto las historias bíblicas, leyendas y testimonios son tan importantes y relevantes en muchas iglesias y experiencias espirituales afroamericanas, porque atestiguan el misterio de Dios. Por esto muchos afroamericanos tempranos podían identificarse con los Hijos de Israel bíblicos y con el Moisés bíblico en el Monte Sinaí, ya que sólo ver la espalda de Dios es una experiencia mística e hipnótica.

Fue en ese momento que recordé numerosos ejemplos en mi investigación y mi experiencia personal de cómo Dios habla, inspira o revela alguna clase de mensaje para crear un cambio positivo en las vidas de los afroamericanos. Por supuesto, como ya mencioné, se creía que las varias revueltas de esclavos que tuvieron lugar en este país tuvieron una inspiración religiosa o divina. Había otros ejemplos que me vinieron a la mente de este concepto único de Dios.

Por ejemplo, recuerdo haber leído que varias personas aprendieron a hacer conjuros por Dios. Un informante que se hacía llamar Siete Hermanas, una mujer de Alabama llamada Ida Carter[19], afirmaba que era el espíritu de Dios

---

[19] *Conjure in African American Society*, por Jeffrey E. Anderson, p. 36.

quien le había enseñado a *conjurar*[20], es decir a crear cambios mágicamente, mejorar la suerte, etc. Un ex esclavo de Texas, William Adams, también afirmó en una entrevista que Dios le mostraba cómo usar sus poderes a través de actos de revelación[21]. Lo que hacía aun más interesante a la entrevista a Adams, recordé, era que él afirmó que era porque "la confianza de los blancos del sur en su propia superioridad racial los cegó a un cuerpo de conocimiento sofisticado y espiritualmente empoderado reivindicado por los afroamericanos"[22].

Es muy interesante notar esto porque, como he dicho antes, se cree que el conjuro (hoodoo/rootwork) fue diseminado o comercializado por Marie Levau o las Marie Levaus (sus hijas que adoptaron el mismo nombre). Si bien las Levaus pueden haber tenido que ver con el conjuro, era el Vodou lo que practicaban principalmente. Esto significa que, si ella tuvo un papel en la difusión del conjuro, fue capaz de arraigarse firmemente porque el sincretismo congo-angoleño ya estaba firmemente establecido a lo largo de Norteamérica. Por eso es que hasta hoy muchos afroamericanos siguen practicando tenazmente una forma de tradición folclórica afro-protestante que no involucra la adoración de santos, orishás o loas de las tradiciones afrocaribeñas.

Por supuesto, el Dr. Martin L. King Jr. y sus intentos de crear una sociedad sin distinción de colores con igualdad plena respecto de los blancos también parece haber sido de inspiración divina. Muchos de los discursos de King y otros

---

[20] Ibíd., p. 36.

[21] *Working Cures: Healing, Health, and Power on Southern Slave Plantations,* por Sharla M. Fett (University of North Carolina, 2002), p. 52.

[22] Ibíd., p. 52.

---

activistas por los derechos civiles parecían estar inspirados en la Biblia y reflejar una relación personal con Dios. Muchos de los líderes de los Derechos Civiles también parecían asumir el rol de un Moisés moderno para su gente, guiándola para salir de una situación de opresión. De esto me di cuenta observando cuántos predicadores negros, al prepararse para dar un sermón, preguntan qué es lo que Dios quiere decir. La Biblia se vuelve una herramienta de adivinación para percibir la Voluntad de Dios, lo que se denomina bibliomancia. Ésta es la razón de que muchos afroamericanos le tengan un gran respeto y crean en pasar a sus descendientes versiones antiguas y usadas, como se pasan otros objetos sagrados entre los practicantes congo-angoleños[23] en la afro-diáspora. La Biblia es tan respetada que muchos no permiten que toque el piso y hasta la cubren cuando no está en uso (al igual que varios encantamientos que he observado cubrir en varias tradiciones de la afro-diáspora).

También vinieron a mí otros ejemplos de este concepto único de Dios. Empecé a recordar que muchas iglesias de afroamericanos usaban aceite de oliva bendito para protección, sanación y bendiciones por el simbolismo que tenía con la sangre usada para proteger a los primogénitos en Egipto. Algunas otras congregaciones afroamericanas usaban agua bendita. Ahora bien, desde su perspectiva, un un observador externo pondría énfasis en el aceite y en el agua como la fuente de la sanación, bendición, etc., pero esto es groseramente incorrecto. Recuerdo que cuando le pregunté a mi padre sobre esta práctica me dijo: "La bendición, sanación y protección no estaban en el aceite o en el agua. La bendición, sanación y protección venían de Dios y el aceite y

---

[23] En el Palo Mayombe, los encantamientos sagrados se pasan a los descendientes o a otras personas para que continúen existiendo, según la señora B.

el agua eran básicamente herramientas."[24]. Algunas personas, me dijo, necesitan una ayuda visual que las ayude a tener fe en Dios. El simbolismo es que el aceite se convierte en la preciosa sangre del cordero usada para salvar a los primogénitos; como el agua bendita, se convierte luego en la sangre de Jesús.

Lo que hacía a esta práctica y a la explicación de mi padre aun más interesantes era que era muy similar a la tradición congo-angoleña de la medicina sagrada o *minkisi* también. En la antigua región congo-angoleña, el color blanco simboliza a los ancestros, la pureza, el conocimiento, etc., lo que frecuentemente se simbolizaba con varios objetos blancos, como gallinas. Las gallinas blancas eran sacrificadas para liberar su poder procedente del "reino blanco"[25]. Los descendientes de congo-angoleños en las iglesias afroamericanas aparentemente hacían la conexión entre la sangre sacrificial de una gallina blanca y la del cordero sacrificial, que era usado de acuerdo al saber cristiano para proteger al primogénito de los antiguos hebreos, con el aceite de oliva bendito. El aceite de oliva bendito y el agua bendita se convirtieron, según lo entendí, en la nueva sangre de la gallina blanca. El aceite de oliva bendito y el agua bendita son usadas, de acuerdo con la cantidad de iglesias que he visitado (tanto negras como blancas), mayormente por afroamericanos para purificar, proteger, exorcizar al mal, etc., en otras palabras por su "blancura".

Todos estos ejemplos que venían a mi atención me ayudaron a comprender que la espiritualidad afroamericana era una creación afroamericana singular, desarrollada para

---

[24] Esto era similar a aquello contra lo que luchaba mi amigo cubano Raúl.

[25] See *Flash of the Spirit: African & Afro-American Art & Philosophy* by Robert Farris Thompson, page 134-135.

ayudar a los primeros afroamericanos y a sus descendientes a resistir y sobrevivir a la esclavitud. Esto me hizo comprender que mi problema no era con la iglesia *per se*, sino que me hizo preguntarme por qué había abandonado la iglesia en realidad.

Por Qué Abandoné la Iglesia

Fue entonces cuando entendí cuál era uno de mis problemas. Recordé que me gustaban ciertas cosas de la iglesia pero que había muchas cosas que no me gustaban de lo que ocurría. Si el lector recuerda, fui a una de las iglesias más grandes de Michigan y ser un HP me permitió ver cosas que otros no podían ver. Recuerdo que quería al Espíritu Santo para lidiar con la creciente epidemia de crack que castigaba a las comunidades urbanas en los Estados Unidos. Recordé que moría gente a diestra y siniestra bien por el uso de cocaína en crack o por muertes relacionadas con el crack como homicidios, gente sin techo, etcétera, por no mencionar la creciente epidemia de sida que había aparecido en escena. Recuerdo que los tiempos eran horribles por entonces y muchos de los muchachos de mi edad simplemente no encontraban ninguna alternativa. La presión para usar drogas era extremadamente alta y la presión para vender drogas en estos tiempos difíciles eran más alta aun, cuando el desempleo estaba en ascenso.

Recuerdo que me quedé esperando que el Espíritu Santo me salvara de la epidemia de crack. Recordé que, al intentar encontrarles sentido a las cosas para aplicarlas en mi vida joven e impresionable, pregunté por qué era pecado bailar, tomar alcohol, etc., cuando claramente la gente lo hacía en los tiempos bíblicos. Incluso llegué a preguntarles a los que sabían más que yo cuál era la definición de pecado. Era importante para mí saber esto porque, si no había líneas claras o una definición de lo que es verdaderamente un pecado, entonces la gente podía elegir según sus gustos y disgustos lo que creía y consideraba que era un pecado. A edad temprana entendí hasta cierto punto por qué había tanta confusión en el mundo de la Cristiandad respecto de la vida moral. Era la misma razón por la que había sido llevado a encontrar las 42 Declaraciones de Maa, que, como dije antes, se cree que es la inspiración detrás de los Diez Mandamientos.

Estoy vivo hoy porque algo me salvó, pero ¿fue el Espíritu Santo, fueron la gracia y misericordia de Dios, fue Dios? Todo eso es un misterio para mí. Sé lo que tuve que hacer para sobrevivir pero es todo un misterio y no lo sé realmente porque no recuerdo que nadie me enseñara lo que era. Lo que sí recuerdo al parecer es que, en el curso de los acontecimientos, parecía que muchas de las mayores iglesias estaban envueltas en una gran riña de gallos religiosa por ver quién tenía la doctrina correcta y quién la equivocada. ¿Era la doctrina católica, la metodista, la bautista, la pentecostal, la presbiteriana, etc. la verdad que nos iba a hacer libres? ¿Era el Espíritu Santo, la Trinidad, Jesús solamente, Jesús que es Dios, Dios que es Jesús o Jehová, Jehová que es Dios, Dios, El-Shaddai, etc. quien estaba en lo cierto o errado? Yo no sabía quién estaba en lo cierto o quién estaba equivocado, lo que sabía es que apreCái que para verificar de quién era la doctrina más acertada no se recurría al voto sino a ver qué denominación tenía las iglesias más grandes o la mayor membresía y qué pastor tenía los automóviles más vistosos. Habiendo dicho esto, no hablaré siquiera de cómo muchas iglesias discutían sobre el rol que debían cumplir las mujeres, lo que agregaba otra dimensión a esta gran riña de gallos teológica entre los hombres. Ni de lo que era aceptado y lo que no se esperaba de quienes eran miembros de estas iglesias.

En estos tiempos, muchos muchachos de mi edad, para escapar de la presión violenta y horrible que nos instilaban cada día los medios informativos, que nos recordaban que muchos de nosotros íbamos a morir o ser asesinados antes de cumplir 18, 21 o 25, y para seguir haciendo lo correcto, tuvimos que aprender de los primeros raperos de hip-hop, muchos de los cuales, según descubrí después, estaban en el Cinco Por Ciento o en la Nación del Islam y/u otros grupos menores de intereses similares. Recurrimos a esos raperos y a estos grupos afrocéntricos porque parecían ser los únicos a los que les interesaba lo que estaba ocurriendo en nuestra comunidad. En ese momento, simplemente parecía como si muchas iglesias nos abandonaran en pos de la ganancia personal.

Para decirlo simplemente, no se hablaba de los males sociales de esos tiempos en privado ni en el púlpito, como ocurría antes (en los 50 y tempranos 70, según documentales), creo que porque eso habría desalentado las afiliaciones. En vez de eso, la mayoría de los predicadores simplemente nos sermoneaban con ser "salvados" y nunca nos enseñaban cómo seguir estando "salvados". La iglesia, me parecía a mí cuando era adolescente, simplemente se cambió del negocio de salvar almas a hacer grandes negocios para las almas. En vez de ser lugares de adoración que ayudaban a la comunidad, como lo habían hecho en el pasado a través de varias dificultades, muchas iglesias, al parecer, simplemente se habían convertido en negocios dominicales libres de impuestos destinados al entretenimiento[26].

Estaba empezando a quedar claro que la razón de que yo abandonara la iglesia era que tal vez pensaba que habíamos perdido nuestras prácticas culturales. Después de

---

[26] Esto explicaba por qué me gustaba el viejo *gospel* (y la música de la vieja escuela), porque mcuhos de los letristas y cantantes realmente estaban pasando por cosas difíciles y no sólo entreteniendo y representando, como muchos artistas hacen hoy. Los viejos himnos y canciones *gospel* estaban pensados para ayuar a la gente a superar la lucha, mientras que muchas de las canciones de hoy están pensadas para que el artista haga dinero y mucha gente se sienta bien.

verme expuesto a varias tradiciones espirituales practicadas a lo largo de la afro-diáspora, vi nuestras prácticas culturales. Eran las mismas, o al menos similares. Sólo tenían un nombre diferente. Por ejemplo, aunque no pudiera explicarlo, vi a Shango hacer la misma danza atronadora y desconcertante en la iglesia. Sólo que la gente de la iglesia no lo llamaba Shango. Simplemente decían que era el Espíritu de Dios o el Espíritu Santo. La historia me reveló que no habíamos perdido nuestras prácticas culturales tampoco. ¡Esto es lo que mis ancestros querían que yo viera!

Lo que perdimos fue el contexto, la teología y la comprensión de nuestras prácticas culturales. Como resultado, sin un propósito claro en mente, la gente abandonaba sus modos culturales porque les aparecían como ejercicios hipotéticos en lugar de la sociedad dominante. La pérdida de tradiciones culturales es lo que lleva a acciones y conductas desviadas. Por esto es que no me enseñaron a rezar. Por esto es que seguí preguntando e intentando obtener una definición precisa de lo que verdaderamente es un pecado. Era la misma razón por la que creo que muchas otras tradiciones de la iglesia no se transmitieron y al final muchas iglesias dejaron de enfocarse en los males sociales para enfocarse en el dinero.

Entendí que la falta de tradición cultural es lo que me llevó a hacer cambios en mi dieta basado en creencias e ideas erróneas. Esto también explicaba por qué me había atraído Bertha. Era por toda la idea romántica que yo tenía de ser "africano". Era el cálido "brillo africano" que me hizo enamorarme de la forma y la idea de África pero no entender los conceptos africanos. Parte de mí comprendía que esto era un problema, lo que era la razón de que no me sintiera bien vistiendo ropas africanas, pero al mismo tiempo me aficionara a la señora B. y a Papá Raúl por la vida que vivían, que parecía ser auténticamente africana aunque no encajara en el estereotipo de lo que significaba ser un "practicante espiritual africano".

Había una verdad aun más grande que estaba empezando a ver como resultado de no tener una verdadera comprensión de nuestras prácticas y tradiciones culturales. Como no entendía los conceptos, todo lo que me parecía "africano" lo miraba como algo misterioso, poderoso y mágico. Esto significaba que yo esperaba, por alguna extraña razón, que cuando hacía algo que fuera "africano" esto resolviera milagrosamente cualquier problema que tuviera. Por ejemplo, la razón de que cambiara mi dieta en el pasao era que se creía que así se hacía en África. Era casi como si yo esperara que al hacer lo que era "africano" todos mis problemas desaparecerían. Esto explica por qué yo quería tener el Espíritu Santo cuando adolescente. Era para hacer que la epidemia de crack desapareciera mágicamente.

Claramente, había mucha confusión e incomprensión en mi vida (sobre todo por mi parte). Afortunadamente, hicieron falta una serie de golpes duros para que yo aprendiera que nada sucede mágicamente, o al menos no sin esfuerzo físico. Por ejemplo, para ser un médico exitoso tienes que seguir los mismos pasos que han seguido otros médicos. No hay píldora mágica, rito mágico, poder espiritual, etc. involucrado. Lo mismo puede decirse si quieres ser un millonario. Necesitas trazar un plan basado en lo que han hecho otros millonarios y seguir tu plan.

Era esta comprensión lo que me hizo darme cuenta de que yo había trazado un plan respecto de ciertas metas que quería lograr y se había abierto un camino posible. Recuerdo que hace mucho, la primera vez que crucé la línea primero, fue porque lo imaginé y sucedió. Recordé que no había tenido dudas en mi mente de que me graduaría de la secundaria, lo vi y lo hice. Recordé que en mis primeros años de universidad me rehusé a ser una estadística de deserción universitaria y por eso seguí un plan e hice lo que logré hacer. Recordé de que, después de haber construido un plan para no ser un desertor universitario al principio, obtuve una calificación media de "B", que no había alcanzado siquiera en la secundaria.

Entonces empecé a notar que, cuando las cosas iban en picada y se volvían caóticas, se abrían caminos con base en las elecciones que yo hacía. No sólo eso: cuando Bertha y yo rompimos, se me abrió una salida, según noté. Al mismo tiempo, cuando formulé lo que yo quería en un mujer, mi esposa apareció súbitamente en mi vida. Cuando terminé la escuela y obtuve mi título, se abrió un camino. Nunca había pensado en ello hasta ahora, pero todas esas cosas eran milagros.

Al parecer, había algo definitivamente extraño en esto que yo no podía explicar. ¿Era Dios? No sabía porque no tenía el tipo de relación que oía que la gente tenía con Dios. Aún no estaba seguro de si Dios estaba actuando en mi vida aunque no estaba afirmado en mis creencias. Lo que sé es que había una cantidad de milagros que definitivamente tuvieron lugar en mi vida. Estos milagros eran la prueba de que me había topado con algo que hizo que estos milagros ocurrieran en mi vida. Yo no hice que estos milagros ocurrieran. Sin embargo, me daba cuenta de que, cuando mis creencias eran combinabas con ciertas prácticas, esto activaba algo, alguna fuerza, que hacía que ocurrieran milagros en mi vida. Esto es lo que yo tendría que haber estado tratando de comprender y que había perdido. Era el conocimiento de cómo conectarme con esta fuerza lo que había perdido por no tener conocimiento y comprensión de nuestras tradiciones culturales. *¿Pero por qué era tan importante Kamit?*

¿Por Qué el Antiguo Kamit?

Sabía que eran mis creencias acerca del pueblo kamítico lo que me llevó a leer más sobre esta antigua cultura africana, pero era una voz lo que me inspiró a leer y estudiar el camino kamítico. Sabía que esta voz que me habló y me inspiró a tomar este curso de acción no era yo, pero de qué o quién era no estaba seguro. Había aprendido de mi experiencia en ventas y del accidente de auto que tuve que lo que creemos y pensamos afecta nuestra realidad física y también inspira nuestras acciones y conductas, pero esto me hacía preguntarme por qué y cómo se relacionaba eso con toda esta experiencia kamítica. Todo esto me llevó a investigar y explorar nuevamente los misterios de la mente.

Había aprendido, basado en mi experiencia en ventas, que la mente consistía en dos partes, comúnmente llamadas la parte consciente y la inconsciente de nuestro ser. La mente consciente es la parte de nuestro ser que usamos para hacer elecciones y tomar decisiones. Corresponde a nuestros pensamientos racionales y aprende de las experiencias directas.

La parte inconsciente de nuestro ser es el almacén de todas nuestras experiencias de aprendizaje y se compone de dos partes, conocidas como la mente subconsciente y la mente inconsciente. La diferencia entre las dos es que nuestra mente subconsciente corresponde a nuestras creencias y experiencias personales. Todo lo que hemos aprendido o memorizado y experimentado (lo bueno, lo malo y lo feo) desde el nacimiento hasta el presente es almacenado en nuestra mente subconsciente, que influye en nuestras acciones y conductas.

La mente inconsciente, también llamada el superconsciente o el inconsciente colectivo, es lo que comúnmente se denomina la Mente Universal o Dios, porque es la parte más profunda de nuestro ser que controla sabiamente todas las funciones autónomas de nuestro cuerpo que no requieren nuestra decisión consciente, como la digestión de la comida, la asimilación de células sanguíneas, la generación de hormonas, etc. Como esta parte de nuestro ser controla sabiamente nuestras funciones corporales sin falla y hace lo mismo con todas las demás cosas que existen, se cree que es muy compleja, lo que ha llevado a que también se la llame mente superior.

La mayoría de los psicólogos creían que cuando no nos involucramos en el pensamiento consciente y, por ejemplo, nos dormimos con un problema en la mente, la solución a ese problema viene de nuestra mente inconsciente, que filtra hacia nuestro subconsciente, que inspira nuestras acciones y conductas conscientes. Yo sabía que parte de esto era verdad porque recuerdo que una vez dije firmemente que quería unos $3000 y varios meses después me despidieron de mi trabajo y recibí unos $3000 de indemnización. Así que no había cómo negarme que lo que creo y pienso afecta mi realidad física, lo que además significaba que mis palabras debían ser cuidadosamente elegidas. Sólo que no sabía cómo todo esto se relacionaba con estudiar los misterios kamíticos. Entonces sucedió. Un día, de la nada, me enfermé de muerte.

Ahora bien, yo pensé que era porque estaba estresado por leer y estudiar asuntos espirituales después de pasar entre 50 y 60 horas a la semana en mi trabajo, y tener choques con mis compañeros de trabajo casi todos los días. Además del hecho de que las estaciones estaban cambiando en esta región árida en la que estaba, así que pensé que sólo era que estaba teniendo una alergia o una reacción sinusal. Entonces se me hizo difícil caminar y subir las escaleras, porque me dolían las rodillas. Después perdí 50 libras de repente, en un espacio de sólo unos meses. Cuando fui al doctor, depsués de varios análisis de sangre, determinaron que mi tiroide estaba hiperactiva y producía demasiadas hormonas. Me dieron medicina para ver si las regulaba, pero seguí empeorando progresivamente.

Cuando mi esposa me tomó la temperatura y vio que era de 104 grados, me llevó volando a la sala de emergencias, donde determinaron que había tenido una reacción muy rara a la medicación que me habían dado, lo que me hizo tener fluido en los pulmones y alrededor del corazón y una infección viral. Aparentemente el fluido había estado ahí por algún tiempo, al menos lo suficiente como para casi hacer colapsar mi pulmón izquierdo. Descubrieron que tenía neumonía y una cantidad excesiva de fluido alrededor de mi corazón y pulmones, lo que, si no me hubieran agarrado a tiempo, me habría llevado a la muerte.

Mientras yacía en la camilla del hospital, escuchando los dolores y quejidos de otros pacientes durante la noche, reflexionando sobre lo cerca que había estado de morir realmente, estaba cansado de tratar de entender las cosas. Me venían a la cabeza varios pensamientos e ideas porque estaba en el hospital. Entonces recordé que Papá Raúl me había dicho una vez que los hospitales están llenos de mala suerte. Entonces fue cuando empecé a darme cuenta de que muchos de los problemas que tenía se debían a que intentaba desentrañar cosas que no podían ser completamente explicadas.

Como varones afroamericanos crecidos en Norteamérica en un hogar apostólico pentecostal, no nos enseñaron a creer en la suerte y esas cosas: nos animaron a creer en cosas que podíamos ver físicamente. Pero estaba quedando bastante claro que muchas de las cosas que mi familia hacía eran para mejorar la suerte, como limpiar el sábado, ungirse a uno mismo y a objetos con aceite de oliva bendito, etc. Como muchos, imagino, nosotros practicábamos nuestras tradiciones culturales discretamente, lejos de los incomprensivos y avizores ojos norteamericanos, porque no conocíamos el origen de ciertas prácticas. Ahora yo sabía esto, pero aún no lo registraba por alguna razón. Me sentía atrapado porque parte de mí no podía aceptar y creer en estas cosas así llamadas espirituales pero otra parte de mí las aceptaba como verdaderas. La parte que aceptaba estas cosas como reales era también la parte que rehuía las prácticas mágicas surgidas de la nada, como la mezcla de pimienta roja para espolvorear alrededor de la casa de mi esposa para protección antes de que nos casáramos.

Estaba cansado de luchar. Estaba cansado de intentar desentrañar las cosas. Estaba cansado de tratar de darle una explicación racional a todo. No podía hacerlo más, porque esta búsqueda de probar que algunas cosas existen me estaba destruyendo. Yacer en la camilla del hospital, escuchando a la gente clamar a la Muerte para que terminara con su sufrimiento, me hizo darme cuenta de que hay algunas cosas que no voy a ser capaz de comprender completamente. Simplemente no hay palabras suficientes para explicar la experiencia con precisión. Comprendí que los hospitales eran de mala suerte porque estaban llenos de desesperación, depresión y pensamientos pesimistas. Caí en la cuenta de que esto es lo que Papá Raúl llamaba espíritus negativos. Son fuerzas o energías que se mueven alrededor de nosotros.

Como las ideas, pensamientos e imágenes negativas me rodeaban, para bloquear esta fuerza negativa encendí la televisión y pasé de largo las noticias negativas, los infomerciales que prometían el cumplimiento de sueños imposibles, las píldoras milagrosas con sus 1001 efectos secundarios, los evangelistas fabuleros, los *thrillers* y otra programación propensa a la violencia, hasta llegar a los canales que le permitirían a mi mente tener pensamientos positivos, esperanzados, gozosos y pacíficos: los programas de cocina y de viajes y los dibujos animados.

Con la mente ya en un estado bastante pacífico, admití

que estaba cansado de leer y estudiar. Sólo quería saber lo que necesitaba hacer y seguir con mi vida. Estaba cansado de intentar desentrañar las cosas. Estaba cansado de pelear por algo que parecía que ya deberían haberme dado. Estaba cansado de dar una buena pelea porque había llegado lo más lejos que podía. Mis recursos externos estaban completamente agotados. No tenía otra opción que rendirme.

En ese momento habló una voz y preguntó: "¿Cómo puedes probar que existo?". Pensé brevemente en la pregunta y admití que no se puede. "¡EXACTAMENTE!", oí. Es verdad, no puedes probar que Dios existe porque Dios es inimaginable, indescriptible, inidentificable, y es difícil probar que existe una "cosa" que no puedes ver, oír, oler, degustar o tocar.

"¿Cómo sabes que existo?"

Nuevamente, pensé en la pregunta y admití que simplemente lo sabes, supongo. El Espíritu habló y dijo: "Experiencia. Tienes que experimentarme y es sólo a través de la experiencia que sabes que existo."

Fue entonces cuando súbitamente caí en la cuenta de que se trata de tener "FE". La fe, según me mostró este Espíritu, es lo que le da a uno la capacidad de hacer lo imposible, pero, como dicen en la iglesia, recordé, "caminamos por la fe, no por la vista", lo que significa que yo no iba a comprender todo y que no hay una explicación racional para todo lo que existe. Que muchas veces no vamos a entender cómo han sucedio las cosas. Recordé mi experiencia en Pennsylvania y Florida, donde había atravesado tiempos difíciles y sin embargo seguía vivo. Era porque Dios tiene la última palabra y Dios abrió un camino para que las cosas sucedieran. La única manera en que podía comprenderlo era por experiencia, no por la vista.

Entonces el Espíritu me dijo que lo que yo estaba tratando de hacer era no tener fe ciega. La fe ciega es la fuerte creencia de que algo va a ocurrir aunque no haya base o experiencia para respaldarla. Es la fe ciega lo que ha llevado a miles de personas a cometer actos atroces en el así llamado nombre de Dios. Es la fe ciega lo que ha llevado a una cantidad de personas incluso a cometer suicidio, todo por creer en una segunda venida, y así. La fe ciega es lo que lleva a los cultos religiosos y no importa lo que un individuo lea, si tiene fe ciega puede retorcer cualquier libro sagrado, lo cual es la razón de que yo (y una cantidad de personas que no conocía) no confiara en la Biblia, porque era la fe ciega lo que trataba de justificar la esclavitud. Nuevamente, el Espíritu me dijo que es por esto que yo pasaba tanto tiempo leyendo, estudiando e intentando encontrar una explicación racional para todo. Era necesario para mí hacer eso en el pasado, y por eso fui inspirado a conocer a Fred y aprender sobre la filosofía del Cinco Por Ciento, pero ahora me había llegado el momento de aprender a confiar en mi intuición. La imagen del Ojo derecho de Ra me vino a la mente, indicando que había aprendido lo que necesitaba saber y que ya era tiempo de confiar en mi intuición. Era momento de aprender a caminar por la fe.

Para caminar por la fe, el Espíritu me dijo que primero necesitaba entender que nunca nos daría algo para lo que no estuviéramos bien preparados. Dios no es cruel. Dios no le daría un arma cargada a un niño. Yo había oído esto antes, que Dios no te da nada que no puedas soportar, pero no tenía sentido. Entonces, casi inmediatamente después de que me dijera esto, me vinieron a la mente la imagen del Árbol de la Vida y toda la historia de Adán y Eva.

¿Podría ser que la razón de que fuera pecado para Adán y Eva comer del Árbol de la Vida fuera que no estaban listos?

Es posible que Adán y Eva se hayan adelantado a los acontecimientos al intentar aprender cosas a su propio modo. Su pecado fue que no confiaron en que Dios se lo mostraría (al Árbol de la Vida) con lentitud y seguridad[27]. En otras palabras, Adán y Eva no creyeron que Dios proveería por ellos. Vi que era como aprender a correr antes de aprender a gatear, o aprender cálculo avanzado antes de aprender a hacer sumas simples. Se me mostró que Dios no hace las cosas al revés y que ésta es la premisa de la fe ciega, que no está alineada con el plan de Dios.

Se me mostró que ésta es la verdadera razón de que Dios no apruebe el uso de dispositivos para predecir la fortuna pero les permitiera a los antiguos hebreos usar dispositivos de adivinación. La diferencia entre los dos es que los dispositivos para predecir la fortuna "anticipan el futuro" pero no brindan la comprensión de cómo prepararse o hacer los cambios necesarios para mejorar la propia vida. Por esta razón yo me burlaba de las profecías de que estaba destinado a ser un predicador, porque, como me lo estaba revelando el Espíritu, la profecía que me habían dado era similar a si me hubieran leído la fortuna. El individuo estaba viendo en mi futuro (en realidad una posibilidad) pero no me estaba dando un mapa que seguir para ser un predicador. Al igual que cuando me apuntaron con una pistola, el psíquico que leyó que "un hombre me iba a pedir que hiciera algo, pero no debía hacerlo" no me dio instrucciones detalladas de qué hombre, quién era, etc. Las instrucciones eran muy vagas, lo que podría haber costado mi vida y las vidas de otros. Las profecías y las lecturas psíquicas como ésta son como ver un pedazo del todo y no el cuadro completo. Cuando uno actúa en base a ellas, pueden ser desastrosas.

---

[27] Fue el diablo en forma de serpiente quien inspiró a Adán y Eva a comer de la fruta prohibida, lo que es además una alusión a la parte emocional de nuestro ser.

Los dispositivos de adivinación, por otra parte, "brindan comprensión sobre la volundad de Dios". Cuando uno sigue a un dispositivo de adivinación, su vida mejora por las elecciones que hace, aumentando así su fe en Dios y no en las capacidades del hombre y la mujer. Entonces me di cuenta de que, cuando los predicadores elegían un versículo para un sermón, no elegían un tema arbitrariamente, sino que el tema venía del Espíritu, porque ellos habían aprendido a usar la Biblia como un dispositivo de adivinación. Esto, se me dijo, era la razón de que se respetara tanto a la Biblia en los tiempos antiguos. Es porque los que entendían cómo usar la Biblia sabían que la Biblia era simplemente la prueba de que lo que Dios ha hecho por otros puede seguramente hacerlo por ti. Esto es lo que hacía que la Biblia fuera un instrumento común de adivinación entre una cantidad de afroamericanos.

Estaba quedando claro que hay dos maneras de alcanzar un objetivo, la manera equivocada y la manera correcta. La manera equivocada siempre será rápida, corta y simple pero al final siempre tendrá una serie de problemas asociados. La manera correcta puede ser lenta, larga y ardua pero al final siempre dará frutos porque se hace en un orden particular. Dios hace las cosas de la manera correcta. Todo lo que Dios nos muestra es lo que necesitamos para cumplir una tarea. Todo lo que experimentaremos, empezaba a comprender, es como una pieza en un rompecabezas gigantesco que sólo Dios conoce y del que puede ver todo. Es por esto que es incorrecto juzgar a otros, porque sólo Dios sabe de dónde viene ese individuo, por lo que tuvo y tiene que pasar y experimenta, porque Dios es omnisciente, u Omnisapiente. Esta revelación me hizo comprender verdaderamente que mis encuentros con la señora B., Papá Raúl, Iya, Z. y mi esposa no eran coincidencias sino partes del plan de Dios. Las claves que me había dado Iya venían verdaderamente de Dios porque ella había listado detalles de mi pasado, presente y futuro, que sólo Dios hubiera conocido.

Nuevamente, me dijeron que no habría visto o sabido de esto sin tener fe en Dios, porque la fe en Dios es la creencia de que Dios proveerá y abrirá un camino. La fe en Dios no se trata de tener fe ciega. Yo estaba empezando a comprender que Dios no nos pone en situaciones que no podamos manejar. Dios no nos pone en predicamentos para los que no estamos bien preparados. Dios no nos dice que vayamos a trabajar en una tarea sabiendo que no tenemos ningún conocimiento para ella. Dios no nos dice que vayamos y seamos líderes si nunca hemos aprendido a seguir. Dios no nos dice que hagamos cálculo avanzado si no sabemos contar o hacer aritmética básica. Dios no nos pone en situaciones en las que no estamos cómodos o nos falta confianza. Dios, se me aseguró, no trata con la fe ciega.

Cuando pensé en eso, casi me enojo otra vez con Bertha, porque estaba claro que ella me había manipulado para su propio propósito egoísta. Entonces me di cuenta de que, si no hubiera tenido esa experiencia, no habría aprendido lo que ahora sé. En otras palabras, ella era sólo otra pieza en el rompecabezas que me había ayudado a desarrollarme. Se me reveló que ella no sabía qué otra cosa hacer. Había aprendido a hacer lecturas incorrectamente y definitivamente no había aprendido la forma correcta de dar consejo. Yo no sabía si ella se había salteado muchas de las enseñanzas y escritos que había recibido o no. De lo que sí estaba seguro es de que lo que ella me había enseñado no funcionaba. No podía echarle la culpa, evidentemente, porque ella sólo me estaba enseñando lo que había aprendido.

Pero quedaba claro que lo que había aprendido acerca de las divinidades kamíticas y varios otros conceptos era erróneo. Era o bien porque ella muy probablemente no entendía al maestro que le enseñó, o bien porque yo no la entendía a ella, o viceversa. Era un problema que frecuentemente existe entre maestro y alumno, en el que los conceptos no son explicados con propiedad y comprendidos.

Fue al darme cuenta de esto que elegí perdonarla, pero esto no cambiaba la situación. **Tenía que purgar todo mi sistema de las enseñanzas incorrectas y fallidas,** así que le pregunté al Espíritu, sin conocimientos de adivinación, cómo podía uno saber cuándo está siguiendo a Dios o a algún culto, maestro incorrecto, etc. El Espíritu me mostró que, antes de que la Biblia fuera escrita, los piadosos tenían otra forma de adivinación, que era la intervención a través de los espíritus.

Se me mostró que, al igual que Dios no puede ser comprendido porque Dios es un Espíritu Infinito que no puede ser tocado, olido, degustado, visto u oído, pero debe ser experimentado, lo mismo se aplica a los espíritus o ángeles, que también son seres espirituales. La razón de que existan los espíritus, me reveló Dios, es que también ayudan a proveernos claves para comprender la voluntad de Dios. Los espíritus, cuando se los entiende bien, son como parte de una herramienta de adivinación que nos ayuda a prepararnos para acontecimientos por venir. Ésta es la razón de que a lo largo de la Biblia, cuando hablaban los espíritus y luego los ángeles, hacían advertencias y ayudaban a los personajes bíblicos a hacer elecciones y tomar decisiones que afectaban su futuro. Las instrucciones que estas entidades espirituales les daban a los personajes bíblicos no se basaban en la fe ciega. Recordando que la fe es la capacidad de hacer lo imposible, cuando los espíritus o ángeles les daban a los personajes bíblicos instrucciones para hacer algo, era para lograr una hazaña milagrosa que produjera resultados físicos, aumentando así la fe en que Dios proveerá.

Se me recordó que, desde Abraham hasta José y María, todos los espíritus o ángeles en la Biblia daban instrucción espiritual fundamentada por prueba física, verificando que Dios es la fuente y el controlador de todo. Por ejemplo, cuando a José y María les dijeron que iban a dar nacimiento a Jesús, fueron provistos por los tres hombres sabios y se les mostró que el Rey Herodes iba a ir tras ellos, por lo que necesitaban huir a Egipto. Ahora bien, yo no me concentré en si la historia era cierta o no; eran las verdades espirituales en la historia lo que de repente cobraba sentido para mí. Así, entendí, es como nuestros líderes en el pasado (Gabriel Prosser, Nat Turner, Elijah Muhummad, Malcolm X, Martin L. King, Haile Selassie, etc.) pudieron tomar la Biblia y usarla como una herramienta de liberación contra la opresión.

Esta clarificación me llevó a hacer otro descubrimiento importante, que es que fueron los espíritus de Martin L. King Jr. y Malcolm X los que me ayudaron cuando era más joven. Rápidamente arribé a la comprensión de que yo no sabía qué cuernos estaba pensando en el pasado. No estaba seguro de qué pensaba de los espíritus. No estoy seguro de si estaba influenciado por todas las películas de ciencia ficción y terror que había visto o qué. Como fuera, no veía a los espíritus como a energías realmente existentes. Nuevamente, aunque en teoría oía y sabía que la energía no puede ser creada o destruida, en la práctica los puntos no se conectaban. Cuando los puntos empezaron a conectarse, la comprensión de que los espíritus son energías que nos asisten inspirándonos cobró perfecto sentido.

Aun así, parte de mí aún se preguntaba si los espíritus habían sido alguna vez personas reales o no. El legendario Enoc bíblico fue una vez, según la leyenda, un humano, antes de convertirse en una divinidad, según Génesis 5:22-24. Lo que era interesante de este capítulo, descubrí, era que de aquellos que vinieron antes de Enoc se decía que habían muerto, pero no Enoc, que en vez de eso fue tomado por Dios. No se menciona nada más sobre Enoc hasta el Nuevo Testamento: Hebreos 11:5 indica que fue por la fe de Enoc que Dios lo tomó y lo llevó al cielo. Recordé haber leído que de repente se decía que Enoc había ascendido al cielo unas pocas veces, hasta que finalmente fue transformado en el ardiente ángel Metatrón. Del Ausar (Osiris) de la tradición kamítica se cree que era el Rey Menes (o Narmer), el primer regente de Kamit, según la historia, que unió el reino y que fue luego deificado. Pero el Espíritu me reveló que todo esto era irrelevante porque nada de eso me ayudaba a aumentar mi fe en Dios.

Yo estaba tomando la perspectiva equivocada o haciendo las cosas de la manera equivocada, empezaba a comprender. La manera correcta para mí era aceptar y tener fe en Dios; a través de Dios encontraría todas las respuestas que necesitaba. Cuando cambié la perspective y empecé a creer en Dios, súbitamente supe, mientras yacía en la camilla, que de verdad no iba a morir. No podría explicar cómo lo supe; sólo supe que no iba a morir, lo que me dio una sensación de paz interior.

Al relajarme en esta inexplicable paz, recordé otra vez una conversación que tuve con Papá Raúl, sobre que hay varios tipos de espíritus que nos rodean. Recordé que Papá Raúl había dicho que él tenía ancestros, los orishás, y después estaba el diablo. Comprender que éstos eran espíritus o energías que nos inspiran me llevó a descubrir que los espíritus que me rodeaban a mí eran mi aakhu (espíritus ancestrales de los cuales algunos se conocen y otros no), netcharu (ángeles guardianes/espíritus) y aapepu (espíritus maliciosos y desviados). Comprendí que estos espíritus no sólo aparecían ante nosotros antes de que muriéramos, sino que siempre están alrededor de nosotros ayudándonos, porque ése es su trabajo. No había libro que fuera a describir con precisión lo que eran estos espíritus. La única forma en que podía aprender de ellos era "probar el espíritu". Ésta es la única manera de saber si el espíritu es de Dios y si el espíritu es de Dios, no glorificará al hombre, sino a Dios.

Después se me dijo que la razón de que hubiera sido

inspirado a leer y estudiar la tradición kamítica es que había sido testigo del deterioro de nuestras familias debido a males sociales. Yo había visto la destrucción debida a males sociales y quería hacer algo sobre ello, así que fui traído aquí para ayudar a restaurar los viejos modos que se habían perdido. Los viejos modos no son un sistema o religión sino nuestros modos culturales, porque nuestros ancestros nunca hicieron una distinción entre la vida espiritual y la secular. A esto se refería Iya cuando hablaba de chamán y a esto llamaban en la iglesia un predicador. Esta tradición cultural, se me mostró, se originó en Kamit, y por eso es que se me instruyó para que leyera, estudiara y aprendiera sobre Kamit.

Aakhut: El Ojo Derecho de RA
(Ojo Solar) [28]

Al recibir esta información, pude ver a las piezas del rompecabezas empezar a juntarse. Comprendí que al tener fe en Dios todo ocurre según lo planeado, tanto que cuando las cosas se realizan puedes sentir que son como debían ser. No había necesidad de forzar las cosas a ocurrir, porque todo saldrá bien. Cuando forzamos las cosas a que ocurran, es como decir que Dios no sabe lo que hace, ¡que es el error que cometieron Adán y Eva! Dios sabía que iban a desobedecer el mandamiento, así que es una floja excusa decir que así es como nació el pecado. El verdadero pecado, empezaba a comprender yo, es cualquier violación contra el Espíritu de

---

[28] El Aakhut o Utchat derecho (Ojo de Ra) representa la información controlada por el hemisferio izquierdo del cerebro, como la información factual, letras, números, palabras, agresividad, masculinidad, el sol, lo viviente, etc.

Dios. Es cuando dudamos de que Dios, que es omnipresente, omnisciente y omnipotente, pueda o vaya a abrir un camino. Es no creer y tener fe en Dios, porque cuando no tienes fe en Dios es cuando tomas las cosas en tus propias manos y la friegas.

Así es como el diablo engañó a Adán y Eva. Así es como yo fui engañado. Por esto es que me hundí tan bajo y me encontré durmiendo en los pisos de casas de otras personas. En teoría, estaba empezando a cobrar sentido que no se supone que la espiritualidad sea difícil y ardua, y si lo es hay algo que no está bien. Había algo que yo no estaba haciendo bien y algo que no había aprendido correctamente. ¿De quién era la culpa? En ese momento, no me importaba realmente. Sólo quería arreglarlo. Necesitaba dejar de depender de la gente y empezar a depender del Espíritu de Dios. "Yo entiendo."

Entonces el Espíritu dijo que la verdadera razón de que yo hubiera dejado la iglesia era que no quería ser lo que estaba llamado a ser, un predicador. Se me reveló que yo odiaba todo lo que tenía que ver con predicar, y por eso es que fui llevado a conocer a Iya, para que me ayudara a comprender que los predicadores son chamanes.

Lección aprendida. Entonces, una escena de *La Matriz* me vino a la mente: cuando Tank, el operador del Nabucodonosor, le pregunta a Neo: "¿Dormiste?", y Neo dice que no. Entonces Tank procede a cargar varios programas en su computadora y le dice a Neo que ahora dormirá. Todo era una señal del Espíritu de que la verdadera búsqueda estaba por empezar, porque, por supuesto, todo suena bien en teoría, pero es aplicarlo lo que lo vuelve real.

Parte 4:
Vuelto a Nacer

Los hombres sólo caen para poder levantarse.

–Proverbio Africano

Cruzando hacia el Otro Lado

Cuando salí del hospital una semana después, incapaz de trabajar porque no podía permanecer parado por largos períodos y después de que drenaran cerca de media pinta de fluido de uno de mis pulmones, aún tenía una cantidad considerable de fluido rodeando mi corazón y pulmones, lo que seguía haciéndome resollar un poco. Pensando en mi experiencia en el hospital, comprendí que había aprendido todo lo que necesitaba saber desde una perspectiva racional, lo que correspondía a mi Aakhut. Era tiempo para mí de aprender desde otra perspectiva, desde adentro. Así que hice lo mejor que pude para mantener en casa el mismo estado de mente pacífico y meditativo que tenía en el hospital, mirando programas de televisión similares y hasta escuchando música religiosa. Intenté lo mejor que pude no pensar en nada, aunque estaba un poco preocupado por cómo se pagarían las cuentas si yo no estaba llevando un cheque de pago.

Como resultado de mi salud, me anotaron como discapacitado médico, porque era incapaz de trabajar. Por suerte, me llegaron del trabajo un par de cheques que ayudaron a pagar el alquiler. Ahora bien, gracias a G., yo había aprendido a pagarme primero con cada cheque, así que apartaba el 15% y lo ponía en mis ahorros. El dinero que quedaba lo usaba para pagar cuentas. Esto nos permitía a mi esposa y a mí tener un colchón para las épocas de vacas flacas. Fue en ese tiempo que mi esposa realmente demostró que se preocupaba por mí y no mucho después de mi alta del hospital tomó un trabajo de medio tiempo, además del trabajo de tiempo completo que ya tenía, para ayudar a cubrir los gastos.

Incapaz de trabajar, intenté ayudar lo mejor que podía, asegurándome de que, ya que ella traía a casa "el tocino de pavo" (sonrisa), nunca volviera a una casa sucia, y de que siempre hubiera una comida caliente esperándola.

La falta de ingresos me hizo pensar en una cantidad de formas de hacer entrar dinero a la casa. Entré en modo pánico, pero recordé que necesitaba dejar de preocuparme. Era preocuparme lo que me había llevado a estresarme por cosas que no estaban en mis manos. Nuevamente, la teoría y la aplicación eran dos cosas distintas, así que intenté obtener los beneficios por desempleo, discapacidad y seguridad social, cosas que mayormente no dieron frutos. Simplemente tenía que dejar que las cosas salieran lo mejor posible, pero esto no me impidió ser creativo e inventivo y buscar nuevas maneras de hacer dinero. Fue durante este tiempo que descubrí que realmente disfrutaba cocinar, así que cociné cada tipo de receta de frijol, pollo, pavo y pescado que pude encontrar. También cociné cada tipo de receta de sopa que pude encontrar y hasta inventé algunas.

Rehusándome a permanecer inactivo, empecé a dibujar, pintar y escribir mientras escuchaba música inspiracional y religiosa. Haciendo lo que podía para no pensar, recordé que los espíritus que me rodeaban cuando estaba en el hospital se llamaban netcharu, aakhu y aapepu, según me dijeron.

Ahora bien, yo ya me había topado con estos términos cuando leía, así que no era la primera vez que los oía cuando estaba en el hospital. Lo que hizo que oír estos términos fuera diferente y único esta vez era que yo estaba experimentándolos de verdad. La experiencia en el hospital me hizo dejar de pensar y empezar a ver la vida desde una perspectiva diferente. Cuando hice esto, se volvió evidente que estos espíritus habían estado en mi vida todo el tiempo, pero yo nunca los había llamado espíritus. Era a causa de estos espíritus que ciertas cosas tenían lugar en mi vida y así. Tuve que admitir que era confuso y que la mejor manera de describirlos era como los había definido Jung, como arquetipos, pero estaba claro que eran mucho más que simplemente productos de mi imaginación. Eran reales, y cuando acepté que eran seres reales, advertí que ciertos acontecimientos que tenían lugar en la naturaleza se correspondían con ellos.

Cuando empecé a recordar mi experiencia en Philly y en Jacksonville, se me hizo claro que cuando vivía en Florida y empecé a conseguir empleos era un espíritu laborioso y guerrero quien entró en escena y lo hizo posible. Cuando decidí no tomar el camino equivocado, fue un espíritu mensajero el que vino a mí y me animó a ir hacia el otro lado. No sólo eso: advertí que yo no me había propuesto conscientemente conocer a la señora B., Papá Raúl, Iya o Z., sino que fui llevado a conocerlos por alguna fuerza invisible. Lo mismo pasó con mi esposa: no me propuse conocerla conscientemente; lancé el pedido y fui llevado a ella.

Estaba advirtiendo que había un patrón que se repetía pero no alcanzaba a aprehenderlo. Lo que, sin embargo, descubrí a través de la observación es que, cuando pensaba en cosas o intentaba desentrañar las cosas desde una perspectiva racional, las cosas iban mal. Cuando no me preocupaba por las cosas, las cosas siempre parecían resolverse de alguna manera, porque alguna fuerza entraba en escena y prestaba auxilio en el momento justo. Experimenté con este fenómeno por un breve tiempo y noté que cada vez que yo buscaba algo perdido, por ejemplo, resultaba frustrado, aunque acabara de ver la cosa que estaba buscando. Tras varias veces de pasar por esto, recordé que Anpu, según la leyenda kamítica, había ayudado a Auset a encontrar las partes del cuerpo de Ausar.

Así, sin pensarlo, cuando estaba buscando algo llamaba a Anpu y poco después hallaba la cosa que estaba perdida. Después de hacer esto varias veces, noté que llevaba más y más tiempo encontrar artículos perdidos, hasta que empecé a recordar algunas de las lecciones que me enseñó Papá Raúl acerca de cómo trabajaba él con su Ellegua.

Siguiendo mi intuición, le ofrecí a Anpu un poco del ron que me había sobrado de hacer mojitos, porque esto es lo que recordé que Papá Raúl le había ofrecido a su Ellegua. Después, cada vez que buscaba algo lo encontraba instantáneamente. Este pequeño experimento terminó de convencerme; no podía negarlo más. No mucho después de eso, supe que Carl Jung había trabajado con un espíritu guía al que él llamaba Filemón. Parecía que, aunque Jung llamaba a estas entidades arquetipos, él comprendía que era mejor aproximarse a ellas o trabajar con ellas como con espíritus que existían fuera de nuestro ser.

Cuando dejé de intentar encontrarle explicación a todo esto y simplemente dejé que el Espíritu me revelara cosas entregándole mi voluntad, empecé a ver que interactuar con mi Espíritu (y los espíritus) simplemente requería que uno usara lo que Jung llamaba imaginación activa. Cuando empecé a interactuar con mi Espíritu, al principio se sentía extraño, pero al mismo tiempo, como una práctica familiar perdida que no practicaba hacía tiempo. Así fue como fui inspirado a estudiar el modo kamítico por el Espíritu que me hablaba cuando era adolescente.

Cuanto más practicaba esta técnica meditativa, más empezaba a comprender que mi problema para involucrarme con el Espíritu se debía en parte a la terminología. La razón de que tuviera problemas con la terminología, sin embargo, era mi afición a entender todo racionalmente **y el rechazo a confiar en mi propia intuición.** No fue sino hasta que me entregué y sometí mi voluntad dejando de pensar conscientemente (racionalizar) en los acontecimientos que descubrí que las cosas se resolvían si las hacía sin esfuerzo. Esto era bastante difícil de explicar y poner en palabras, pero lo que significaba para mí era que si yo simplemente "sacaba afuera" lo que quería y no pensaba en cómo iba a hacerse, se me mostraría como hacerlo físicamente manifiesto.

Todo estaba empezando a tener sentido. Que cuando yo dejaba de pensar tanto e intentar desentrañar cómo hacer que las cosas funcionaran, el Espíritu me mostraba cómo hacer que las cosas funcionaran dándome numerosas señales. Fue esta comprensión lo que me llevó a ver que el Espíritu se comunicaba conmigo a través de varios símbolos, leyendas y mitos. Lo que yo tenía que hacer era familiarizarme y reencontrarme con mis propios símbolos personales, porque nuestros símbolos personales son poderosos. Nuestros símbolos personales tienen gran significado para nosotros y pesan más que cualquier otra cosa en términos de poder. Esto significa que si un búho simboliza la "muerte" para un individuo, eso significa para él, pero para otro individuo simboliza completamente diferente, como la "sabiduría", y ninguno está equivocado. Es sólo que muchos símbolos tienen diferentes significados según nuestra experiencia individual, pero la importancia de conocerlos es que nos ayudan a conectarnos mejor con Dios.

Una vez que empecé a confiar en mi propia intuición y a seguir mis corazonadas, aprendí que cuando varios símbolos parecen asomar en nuestra conciencia, especialmente cuando estamos soñando, son mensajes enviados a nuestra conciencia por el Espíritu. Fue a través de este descubrimiento que conocí a los diversos espíritus que existían por debajo de Dios y que me rodeaban.

Los Aakhu: Espíritus Ancestrales

El primer grupo de espíritus que conocí fueron mis aakhu. Los aakhu, se me mostró, son nuestros espíritus ancestrales, procedentes de los tiempos en que los primeros seres humanos hollaron la tierra. Forman una cadena humana que retrocede en el tiempo y nosotros, sus últimos descendientes en esta larga cadena, somos el eslabón viviente más reciente. Cuando tenemos hijos, nuestros hijos se convierten en los últimos eslabones en esta cadena humana. Ser el último descendiente además significaba que yo era el repositorio de las experiencias de mis ancestros.

También se considera aakhu a las personas que nuestros ancestros conocieron durante sus vidas. Estos espíritus, aunque no son parientes de sangre, se consideran parte de nuestra familia espiritual porque fueron como los vecinos de la calle de los que nuestros ancestros se hicieron amigos, al punto de que nos cuidaban, aunque nosotros no supiéramos quiénes eran ellos. Es porque éramos los chicos de nuestros padres, abuelos, bisabuelos, etc. que estos espíritus mantenían los ojos y oídos abiertos por nosotros. Se me mostró que la razón de que nuestros padres y abuelos supieran algunas de las cosas que hacíamos y con quiénes nos juntábamos es que tenían ojos y oídos alrededor de la iglesia, el vecindario, etc. Algunas de estas personas acaso las conocimos como Tío Tal o Tía Tal cuando vivían, pero a otras quizá nunca las conocimos, pero vinieron a nosotros y nos preguntaron: "Tú eres el chico (o la chica) de Tal, ¿no?". Como sea, estas personas que nos cuidaban lo hicieron porque conocían a nuestros abuelos y padres, pero también comprendían la importancia de la unidad y por ende de la comunidad. Sabían que si las personas se cuidaban a los hijos entre sí y trabajaban juntos tendrían una comunidad protegida, próspera y segura. Desde más allá de la tumba, estos individuos, cuando pasaron al reino espiritual, siguieron cumpliendo con estos mismos deberes para nuestros ancestros biológicos.

Los aakhu, según aprendí, pueden aparecer como figuras históricas, ancianos, maestros o personas ordinarias, o junto a ellas. Hasta pueden cruzar los límites culturales para incluir también a nativos norteamericanos, europeos y personas de ascendencia asiática, porque no hay cókmo saber a quién conocieron nuestros ancestros en sus vidas. La única cosa que es segura es que es por nuestros ancestros y las personas que conocieron que somos quienes somos hoy. *De tal palo, tal astilla.*

Es desde esta perspectiva, se me reveló, que los aakhu funcionan en nuestra vida como guías y ayudantes espirituales. Como todos los buenos padres, saben que no pueden vivir nuestras vidas por nosotros, pero pueden darnos toda clase de consejos sabios y de sabiduría para que no cometamos errores similares a los que ellos cometieron durante su vida. Los aakhu nos ayudan a aprender de nuestro pasado para que podamos tomar mejores decisiones sobre el futuro.

Al principio me fue difícil comprender cómo los aakhu se nos aparecen porque, nuevamente, no me enseñaron sobre nuestras tradiciones culturales. Tuve que aprender en base a prueba y error. Esto es lo que me hizo pensar tanto a veces en las cosas, pero el Espíritu me reveló que nuestros aakhu se nos aparecen a través de imágenes en el ojo de nuestra mente. No se aparecen como fantasmas y cosas así sino como *flashbacks,* recuerdos, pensamientos e ideas. Por ejemplo, tú podrías tener un *flashback* repentino y ver su foto o recordarlos haciendo algo cuando estaban vivos. Pueden aparecérsenos cuando estamos despiertos o aparecer en nuestros sueños. Como muchos de nuestros aakhu se han ido mucho tiempo antes de que los conociéramos, pueden aparecer como un rostro familiar al que estamos particularmente aficionados sin recordar a quién pertenece. Tú conoces esa sensación de haberse encontrado con alguien alguna vez pero sin poder ubicar dónde. Son los aakhu proveyéndonos pruebas de que aún están vivos espiritualmente y de que continúan existiendo como espíritus en los ámbitos celestiales.

Los Ancestros Hablan

Fue a través de mis aakhu que supe de los otros espíritus que existen por debajo de Dios y que me rodean. Aunque no tengo prueba física que lo respalde, ni sé de ningún autor que haya escrito sobre esto o lo valide, esto es simplemente lo que mis aakhu me revelaron para ayudarme a encontrarle el sentido a algo que no puede ser experimentado físicamente. Que hace millones de años la gente conocía a sus ancestros antes de que éstos pasaran a mejor vida porque la gente tenía conocimiento de cómo sus ancestros hacían las cosas antes de que murieran. No era que la gente no creyera en Dios; más bien al contrario, la gente creía en Dios pero Dios era demasiado abstracto y complejo para que el hombre y la mujer antiguos pudieran siquiera concebirlo, al igual que lo es en estos tiempos contemporáneos. Los ancestros, por otra parte, no eran difíciles de entender porque habían sido una vez personas que trabajaron, cazaron, pescaron, recolectaron comida, etc. junto a otros. Fue a través de esas personas que todos los altos ideales, la ética, la moral y los estándares que uno exhibía se equiparaban a Dios. Fue a través de estos altos ideales que el hombre y la mujer antiguos llegaron a entender a Dios. Como resultado, se entendía que un hombre con grandes aptitudes para la caza tenía estas aptitudes porque eran atributos y bendiciones de Dios. Se decía que una mujer con grandes aptitudes para la crianza poseía estas aptitudes porque Dios o la Diosa (el aspecto femenino de Dios, porque Dios es andrógino[29]) se las había dado.

Observando la naturaleza, el hombre y la mujer antiguos en un momento empezaron a equiparar a los fenómenos naturales con estos primeros espíritus ancestrales. No mucho después de eso, por ejemplo, los recuerdos de un espíritu ancestral laborioso que usaba varias

---

[29] Dialogar sobre el género de Dios es verdaderamente tonto porque Dios, siendo incomprensible y estando más allá de la capacidad del hombre y la mujer para describirlo, es mayormente asexual y podría ser definido más propiamente como un "Ello" o "Ninguna Cosa".

partes de animales como herramientas y armas eventualmente inspiraría a los vivos a forjar el metal para usarlo para un propósito similar. La ancestra criadora recordada por administrar hierbas medicinales durante el embarazo inspiraría eventualmente la obstetricia y otras prácticas de crianza. Con el tiempo, se deificó a ancestros específicos de los que se dijo que estaban más cercanos a Dios que otros, mientras que de otros se dijo que estaban más lejos, lo que llevó a la cración de una jerarquía espiritual. Estas entidades luego fueron conocidas como espíritus, ángeles, querubines, cupidos, dioses, diosas, demonios, diablos, etc. pero en la tradición kamítica se los conocía como netcharu y aapepu.

Los netcharu y aapepu, según mis aakhu, eran espíritus que una vez hollaron la tierra pero habían muerto hacía años. Me fue mostrado que estos hombres y mujeres antiguos fueron una vez líderes de clanes tribales reales que habían adquirido en vida la reputación de poseer extraordinarias habilidades y talentos que habían adquirido de Dios. Inicialmente, estas personas (o cabezas de clan) que fui instruido a llamar eran: Osar, Oset, HruUr (Hruaakhuti), Nebhet y Set (llamados los Hijos de Nut y Geg o los Hijos del Cielo y la Tierra). Las otras cinco personas (o clanes) eran Djahuti, Sokãr, Maat, Npu (Anpu) y luego Hru (el Hijo de Osar y Oset). Juntos, estos diez individuos, antes de morir, fueron llamados hermanos y hermanas, porque estaban dedicados y entregados a una causa común, que era la unifiración de Kamit contra los invasores extranjeros. Pero cuando Set, alimentado por los celos, la ira y el deseo de poder, asesinó a Osar y usurpó el trono, cuando el trono fue finalmente recuperado, los restantes nueve[30] individuos se

---

[30] Se me mostró que ésta es la razón de que el número nueve sea un número sagrado en la tradición kamítica (y en otras tradiciones de la afro-diáspora) y el número diez sea un número de mala suerte.

---

convirtieron en nueve espíritus ancestrales y luego en espíritus ancestrales deificados conocidos como los netcharu. Set, por otro lado, por su conducta, fue expulsado y obligado a vagar con los invasores a los que se había aliado. Luego fue inmortalizado como un espíritu malvado, salvaje y desterrado que más tarde fue conocido como un aapepu.

Como espíritus eternos, los netcharu y aapepu se instalaron en la naturaleza y se los puede encontrar en los cruces de caminos, hospitales, bancos, árboles, cementerios, parques, ríos, montañas, colinas, el cielo nocturno, los callejones, caminando por las vías del tren, etc., inspirando a la gente de diversas maneras. Similares a otros espíritus de la afro-diáspora, los netcharu actúan como ángeles guardianes [31] con poderes extraordinarios, similares a los santos católicos, que tienen un color particular, un número, comida, bebida y afecto por ciertos animales. Los netcharu tienen además la capacidad de aparecer en los sueños, influir en la cooperación de completos extraños y asistirlo a uno para que logre sus metas. Al mismo tiempo sus opuestos polares, los aapepu, también tienen capacidades similares para hacer lo mismo, pero sus intenciones y propósitos son usualmente destructivos. Esto, se me mostró, es la razón de que el número nueve fuera un número sagrado en la antigua tradición kamítica y continúe siendo un número sagrado en las tradiciones de la afro-diáspora hoy.

---

[31] Según entiendo, cuando un ancestro no tiene descendientes vivos que lo honren, obtiene energía del ambiente natural para continuar existiendo. El tipo de vida que ha vivido el individuo determina si el espíritu dará su energía voluntariamente trabajando con un espíritu superior o si tendrá que recolectarla como lo hacen los espíritus negativos, en bares, callejones y otros lugares desafortunados.

Curación Ancestral

Tras recibir una mejor comprensión de los espíritus que existían a mi alrededor, reorganicé mi santuario ancestral para honrar con propiedad a mis ancestros y su asistencia en mi desarrollo espiritual.

Antes de continuar, debe comprenderse que hay muchas maneras de honrar a aquellos que han venido antes que nosotros. Es una práctica común en Norteamérica tomarse simplemente un momento de silencio. Una vez asistí a un programa de desarrollo profesional y en honor de los veteranos de guerra se colocó una placa vacía en una mesa con mantel blanco, con un vaso invertido simbolizando la incapacidad de los muertos para unirse a la comida y bebida. Pero las prácticas de la afro-diáspora celebran la vida de aquellos que vinieron antes que nosotros y aunque los muertos no están físicamente con nosotros, se cree que continúan existiendo como seres espirituales.

Ahora bien, debo admitir que, antes, mi altar ancestral había tomado la apariencia de altares espiritistas caribeños similares que había visto en las diversas casas afrolatinas que había visto en Pennsylvania y Florida. Estos altares eran espléndidos, desconcertantes, pero yo no tenía una conexión real con ellos porque no comprendía el propósito de muchos de los objetos usados en ellos. Simplemente construí un altar similar porque eso era lo que había visto que otros habían hecho. Cuando le preguntaba a alguien por qué se usaban una cierta cantidad de objetos, usualmente obtenía opiniones y visiones mezcladas sobre la razón detrás de ciertas prácticas, porque yo no entendía que el propio altar ancestral o *bóveda* (como se la llama en el espiritismo caribeño) puede construirse según el gusto particular de uno. Hay sólo dos reglas para tener una bóveda, que son nunca dejarla decaer y ensuciarse y nunca poner en ella la fotografía de una persona viva.

Así que, guiado por el Espíritu, después de limpiar mi espacio y tomando prestado de la tradición espiritista caribeña, reorganicé rápidamente mi altar ancestral para reflejar lo que ahora sabía y comprendía acerca de Dios y los espíritus que quería que me rodearan. Siguiendo mi intuición y la inspiración que se me había dado, imaginé cómo sería mi corte espiritual o Salón de Maa, porque es el Juicio Final lo que importa. En otras palabras, todas mis acciones, palabras y actos serán leídos en este lugar ante Dios. Cuando me pare frente a Dios, Dios no va a preguntar qué hicieron estas personas y qué hicieron estas otras personas en esta situación. Dios me va a encontrar responsable de mis acciones, palabras y actos, y va a preguntar qué hice yo en esta situación. "¿Hiciste lo que sabías que era correcto?" es lo que Dios va a preguntar, sin peros ni excusas. Es en este gran salón que voy a ser renovado o nacido de nuevo.

Como la vida es un reflejo de la muerte, al igual que mis seres queridos vendrían a apoyarme en vida en la corte, siempre que no les hubiera dado razón para abandonarme por mi conducta, en la muerte mis seres queridos fallecidos vendrían a apoyarme y a oír sobre los actos que yo había concretado en el otro lado, también. Permanecerían bajo la protección del gran cordero de la renovación.

Basado en esta inspiración Divina, puse sobre la mesa un mantel blanco para simbolizar el conocimiento, la sabiduría y la pureza. Sobre la mesa puse ocho copas del mismo tamaño y un vaso más grande, totalizando nueve, para representar a los primeros netcharu, nueve principios divinos, los nueve clanes que unificaron el reino y los nueve espíritus ancestrales primarios que asisten y guían a mi ser. La copa más grande la dediqué a mis espíritus de Osar. El número diez instantáneamente significaba Set (cabalísticamente 10 es el número de la tierra) y a los aapepu, así que se convirtió en un número tabú, simbolizando la división y la separación del todo, el número "1" de la cifra "0" (el todo).

El lado izquierdo del altar, como todo debe tener una causa, una acción, un Shu (el principio del Yang kamítico), está dedicado a los ancestros masculinos, así que una pequeña estatua de un anciano negro se sienta vigilando fotos de mis abuelos y otros hombres fallecidos de influencia que han sido importantes en mi vida.

El lado derecho del altar se lo dediqué a los ancestros femeninos que caminaron conmigo; como todo tiene un efecto, una reacción, un Tefnut (el principio del Yin kamítico), una pequeña estatua de una anciana negra se sienta vigilando fotos de mis abuelas y otras mujeres fallecidas de influencia en mi vida.

Las dos estatuas de ancianos simbolizaban a los más antiguos de mis ancestros que establecieron la tradición cultural. Son los patriarcas ancestrales y las matriarcas que nos atan a mí, a mis padres, a mis hermanos, a mis abuelos, etc. a nuestro linaje ancestral. Son los que me atan al tema kamítico y a toda la idea de unidad cultural, porque simbolizan los Ojos (Derecho & Izquierdo) de RA.

Como la bóveda es un altar multipropósito que depende de cómo te sientes, tú pones velas, dulces, flores, ron, whisky o lo que sientas que los aakhu quieren o necesitan para que los ayudes y para ayudarte. Si algo no parece correcto, simplemente lo quitas del altar o agregar algo para hacer que se sienta correcto. Para vigilar al altar y a todos sus habitantes, designé a un gallo pintado de blanco y lo puse en el altar para que comiera los gusanos y luchara contra los aapepu.

Cada sábado, lavo los vasos, los vuelvo a llenar con agua fresca y los pongo otra vez en la bóveda mientras escucho a veces el himno *Hold to God's Unchanging Hand*, *Precious Memories* de la Hermana Rosetta Tharpe, *Wholy Holy* de Aretha Franklin, *If You Pray Right (Heaven Belongs to You)* de Nina Simone, *Angel* de Anita Baker, *Oju-Oba* de Giberto Gil, *Mata Siguaraya* de Beny Moré, *Santa Barbara* de Celina González, *Briyumba Palo Congo* de Chucho Valdés, *Ja Funmi* de King Sunny Ade, *Rastaman Chant* de Bob Marley o cualquier música inspiradora que pueda encontrar en el momento. A veces o en ocasiones especiales (como Acción de Gracias, etc.) pongo estas canciones porque los ancestros quieren vibrar con ellas.

Como sea, guiado por el Espíritu y siguiendo mi intuición[32], dispongo los vasos de acuerdo a cómo me siento. A veces mis vasos se disponen en líneas paralelas, líneas horizontales, y otras veces en una formación de diamante. También tengo un bastón ancestral que está decorado con los colores de los netcharu, campanas diminutas y otros elementos.

---

[32] Teniendo en cuenta que siempre es mejor tener una comprensión de la idea inspiradora antes de actuar en base a ella.

Después de rezar y agradecerle a Dios por mis aakhu y netcharu, llamo a mis ancestros mientras golpeo mi bastón ancestral decorado[33]. Durante este tiempo, le pido a Dios que los bendiga y fortalezca con conocimiento y sabiduría, para que a su vez puedan asistirme. Les ofrezco a mis aakhu café negro fuerte, un *shot* de ron, un cigarro, perfume e incienso. Cuando realmente me llegan, les ofrezco fruta, pan dulce u otra comida que les apetezca (sin sal) y que hayan disfrutado antes de morir.

Ahora bien, cuando mi cuerpo se enfermó, mi esposa siempre estuvo a mi lado, pero mi familia, especialmente mi padre, también estuvo. La relación entre mi padre y yo siempre fue áspera y tensa por lo ocupado que él estaba cuando yo era joven. Mi padre y yo nunca hablamos mucho durante mi infancia y cuando crecí tampoco hablábamos mucho. Yo amaba a mi padre y sabía que él me amaba porque hacía numerosos sacrificios por mi hermano y por mí, pero hasta ahí llegaba. Fue después de hacer este pequeño rito y reconstruir mi altar de aakhu que las cosas empezaron a cambiar entre nosotros.

Uno de los aakhu que yo honraba en mi bóveda era el padre de mi padre, porque lo recordaba como un hombre alto y rojizo de quien se creía que era mitad afroamericano y mitad indio creek. Era un hombre fuerte a quien recordaba como muy reservado en la palabra. No sabía mucho de él, hasta que un día mi padre se abrió y empezó a hablarme de

---

[33] El bastón ancestral puede adoptar mucahs formas y, dependiendo del dueño, puede tener numerosos propósitos. Mi bastón ancestral es usado para representar los misterios de KAMTA. Es usado para decirles a los residentes de KAMTA que he venido a hablar con ellos y sirve como un disparador mental: cuando levanto mi bastón, mi mente advierte que es momento de enfocarse y entrar en un estado mental receptivo. El bastón también sirve como un instrumento para ahuyentar a los espíritus negativos con sus campanas.

su niñez. Según mi padre, mi abuelo tenía un buen trabajo en una fábrica de Chicago, pero lo perdió porque se trenzó en una pelea con un hombre blanco que lo acusó de tomar café como un "fifí", una cierta característica (o rasgo burgués) que noté que mis hermanos y yo demostrábamos a veces al beber, levantando el dedo meñique en el aire. Como resultado, mi abuelo tenía que esforzarse para llegar a fin de mes. Mi padre y su hermana crecieron en la pobreza y nunca llegaron a ninguna parte. Así que mi padre, decidido a que le fuera mejor, se aseguró de tener un buen empleo para que nosotros pudiéramos experimentar el mundo.

Además de eso, mi abuelo, según supe, era muy duro con mi padre. Nunca apoyó a mi padre en muchas de las cosas que hacía porque estaba demasiado ocupado trabajando. Nunca le dijo a mi padre que lo amaba o le mostró que le importaba porque, por entonces, los hombres simplemente no hacían eso. Supe que, cuando mi padre era un adolescente, mi abuelo lo echó de la casa porque sentía que estaba desafiando su autoridad. Comprendí que lo mismo nos había ocurrido a mi hermano y a mí, lo que indicaba que las maldiciones (males) son generacionales.

Había muchas cosas que mi padre decidió repentinamente contarme, lo que me ayudó a entender por qué hacía las cosas que hacía. Mi padre me contó sobre algunos de los problemas de infidelidad y compromiso con los que aparentemente lidiaba mi abuelo, que afectaron profundamente a mi padre. Fue a través de estas historias que adquirí una mejor comprensión de por qué mi padre era tan devoto hacia la iglesia. Supe que por la infancia de mi padre también él había considerado cometer suicidio. Gracias a su ahora difunta tía (cuya foto descansa en la oficina de mi padre mirando al oeste[34]) y su tío fallecido, su vida fue salvada a través de la iglesia.

En ese momento yo no sabía qué le había agarrado a mi padre para que me diera estos fragmentos de información, pero, nuevamente, estaba empezando a ver muchas tendencias influir en mi vida y en la de mi hermano también. Fue interesante saber que, como mi padre, yo había considerado una vez suicidarme por razones similares. Como mi abuelo, yo lidiaba con el compromiso, al igual que mi hermano y varios de mis primos por el lado paterno.

Cuando mi padre me contó más de su infancia, en algún momento llegó a comprender que su padre hacía lo que podía, lo que le trajo sanación. A medida que yo veía cambiar, crecer y transformarse la actitud de mi padre, podía sentir a mi abuelo del otro lado, creciendo y sintiéndose mejor sobre su situación. Simplemente empecé a tener *flashes* de él sonriéndome y sintiéndose más en paz.

No mucho después, la relación entre mi padre y yo mejoró mucho. Me encontré hablando con él sobre lo que yo había experimentado y aprendido. Aunque mi padre no concordaba con muchas de mis creencias, era una verdadera bendición poder hablar con él de mis experiencias.

En algún momento, al pasar el tiempo, empecé a aprender muchas otras cosas sobre mi abuelo que me ayudaron en mi vida. Para empezar, se me hizo obvio que parte de la razón de que yo tuviera problemas para cumplir ciertas tareas era que no tenía ningún refuerzo positivo. Si

---

[34] Esto me resultaba interesante porque he notado que una cantidad de miembros de mi familia no familiarizados con las tradiciones de la afro-diáspora ponían subconscientemente fotos de sus seres queridos fallecidos en dirección oeste, igual que lo hacían los antiguos kamíticos hace miles de años.

hubiera tenido a alguien a mi lado recordándome que siguiera haciendo lo que funcionaba para mí, quizá nunca me habría cuestionado o boicoteado a mí mismo. Por lo tanto, entendí que una de las razones de ser padre es ser un fundamento o apoyo para los propios hijos. Un apoyo amoroso no es una señal de debilidad, sino una señal de fuerza, así que siempre deberíamos apoyarnos entre nosotros y felicitarnos unos a otros por nuestros logros, sin importar lo insignificantes que pudieran parecer.

Algunas de las otras lecciones que mi abuelo me enseñó desde más allá de la tumba para romper este ciclo generacional fueron cuando explicó a mis hermanos, sobrinos, sobrinas y otros parientes el propósito de ciertas prácticas. Como resultado he aprendido a nunca gritarle una orden a otra persona sino tratar siempre de explicar por qué deberían llevarse a cabo ciertas acciones.

Mi abuelo (el padre de mi padre) también me animó a pensar, antes de tomar una decisión, en las consecuencias que tendría para mi familia y aquellos a quienes amo. Me inspiró a animar a mis hermanos a hacer lo mismo para que no hicieran algo que lamentarían a la larga. Otra lección importante que mi abuelo, a través de mi padre, me ayudó a comprender y a decir a otros acerca de las relaciones es que, *si no vale la pena casarse con un individuo, no vale la pena tener sexo con él.* Ahora bien, y sólo para mostrarte cómo trabajan los muertos honrados, poco después de que me dijera esto, varios primos míos por el lado paterno, que no se habían casado con las mujeres con las que estaban, repentinamente parecieron decidir casarse. ¿Coincidencia? No lo creo.

Es a través de la veneración de los ancestros que he aprendido mucho sobre mi pasado ancestral, lo que me ha ayudado a convertirme en un mejor hombre, al comprender que estamos conectados con Dios a través de nuestro linaje ancestral, lo que significa que la recompensa y la deuda kármicas se extienden a través de nuestra línea ancestral también.

Yo no sabía de dónde salía todo esto, pero me quedó claro en ese momento que, en un intento de ilustrar a la gente sobre este concepto, el principio del pecado original fue creado mayormente para informarle a la gente que los pecados del padre (y de la madre) son pasados a los hijos, así que es importante que uno se esfuerce por lograr la rectitud en esta vida.

Suerte, Crecimiento y Sanación por los Muertos

Ahora bien, esta experiencia me enseñó acerca de 1 Juan 4:1, que afirma: "Amados, no creáis a todo espíritu, sino probad a los espíritus para ver si son de Dios...", lo que significa comprobar si lo que el espíritu dice es verdad o no. Es porque la relación entre mi padre y yo fue sanada que sé que mi abuelo es realmente un aakhu y de Dios. Comprendí, después de trabajar con mi aakhu, que nuestros espíritus se comunican con nosotros todo el tiempo y, cuando uno aprende a escuchar, descubre que ésta es la manera en que sus espíritus se comunican normalmente con uno. Por ejemplo, mis espíritus se me aparecen como "flashes" de revelación, pero ésta es una de las maneras en que se me aparecen. Para otros, pueden aparecer sólo en los sueños. Cualquiera sea la manera en que se comunican con nosotros, es importante familiarizarse con sus signos (números, colores, animales, etc.), porque esto le ayudará a comprender lo que Dios está tratando de decirle.

Fue también a través de esta experiencia con el espíritu de mi abuelo y con mi padre que me convenció de que la espiritualidad africana y afroamericana es real y que la gente no muere, sino que su alma simplemente continúa existiendo o viviendo en una forma espiritual. Me ayudó a entender que la verdadera evolución espiritual o el crecimiento espiritual implica moverse hacia adelante, no hacia atrás. Todos los buenos padres quieren que a sus hijos les vaya mejor que a ellos, según aprendí hablando con mi padre y comulgando con el espíritu de mi abuelo, aunque no sepan cómo lograrlo. Para mí, esto significaba que la reencarnación no ocurre en el sentido general de que uno se convierte en un animal y así. La verdadera reencarnación es la evolución del alma: la conciencia que evoluciona de una comprensión más baja a una más alta. Así como en la escuela primaria, después de aprender una lección, uno se mueve al siguiente nivel educativo, nuestra alma hace lo mismo. La única diferencia es que nuestro consciente se mueve de un estado más bajo de conciencia a un nivel más alto de conciencia. El consciente más bajo es el de un animal y el consciente más alto es lo Divino. Cuando vemos a personas actuar y comportarse como bestias es porque estos individuos están únicamente controlados e influidos por sus conductas instintivas. Mientras que un individuo que actúa de manera opuesta está regido por sus cualidades interiores más altas y divinas.

Otra cosa de la que me di cuenta es que cuando la conciencia de uno evoluciona, sus características, personalidad, etc. evolucionan también. Puede decirse que todos tenemos conductas e instintos animales pero a través de la evolución espiritual aprendemos a dominar estas emociones para poder controlarlas y no dejar que nuestras emociones nos controlen a nosotros.

Lo sorprendente de esto es que la mayoría de nosotros no vamos a completar nuestra tarea en una vida. Sólo mirar la situación entre mi abuelo, mi padre y yo me hizo darme cuenta de que nos tomó al menos tres generaciones (que yo sepa) aprender bien esta lección, para que yo pudiera instruir a mis hermanos sobre cómo romper con ese mal en particular que ocurría a través de nuestro linaje ancestral. Aún nos quedan otros problemas sobre los que trabajar. Por ejemplo, mis hermanos y yo hemos tenido problemas de temperamento, como muchos chicos varones, lo que significa que estos problemas de temperamento no son nuestra propia creación sino un problema que también tuvo un ancestro. Así que esto es algo sobre lo que tenemos que trabajar, lo que nos ayudará a evolucionar a nuestro ancestro y a nosotros mismos.

Ahora bien, esto puede sonar desalentador al principio: que no vamos a completar esta evolución espiritual en una vida. Pero es un alivio porque verifica que Dios no requiere de nosotros que seamos perfectos antes de morir físicamente. Sin embargo, se requiere de nosotros que hagamos lo mejor que podamos. De ahí el propósito de querer ser un ancestro honorable, que mi aakhu entendía que era lo mismo que ser como Cristo. La vida, desde esta perspectiva, significa que nosotros, los últimos de nuestro linaje ancestral, nacimos para arreglar ciertos problemas que ocurrieron a lo largo de nuestra línea ancestral. Todos nuestros problemas en la vida son básicamente *pruebas* espirituales diseñadas para enseñarnos acerca de nosotros mismos y ayudarnos a entender que sólo podemos depender de Dios. Éste es nuestro verdadero destino.

Fue esta epifanía lo que también me llevó a ver que los espíritus sólo pueden inspirarnos pero no pueden hacernos hacer nada. Recordé que cuando estaba en el hospital había definitivamente una influencia negativa presente que me animaba a rendirme, tirar la toalla y morir, pero yo elegí no hacerlo. Elegí rodearme lo mejor que pudiera de un tipo diferente de energía. Esta experiencia me hizo tratar de comprender cómo era capaz de escapar de las influencias negativas que me rodeaban. Así que, cuando empecé a pensar en ello, se me hizo claro que había mala suerte a mi alrededor y que yo intentaba rodearme de tanta buena suerte como me fuera posible. La mala suerte, según veía, estaba definitivamente asociada con los aapepu, mientras que la buena suerte estaba asociada con los netcharu y los aakhu.

La suerte, empezaba a comprender, es cuando haces todo bien y todo va según el plan y eso es que tienes buena suerte, o cuando haces todo lo que sabes hacer y las cosas van mal y eso es que tienes mala suerte. Cuando la gente reza por soluciones espirituales a sus problemas es porque han agotado todos sus recursos físicos y están tratando de adquirir buena suerte en sus empresas, o lo que alguien llamaría un milagro. La suerte o el milagro no tienen ninguna explicación racional o científica; como la gracia divina y las bendiciones, son parte de una fuerza.

Cuando pensé en cómo, en el hospital, estaba tratando de rodearme de energías positivas y en cómo estas energías se correspondían a los netcharu y aakhu, empecé a ver que la suerte tiene mucho que ver con cómo nos sentimos. Si estamos en nuestro punto bajo nos sentimos bastante desafortunados, pero si estamos en un punto alto nos sentiremos bastante afortunados, benditos o como si Dios nos hubiera sonreído personalmente. Obviamente lo mejor es que tratemos de mantener este estado mental pacífico, pero hablando con realismo hay muchas cosas que ocurren en nuestra vida que intentarán que esto no ocurra. Nuevamente me di cuenta de que cuando estaba en el hospital necesitaba algo más que pensar en positivo para mantenerme positivo. Tuve que hacer varias cosas para mantenerme enfocado y mantener mi mente en un cierto nivel de paz. Fueron las cosas que tuve que hacer para que no me sobrepasaran las fuerzas negativas que me rodeaban en el hospital lo que me hizo darme cuenta de que lo que estaba tratando de hacer era mantenerme en paz. Cuando perdemos la paz, ahí es cuando las fuerzas negativas son capaces de influir fuertemente en nosotros para que tomemos decisiones tontas y equivocadas, afectando así nuestra suerte. Tiene que ver con las "vibraciones".

Así que, para mantenernos en paz, tenemos que rodearnos de cosas que nos ayuden a mantener la paz, lo que además mejorará nuestra suerte. Fue esta comprensión lo que me hizo darme cuenta de que mi recuperación de esta enfermedad no vendría sólo de tomar medicación. Mi recuperación completa podría venir de cualquier cosa que mejorara mi bienestar o básicamente me ayudara a mantenerme en paz. Esto significaba que cualquier cosa que me hiciera feliz y me mantuviera en este estado mental pacífico ayudaría a mi cuerpo a sanar y también mejoraría mi suerte. Ésta era la razón de que mirar programas de cocina y de viajes, dibujos animados y comedias me ayudara a entrar en un estado mental pacífico. Además de afectar mi mente, también estaba afectando cómo me sentía, lo que tenía una reacción positiva en mi cuerpo. Para mí, esto significaba que, cuando aceptamos y vivimos nuestro destino, las cosas parecen encajar en su lugar, o experimentamos buena suerte. Esto no significa que todo va a ser milagrosamente fácil y simple. Las cosas simplemente funcionarán.

Comprendí que mi recuperación de esta enfermedad no era más que una *prueba* seguramente creada para ayudar a mi linaje ancestral. Nuevamente, se podía ver que estaba en el camino correcto porque, si no hubiera tenido esta experiencia, no habría aprendido lo que tenía que aprender, y la relación entre mi padre y yo no habría sanado. Esto significaba que, para recuperarme completamente de esta enfermedad, yo iba a necesitar una combinación de esfuerzos físicos y espirituales. La medicación sola no iba a curar mi cuerpo. Había cosas que yo comprendía y que no comprendía que me iban a asistir en la curación de mi cuerpo. Mi curación iba a venir de comer comidas deliciosas, disfrutar de una comedia, reír, llorar, gritar, disfrutar de una película, recibir un mensaje, meditar, orar, pintar, dibujar, hablar con un amigo al que no veía hacía tiempo, hablar con mis espíritus, tocar el tambor, bailar, hacer ejercicio, leer un libro, etc. Como ya había leído y estudiado libros, lo que me llevó a sobreanalizar las cosas, entendí que cualquier cosa que hiciera debería hacerla con moderación. Si lo hiciera en exceso, me causaría problemas, así que cualquier cosa que hiciera me ayudaría a recuperarme mientras fuera ético y correcto y se hiciera con moderación. Comprendí que todas estas actividades aumentarían mi suerte, mejorarían mi bienestar y en general me sanarían, porque se dirigían tanto a mis necesidades espirituales como a las físicas. Fue esta comprensión lo que me inspiró a leer la *Historia de RA y Oset.*

La Historia de RA y Oset

Ahora bien, yo había leído y estudiado prácticamente todas las historias kamíticas que había, pero la diferencia entre ahora y el pasado era que yo me estaba dejando guiar por el Espíritu. Estaba simplemente siguiendo al Espíritu y la inspiración que me daba para leer. Cuando hice eso, se me revelaron ciertas cosas que había pasado por alto en el pasado.

Según la leyenda, Oset era una mujer que poseía palabras de poder pero quería saber el nombre secreto de RA, para poder convertirse en una divinidad (diosa) que fuera querida en los cielos y en la tierra. Así que ideó un plan para hacer que el gran RA compartiera su nombre secreto con ella.

Cada día, RA entraba y se sentaba en el trono de los dos horizontes. Oset notó que él había envejecido: la boca le goteaba y su saliva caía sobre la tierra. En un día particular en que esto sucedió, Oset tomó la saliva de RA y la amasó con la tierra que tenía en la mano, y creó una serpiente con forma de lanza. Puso a la serpiente erguida frente a su cara, pero le permitió yacer en el suelo en medio del camino para que, cuando RA pasara por allí durante su viaje a través de su reino, lo hiriera.

Como antes, RA se levantó y emprendió su viaje diario, y cuando se cruzó con la serpiente que yacía en el camino, ésta lo mordió, haciendo que el fuego sagrado de la vida lo abandonara. RA abrió la boca y gritó: "¿Qué ha pasado?", y todo lo que estaba con él exclamó: "¿Qué es?", pero RA no pudo responder porque sus miembros se estremecían y su boca temblaba, porque el veneno de la serpiente se había esparcido rápidamente por su cuerpo.

RA les dijo a todos los que lo habían acompañado en su viaje que le dijeran a KhepeRA que una terrible calamidad había caído sobre él, impidiéndole así continuar su viaje. Exclamó que no veía qué lo había enfermado o qué le había producido el gran dolor y agonía que sentía, ni sabía qué se lo había hecho. Todo lo que sabía era que nunca había sentido dolor como el que sentía en ese momento. RA, sin poder creer que alguien pudiera atreverse a hacerle daño, gritó que él era un príncipe, el hijo de un príncipe, una esencia sagrada que venía de Dios. RA siguió gritando que él era el hijo de un grande, cuyo nombre había sido planeado y, como resultado, tenía una multitud de nombres y una multitud de formas y existía en todas partes.

RA proclamó a continuación que todo anunciaba su venida cuando su padre y su madre pronunciaban su nombre, que era secreto y había sido escondido dentro de él por el que lo había engendrado, y que no divulgaría a nadie por miedo de que tuvieran dominio sobre él. RA refirió su viaje diciendo que había venido a inspeccionar todo lo que había creado y que mientras pasaba por el mundo algo misteriosamente lo había picado. Qué era, se preguntó RA. ¿Era fuego que lo ponía más caliente que el fuego o agua que lo hacía sentir tan frío? Se preguntó que hacía que su corazón se sintiera como si estuviera encendido, su cuerpo temblara y su carne se sacudiera sudorosa.

Furioso, RA llamó a todos sus hijos para que lo ayudaran a destruir la enfermedad, pero ninguno pudo curarlo y RA lloró amargamente. Cuando Oset apareció ante el tembloroso rey, le preguntó a RA qué le había sucedido, y si era una serpiente que se había alzado contra él y lo había mordido. Le dijo a RA que, con los poderes de él y sus propias palabras, ella podría hacer que la enfermedad se fuera.

RA le dijo a Oset que él estaba pasando en su viaje diario y atravesando las dos regiones de sus tierras según el deseo de su corazón, para ver lo que había creado, cuando de repente, de la nada, una serpiente, que no había visto, lo había mordido. RA preguntó: ¿era fuego o era agua?, porque él estaba más frío que el agua y más caliente que el fuego. RA dijo que su carne transpiraba y temblaba y sus ojos no tenían fuerza. Le dijo a Oset que no podía ni siquiera ver el cielo y que el sudor acudía a su rostro como si fuera verano.

Oset le dijo al gran RA que le sacaría el veneno de la serpiente sólo si él le decía su nombre secreto, porque quienquiera que recibiera su nombre secreto viviría.

RA respondió diciéndole a Oset: *"Yo he hecho los cielos y la tierra, he ordenado las montañas, he creado todo lo que está por encima de ellas, he hecho el agua, he traído a la existencia al grande y ancho mar, he hecho el 'Toro de su madre', del que manan las delicias del amor. He hecho los cidelos, he extendido los dos horizontes como una cortina, y he puesto el alma de los dioses en ellos. Soy el que, si abre los ojos, hace la luz, y si los cierra, viene la oscuridad. A su orden se eleva el Nilo, y los dioses no saben su nombre. Yo he hecho las horas, he creado los días, traigo los festivales del año, creo la crecida del Nilo. Yo hago el fuego de la vida, y proveo alimento en las casas. Yo soy KhepeRA en la mañana, soy RA en el mediodía y soy Tmu en la noche."*

El veneno ardía a través del cuerpo de RA y le impedía caminar. Oset, viendo que la condición de RA empeoraba, le dijo que lo que él había dicho no era su nombre oculto y no estaba alejando el veneno. Otra vez le pidió a RA que le revelara su nombre secreto, mientras el veneno ardía más profundamente y con más calor en el cuerpo de RA. Finalmente, RA accedió y se escondió de quien lo acompañaba, y cuando los dos no podían ser vistos el nombre de RA pasó de su cuerpo a ella. Y cuando el corazón de RA se adelantó, Oset llamó a su hijo Hru diciendo: "RA se ha comprometido por juramento a entregar sus dos ojos" (es decir, el sol y la luna). Después de tomar el nombre de RA, Oset quitó el veneno del cuerpo de RA y le ordenó al Ojo de Hru que brillara fuera de la boca de RA. Dijo este encanto: "Que RA viva y el veneno muera y el veneno muera y RA viva". Y así es como el gran RA, que sufrió la fragilidad y debilidad de un hombre, casi pereció, pero fue curado.

El Espíritu Santo Kamítico

Me llevó un largo tiempo ser realmente capaz de comprender de qué se trataba esta historia, porque, al interpretar la perspectiva espiritual religiosa de otro, no puedes tener una mente estrecha, y debes intentar lo más que puedas no interpretarla basado en tu experiencia limitada. Lo que hacía aun más desafiante interpretar esta historia eran las numerosas metáforas, analogías y juegos de palabras que usaban los antiguos escritores kamíticos. Pero, cuando me aproximé al asunto con una mente abierta y dejé que el Espíritu me guiara, la pregunta que me vino fue qué era lo que RA le había dado a Oset para que ella pudiera dárselo a su hijo, lo que era una metáfora de toda la humanidad para que todos pudiéramos vivir una vida completa. En resumen, ¿qué era lo que Dios le da al hombre y a la mujer para que podamos vivir? La respuesta que vino a mí es que era la versión kamítica antigua del Espíritu Santo. Entonces se me mostró que una de las razones de que se me animara a estudiar la antigua historia kamítica era para ver pruebas de que los antiguos kamíticos tenían el Espíritu Santo, por medio de la evidencia del "fruto" que produjeron.

En ninguna parte de la historia del antiguo pueblo kamítico se refiere que los gobernantes y líderes actuaran, se comportaran y/o ejecutaran actos atroces como los líderes viciosos, tiránicos, obsesionados por el sexo, psicópatas y sociópatas de otras civilizaciones. Claramente, los antiguos kamíticos (3150 BC – 31 BC cuando Egipto se transformó en una provincia de Roma)[35] estaban haciendo algo bien, algo que le permitió a su civilización existir y prosperar relativamente en paz durante miles de años y continuar siendo tanto una inspiración como un misterio numerosas generaciones después.

Como uno de los dones del Espíritu Santo es que entra en la mente y el cuerpo y brinda dirección, esto me hizo darme cuenta de que yo tenía el Espíritu Santo o me había visitado, pero años atrás se había manifestado en mi vida en forma diferente de la mayoría de los creyentes. Me llevó en una dirección totalmente diferente en la que experimenté un montón de subidas y bajadas, y me llevó a aprender sobre varias fes. ¿Por qué?, me pregunté. La respuesta que vino a mí es que era para que yo pudiera verdaderamente aprender quién y qué era Dios en mi vida. Identificarme con Oset me llevó a entender que yo estaba tratando de aprender el nombre de Dios, que no puede ser dicho verbalmente ni comprendido con propiedad, porque es imposible comprender en lenguaje humano una "cosa" que es tan abstracta, compleja, incomprensible. Uno simplemente tiene que aceptar, comprender y aprender sobre Dios a través de la

---

[35] Algunos estudiosos ubican el declive de Kamit mucho más temprano, después de que los gobernantes Kushitas intentaran restaurar la gloria de Kamit, pero fueran echados fuera del país antes de lograr su objetivo.

experiencia física directa.

Ahora bien, la *Historia de RA y Oset* deja claro que RA no es Dios, el Dios del sol, ni es el sol, que era llamado Aten en el lenguaje kamítico. ¿Quién es Dios entonces? Dios, como lo definían los espiritualistas, es un Espíritu Infinito, lo que significa que Dios es un Espíritu que tiene la capacidad de convertirse en un número infinito de cosas. Dios es lo desconocido y lo conocido, lo oculto y lo visto, lo cognoscible y lo incognoscible. Dios es el principio y el fin, el Alfa y la Omega y todo lo que está en medio. Dios es el Padre, la Madre y el Hijo. Dios, según los viejos cantantes de *gospel*, es un Sanador, Reconfortador, un Pacificador; lo que sea que quieras y necesites Dios lo es porque, para decirlo simplemente, Dios es Todo. Yo lo entendía, pero todavía no estaba viendo el cuadro completo.

Uno de los problemas que yo empezaba a ver como la razón de que haya tanta confusión, tantas denominaciones, filiaciones religiosas, asociaciones, etc., discutiendo entre sí, es que los seres humanos están tratando de definir una "cosa" (a falta de una palabra mejor) que no puede ser definida con precisión ni propiedad. ¿Cómo puedes medir una cosa que no puedes ver físicamente? ¿Describir una cosa que no puedes degustar físicamente? ¿Definir una cosa que no puedes tocar o sentir físicamente? ¿Explicar una cosa que no puedes oír físicamente? ¿O disfrutar de una cosa que no puedes oler físicamente? ¿Y sin embargo, tú sabes que esta cosa, a falta de una palabra mejor, es real? Es imposible hacerlo, y lo supe pronto. Es por esto que antes no había podido probar que Dios existía.

Esto significaba que la razón de que yo estuviera lleno del Poder de Dios e inspirado a ir por una ruta completamente diferente cuando era más joven era que debía aprender que hay sólo Un Dios Supremo. Esto no es tarea para cualquiera. Algunas personas pueden haber nacido para ver hasta dónde pueden llegar sin interacción directa con Dios. Otros pueden haber sido hechos para descubrir hasta dónde pueden llegar con el poder de Dios. Todos tenemos un destino y yo estaba empezando a ver el mío. La confusión, empezaba a entender, surge del hecho de que la espiritualidad afroamericana, al igual que sus antiguos ancestros africanos a lo largo del río Nilo, es en verdad una religión monoteísta que se expresa en una forma totalmente politeísta. Por esto es que necesitaba pruebas de que Dios era lo que Él/Ella decía ser y la única manera de obtener esas pruebas era experimentarlas viviéndolas.

Nuevamente, hay que subrayar que la razón de que tengamos problemas en nuestra vida o malas experiencias es que sin estos problemas o malas experiencias no seríamos capaces de apreciar o conocer lo bueno. ¿Cómo sabes lo que es la limpieza, si nunca has estado sucio? ¿Cómo sabes lo que es lo dulce si nunca has probado la amargura de la vida? ¿Cómo sabes lo que es caliente si nunca has experimentado lo frío? Y así. ¿Cómo sabes que Dios es un sanador si nunca has estado enfermo? De nuevo, ¿cómo puedes definir a Dios si nunca has visto, oído, degustado, tocado u olido físicamente, es decir simplemente experimentado a Dios? La única manera es a través de la experiencia. Es a través de nuestras dificultades, problemas, pruebas y tribulaciones que descubrimos el maravilloso y misterioso poder de Dios. Es a través del poder de Dios que uno se convierte en un vehículo para Dios a medida que aprende sobre sí mismo.

Descubriendo más Manos Ocultas

Entonces fue cuando sucedió. Mientras seguía al Espíritu y me dejaba guiar por él, un día, de la nada, fui llevado a mirar el obituario de mi abuela, que había fallecido un año después de conocer a mi esposa.

Mi abuela, la madre de mi madre, la que aprobaba a

mi esposa, era una mujer fuerte y cariñosa que estuvo casada con mi abuelo, quien falleció un año antes que ella, por 60 años. Mi abuela amaba a los niños y entre ella y mi abuelo tuvieron nueve hijos, dos adoptados, y por no mencionar a los chicos que venían a la casa desde su iglesia o el vecindario para jugar con los hijos de ellos. La gente amaba a mis abuelos porque eran personas temerosas de Dios y laboriosas que establecieron un estándar basado en los viejos modos. Era por este estándar que ambos eran mirados y tratados en mi familia como si fueran de la realeza. Para darte un ejemplo, a menos que estuvieran participando en una conversación, cuando ellos hablaban literalmente todos se quedaban callados. Así es como eran tratados todos los ancianos en mi familia. Otra cosa que advertí sobre mi familia a causa de mis abuelos es que no teníamos una gran cantidad de divorcios y problemas de infidelidad, porque había algo que mis abuelos instilaban en sus hijos y nietos que mayormente cercenaba esa conducta.

Ahora bien, había muchas tradiciones que mi familia practicaba y que pasaron de generación en generación, que después supe que no habían sido creadas por ellos. Algunas de estas tradiciones fueron creadas o al menos dadas a mis abuelos por mis bisabuelos, a quienes tuve el placer de conocer antes de que fallecieran. Pero había muchas otras tradiciones culturales que estaban en práctica antes de ellos y claramente venían de alguien más a quien yo nunca había conocido.

Ambos abuelos míos vivieron vidas buenas y completas. Entonces mi abuelo falleció y un año después lo siguió mi abuela. Ambos abuelos míos eran bienamados y cuando ella falleció vino gente de todo el estado de Michigan (y del país) a dejar sus respetos. A diferencia de la mayoría de los funerales a los que yo había asistido (especialmente cuando el fallecido ha muerto a edad temprana), el funeral de mi abuela no fue un evento sombrío lleno de melancolía, sino un evento jovial. El coro trató de cantar canciones de *gospel* sombrías y sedantes para reconfortar a la familia y a los invitados, pero el tempo siempre cambiaba y se convertía en una fiesta espiritual. Esto explica por qué no era siquiera llamado funeral sino "celebración de ida a casa".

Al mirar la foto de ella en el obituario y empezar a pensar en algunas de las experiencias que había compartido con ella, advertí que debajo de la foto de mi abuela decía: "Amanecer: (Su fecha de nacimiento) y Ocaso: "(El día de su muerte)".

Ahora bien, yo había mirado este obituario varias veces antes, pero nunca había notado que decía eso. Fue entonces cuando una voz familiar que no había oído en años me habló y reveló que, si una persona fuera de su cultura veía este obituario, saltaría a la conclusión de que **nosotros, los negros, adorábamos al sol.**

No estoy seguro de si fue el espíritu de mi abuela el que me mostró esto, pero el hecho de que yo tuviera una memoria amorosa de ella y hubiera sido dirigido a su obituario continuó verificando para mí la vieja creencia africana de que nuestros seres amados no están muertos pero continúan existiendo como espíritus. Como espíritus o espíritus ancestrales, aún se interesan por las vidas de los descendientes que dejaron atrás. Imaginé a mi abuela sonriendo y mirándome por encima de los hombros, lo que verificó para mí que mi abuela era definitivamente una aakhu (espíritu guía ancestral) que me cuidaba.

En ese momento, las cosas empezaron a aclararse instantáneamente porque empecé a entender el equívoco común sostenido y publicitado por los egiptólogos, arqueólogos y todos los otros autores que decían que el antiguo pueblo kamítico adoraba al sol. Para decirlo simplemente, estos estudiosos occidentales no sabían cómo interpretar lo que nuestro pueblo hacía, porque era y aún es un concepto extraño para la mayoría de ellos.

Equiparar la propia vida al sol no era algo que crearon las personas de la iglesia a la que asistían mis abuelos. Fue creado hace miles de años. El concepto con el que la mayoría de los afroamericanos están familiarizados, según aprendí, vino de la región congo-angoleña durante la esclavitud y se llamaba la Cruz Yowa.

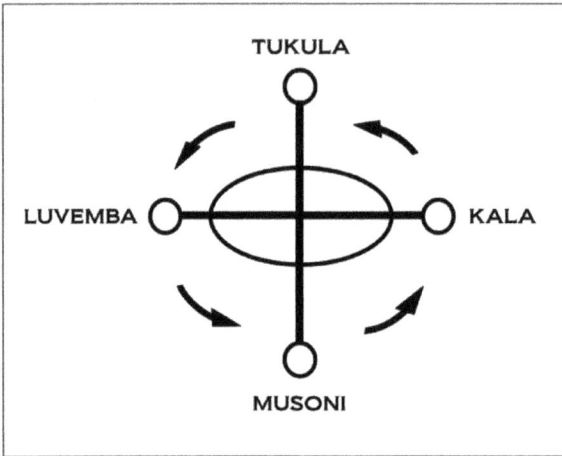

La Cruz Yowa del Congo

La Cruz Yowa, también llamada Dikenga, Tendwa Nza Kongo y la Cruz del Congo, según Robert Farris Thompson, autor de *Flash of the Spirit: African and Afro-American Art and Philosophy,* era un simple diagrama que precedía a la Cristiandad, y que mostraba la evolución del alma. Se cree que la línea horizontal de la cruz es la línea divisoria entre la montaña de los vivos (arriba) y su polo opuesto, la montaña de los muertos (abajo). La montaña de los vivos se llama *ntoto* (tierra) y la montaña de los muertos se llama *mpemba* (arcilla blanca), y se cree que yace debajo del cuerpo de agua simbolizado por la línea horizontal, llamada *kalunga*. De hecho, en algunas interpretaciones, se llama kalunga a toda la mitad inferior del cosmograma, para significar que la tierra de los muertos está completa, entera, en relación a comprender ambos lados en el ciclo de la vida.

Los discos que rodean al cosmograma del Congo (de derecha a izquierda) son el amanecer, el mediodía, el ocaso y la medianoche (cuando se cree que el sol está brillando del otro lado) y las cuatro etapas de la vida: nacimiento, crecimiento, muerte y renacimiento, indicando así la creencia del Congo de que los rectos nunca morirán verdaderamente sino que renacerán como el sol, bien en el cuerpo o nombre de sus descendientes, bien como un espíritu eterno de la naturaleza llamado *simbi*, que, según aprendí de Papá Raúl, es el equivalente de un santo cristiano.

Entonces empecé a recordar que en la *Historia de RA y Oset*, cuando se le pregunta a RA cuál es su nombre verdadero, él responde diciendo: ***"Tengo una multitud de nombres y una multitud de formas"***. En esta respuesta advertí que el antiguo pueblo kamítico usaba la palabra "RA" como prefijo y sufijo para crear palabras, nombre sy lugares como Auf RA, RA-Ptah, KhafRA, MenkauRA, Asr RA, Khnemu-RA, en forma similar a cómo los antiguos hebreos usaban la palabra "el" para crear palabras, nombres y lugares como EL-Shaddai, EL-ohim, EL-Olam, ang-EL, Rapha-EL, Micha-EL, Gabri-EL e Isra-EL (Israel).

Cuando busqué la palabra/nombre "el", encontré que se traduce burdamente como "poder, fuerza, acción, trabajo y poder" y se usaba para significar al verdadero Dios de Israel. Exactamente como la antigua palabra kamítica RA, que significa "Hacer, actuar, acción, poder, el acto de trabajar", etc. y fue convertida en un pronombre para convertirse en RA. Cuando descubrí que el antiguo nombre semítico EL-Ro'I o El Rohi (El Dios de la Visión, queriendo decir que confiamos en Dios para que nos ayude a humillarnos permitiéndonos ver nuestras faltas y debilidades porque Dios es nuestro pastor) era fonética y etimológicamente similar a RA, ahí fue cuando me di cuenta de que los antiguos hebreos habían tomado prestado este concepto y práctica de usar El como prefijo y sufijo del antiguo pueblo kamítico, porque éste era más antiguo y tenía una historia mucho más larga de usar este ejercicio. Esto significaba que el hebreo El era el RA de la versión kamítica.

Fue entonces que se me hizo claro como el cristal que, si yo era capaz de ver esta conexión, estoy seguro de que los arqueólogos, egiptólogos y otros estudiosos occidentales, teólogos incluidos, podrían haber encontrado esto también, y o bien eligieron ignorarlo o bien lo descartaron totalmente para continuar perpetuando el mito de que el antiguo pueblo kamítico (y toda la gente de color) adoraba a deidades, ídolos, animales y otras cosas como el sol.

Entonces recordé los diversos testimonios que se daban en la iglesia de mi juventud. La gente que testificaba afirmaba haber logrado cosas milagrosas por el poder del Espíritu Santo que tenía dentro de sí. El Espíritu Santo, que decían que era *"como fuego encerrado en sus huesos"*, les daba, según Gálatas 5:22-23, "... gozo, paz, paciencia, amabilidad, bondad, fidelidad, caballerosidad y autocontrol". Otros dones del Espíritu Santo que recuerdo eran la generosidad, la modestia y la castidad, así como la capacidad de exorcizar a los espíritus malignos, ver ángeles/demonios, hacer milagros y hablar en lenguas.

Ahora bien, en una parte de la *Historia de RA y Oset*, RA dice ser *"KhepeRA en la mañana, RA al mediodía y Tmu (RA Atum) en la noche"*, pero aún no le había dicho a Oset su nombre. Cuando RA finalmente le revela a Oset su nombre oculto, sale y le permite a su nombre pasar de él a ella, lo que hace que el moribundo RA sea renovado. El nombre oculto de RA estaba hábilmente entretejido en la historia para significar **Amun RA –El RA Oculto.** Fue entonces que empecé a ver la complejidad de usar a RA como un símbolo. RA era simbolizado como el sol para simbolizar que la Conciencia de Dios es eterna y no puede ser creada ni destruida. Pero al mismo tiempo se entendía que RA era una fuerza poderosa. Un problema similar existía en la iglesia, y por eso es que hay tantas denominaciones discutiendo sobre cuál doctrina es acertada o incorrecta. ¿Eran Sólo Jesús, Jesús y la Trinidad, la Trinidad, el Padre, el Hijo y el Espíritu Santo...? Nadie lo sabe, se me mostró, porque Dios es un Espíritu Infinito y es difícil definir y describir algo (a falta de mejores palabras) que no puedes ver físicamente. Éste es el mismo problema que tenían los Kamau. No podían definir y describir a Dios con propiedad porque comprendían que la percepción humana de las cosas era extremadamente limitada. Los Kamau comprendían, al parecer, que la única manera de definir y describir a Dios es con base en inesperience, y es por eso que usaban tantas historias con alusiones y juegos de palabras, para que el oyente o lector pudiera internarse más profundamente en ellas.

Cuando pensé en cómo Dios no puede ser visto físicamente y comparé esto con mis experiencias personales, tuvo sentido que los Kamau hubieran tenido tantos nombres diferentes para Dios. Estos nombres de Dios no eran etiquetas sino palabras pensadas para describir y de alguna manera definir quién es Dios. La razón de que hubiera tantos nombres es que nadie puede definir con propiedad quién y qué es Dios. Nadie puede poner a Dios en una caja. Simplemente no se puede. Es como tratar de poner el océano en una caja. Así que, para aclarar las cosas, Dios, el Ser Supremo, era llamado en el lenguaje kamítico Nebertcher, que significa *Señor de Todo*.

Se entiende que es el Espíritu de Dios el que tiene la capacidad de cambiar la vida de un individuo, porque el Espíritu de Dios es un Poder impresionante. Por esto es que

Oset quería saber el nombre de Dios, para poder pasar de ser una mera mortal a un ser divino. Es la misma razón de que la gente en la iglesia busque al Espíritu Santo, para poder superar sus problemas terrenales a través de medios espirituales. Es la misma razón por la que yo buscaba al Espíritu Santo cuando era un adolescente. Todo esto me llevó a ver que había dos RAs que existían en la historia. Estaban el RA que hablaba con Oset, que viajaba a través de las dos regiones, y el RA que existe al mediodía, según la *Historia de RA y Oset*. Esto explicaba por qué RA era descripto como fuerte, enorme y poderoso al mediodía y sin embargo, débil y viejo como un hombre viejo que podía ser engañado. Si Dios es omnipotente, omnisciente y omnipresente, claramente Dios no puede ser engañado, porque esto contradiría quién y qué es realmente Dios. Sin mencionar el hecho de que Dios ya sabía que alguien estaba tratando de engañarlo. Claramente RA no es Nebertcher. Es un aspecto y un atributo de Dios.

El RA que habla con Oset, se me hizo claro, se correspondía con la Conciencia de Dios. Según el pensamiento kamítico, en el principio Dios no existía pero tuvo que crearse a Sí Mismo[36] porque la tierra (y todo lo que existía) estaba sin forma, porque había un gran vacío (Génesis 1:2). Cuando RA le dice a Oset que él es KhepeRA, RA y Tmu (o RA Atum) y queda entendido que el nombre oculto es Amun RA, me quedó claro que éstas eran todas alusiones al hecho de que Dios está siempre Atento, Alerta y Consciente, porque la Conciencia de Dios está siempre viniendo a la existencia y transformándose como el sol. Esto significaba para mí que:

---

[36] Dios es andrógino en el pensamiento africano, consistiendo tanto en las energías masculinas activas como en las energías receptivas femeninas.

KHEPERA es la "Venida a la existencia (RA)" y está asociada al escarabajo. Como los escarabajos ponen sus huevos en bolas de excremento (un símbolo de la nada o la no-forma) y los enrolla dentro de agujeros donde son enterrados, después de lo cual nacen las larvas, esto era visto por los kamíticos como un signo de nacimiento, resurrección y renovación a partir de la nada. **KHEPERA** simboliza los poderes creativos y la conciencia del Dios. Está asociado con el sol naciente, la vida inferior, las plantas y los recién nacidos.

RA es el que habitualmente era representado como un hombre joven con cabeza de halcón. Vivir en el campo me permitió ver que muchos halcones habitualmente cazan a sus presas desde posiciones elevadas o mientras están suspendidos en el aire, y la mayor parte del tiempo al amanecer o al atardecer, cuando la presa está más activa. Los kamíticos aparentemente veían a RA como a uno que lo ve todo de principio a fin, así que a veces lo llamaban RA-HruKhuti – RA el Hru del Horizonte. La palabra "RA" también significa "gobernante". RA, por lo tanto, simboliza los aspectos agresivos del Poder y la conciencia de Dios que se usa para mantenerse erguido y pelear contra el enemigo, asociado con el sol del mediodía, visto como un adulto joven o maduro, y

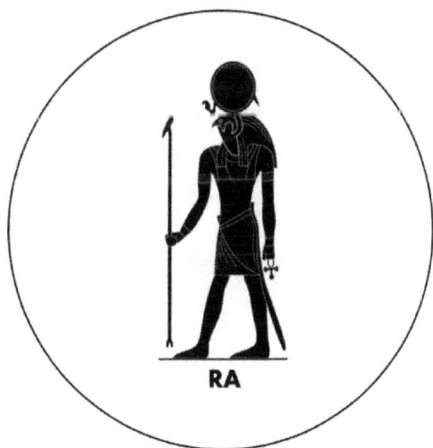

también como un individuo de autoridad.

RA ATUM (también llamado **RA Tum** o **Atum RA**) significa "El RA Completo". RA Atum simboliza los poderes transformativos del Poder de Dios para volverlo a uno más fuerte y espiritualmente sabio (especialmente después de pruebas y tribulaciones), por lo tanto RA Atum es representado como un viejo que viste la doble corona de Kamit, indicando el principio del fine. Como tal, es simbolizado con el sol poniente.

AMUN RA significa "El RA Oculto" y es representado como un hombre victorioso que lleva una corona de plumas, habitualmente sentado o parado. En Kush (la Antigua Nubia), Amun RA era frecuentemente representado como un carnero de montaña.

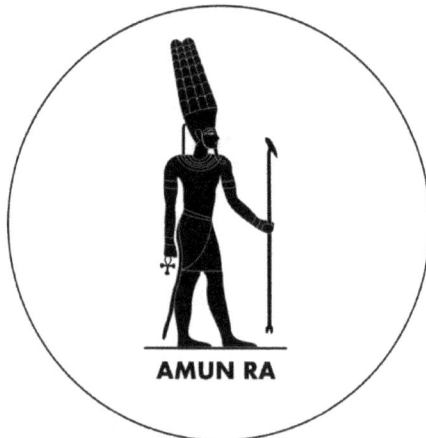

Esto es porque la espiral del cuerno del carnero[37] indica que Amun RA simboliza el rejuvenecimiento, la renovación, la

---

[37] Los primeros cristianos tomaron prestado este concepto y cambiaron la sangre preciosa del carnero por la sangre preciosa del cordero.

purificación, el renacimiento, la nueva vida y los aspectos reformadores milagrosos y proféticos del Poder de Dios, que son un completo misterio para la humanidad. Amun RA es el misterio más profundo en el universo, asociado con la luna oculta y los misterios del renacimiento. Es por esto que los kamíticos le atribuían a Amun RA su victoria en la expulsión de los hicsos.

El RA que podía ser engañado y manipulado es el Poder o Espíritu de Dios porque es una fuerza indescriptible. Esta fuerza no sólo podía ser engañada sino que las fuerzas del mal atacaban frecuentemente a RA, también, según la leyenda kamítica. Esto indica claramente que los Kamau estaban hablando metafóricamente cuando hablaban de RA y que él no es Dios ni es el sol. Nuevamente, cuando comparé esto con mi vida, recordé que al salir con los Rastas, cuando yo iba a la escuela, ellos tocaban el tambor y obtenían una sensación espiritual llamada "irie". Esta sensación de "irie" es lo que la gente en la iglesia llamaba la "unción". Cuando un cantante en la iglesia cantaba con la unción, como cuando la gran Mahalia Jackson cantaba *How I Got Over* (en vivo), tocaba los corazones de todos. Esto es porque el Poder o Espíritu de Dios puede ser manipulado a través del canto, la música, el tambor, el baile, la respiración, etc. Es lo que los chinos llamaban energía Chi, porque existe a lo ancho del universo, pero mi experiencia me recuerda que puede perderse. Extrañamente, recuerdo a mis padres diciendo, cuando se enojaban con los chicos: "Casi me haces decir algo". Queriendo decir que había algo dentro de ellos que los ayudaba a abstenerse de decir, actuar y comportarse como gente "salvada" o santos. En otras ocasiones había oído a los padres de otras personas decir: "Estás por hacerme perder mi Espíritu Santo". Nunca pude comprender cómo o qué los haría perder su Espíritu Santo, porque no comprendía realmente cómo lo habían conseguido en primer lugar, pero todo empezaba a cobrar mucho más sentido ahora, al estudiar la tradición kamítica.

Por esta razón se me instruyó a escribir el RA que podía ser engañado con una "u" al final para distinguir entre estos dos RAs. RA terminado en "u" pluraliza RA y se escribe Rau para indicar que es una fuerza o es el Poder y el Espíritu de Dios. Esta forma de RA, simbolizada por los Kamau con la serpiente que forma un círculo, se correspondía con la energía radiante y fiera de la que se dice que es como fuego en los huesos según la tradición cristiana. Esto es otra referencia hecha en la historia a que el cuerpo de RA temblaba y se sacudía. Ahora yo podía ver cómo algunos equiparaban a RA con el orishá Yoruba Aganyu, el espíritu de los volcanes, pero el Espíritu me informó que aún no estaba viendo el cuadro completo.

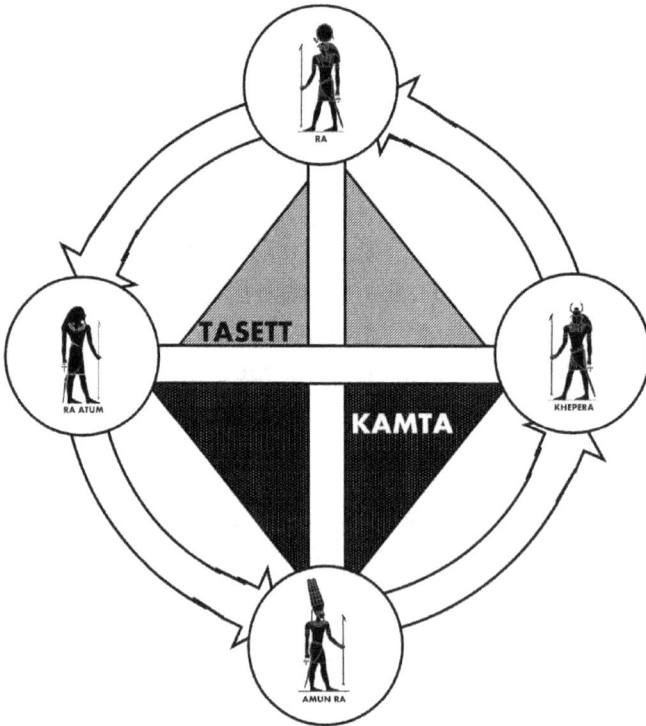

El Maa Aankh

Así que fui inspirado a poner las cuatro formas de RA juntas, basándome en su asociación con el sol, junto con la antigua teoría kamítica del universo, y comparar esto con la Cruz Yowa. Después de hacerlo, descubrí el cosmograma arriba, que, según se me dijo, es llamado maa aankh.

El Maa Aankh

Inmediatamente, cuando la palabra maa aankh vino a mí, la busqué en mi *An Egyptian Hieroglyphic Dictionary Vol. I and II* y me encontré con que no era una palabra kamítica, sino una palabra acuñada usando el lenguaje kamítico. La palabra maa aankh estaba compuesta por la antigua palabra kamítica **"maa"**, que significa ser verdadera, estar erguido, ser sincero, real y verificable, y la palabra **"aankh"**, que significa vida eterna, vivir y hacer un juramento. Literalmente significaba balancear un juramento, jurar vivir con la verdad, vivir por la ley/orden, lo que básicamente significa *"Hacer el juramento de vivir rectamente, con verdad y sinceridad"*. Después me dijeron que a alguien que seguía este camino se lo llamaba **sa (t)' maa aankh,** que significa **hijo (o hija) del que jura vivir por la verdad.**

El maa aankh, me dijeron, es simplemente el nombre de un sistema cosmológico que me fue dado por el Espíritu de Dios y mis ancestros. **El propósito del maa aankh no era resucitar, recrear o reconstruir la religión kamítica de antaño en tiempor contemporáneos.** El propósito del maa aankh, para decirlo simplemente, era ayudarme a ver a Dios en el universo, en otros y, lo más importante, a ver a Dios en mí, porque se me explicó que lo que **nos separa de Dios es lo que creemos y vemos.** El maa aankh, según podía ver, estaba inspirado en y era similar a la Cruz del Congo, pero se me mostró que era diferente porque está basado en los conceptos y principios kamíticos expresados en la Historia de RA y Oset.

Se me mostró que, aunque no se hubiera encontrado ningún diagrama que indicara que los kamíticos vivían sus vidas basados en un sistema semejante, hay toda clase de indicios que revelan que sus vidas estaban influenciadas por algo muy similar. Se me mostró que el maa aankh fue creado con base en la comprension de que el antiguo Kamit (el antiguo Egipto) se convirtió en una nación muy poderosa, pacífica y próspera en tiempos antiguos porque la gente se unía y trabajaba en conjunto para tomar ventaja del Río Nilo, que corría hacia el norte y que se desbordaba anualmente, proveyendo un suelo muy fértil hacia la sección meridional. Esto le permitió al pueblo kamítico cultivar plantas y granos en el suelo muy fértil, dando así nacimiento a la agricultura, al comercio y a una economía muy estable. Sin **problemas ni preocupaciones** por su supervivencia, ya que sus necesidades inmediatas estaban cubiertas por la inundación anual del Nilo, rodeado por un mar de desierto por todos lados, lo que les hacía muy difícil (no imposible) invadir sus tierras a los extranjeros, los antiguos kamíticos volvieron su mirada hacia el interior, y empezaron a ponderar los misterios del universo y cómo se relacionaba con la especie humana.

A través de su autoexploración, hicieron numerosos descubrimientos que los llevaron a desentrañar los misterios de la vida. Esto además les permitió poner en práctica numerosas costumbres y leyes que parecían ser muy raras y estrambóticas para los antiguos extranjeros de ese tiempo, como dejar que la gente de las clases sociales más bajas avanzara a un estatus social más alto con base en la moral y la ética, darles a las mujeres derechos similares a los de los hombres como el de poseer tierras, divorciarse y hasta entrar en el sacerdocio, una hazaña con la que organizaciones contemporáneas aún están debatiéndose al día de hoy. Así es como su sociedad funcionó imperturbada por cientos de años[38], hasta que invasores extranjeros del norte finalmente detuvieron y paralizaron su progreso.

El antiguo modo de vida kamíticos empezó un día, tras advertir que el sol parecía ascender por el este, llegar a su cima al mediodía, ponerse en la noche y renacer misteriosamente para iniciar un nuevo día. Fue en esos tiempos que les pareció a los antiguos habitantes del Nilo que la energía de todo lo que los rodeaba parecía corresponderse asimismo con los diferentes movimientos del sol. Al amanecer parecía que todo cobraba vida o despertaba. Entonces, al mediodía, todo (plantas, animales y seres humanos) bullía de vida. Cuando el sol empezaba a ponerse, les parecía que todas las criaturas de la tierra (seres humanos incluidos) se volvían lentas y se relajaban a medida que se instalaba la quietud de la noche. Entonces todo empezaba nuevamente al día siguiente, y así.

Esta obsrvación los inspiró a asociar la salida del sol con la emergencia el escarabajo que sale del oscuro hoyo y lo llamaron KhepeRA. Como al mediodía todo parecía estar despierto, alerta y consciente, lo veían como a un ave de presa y llamaron a este momento RA. Al acercarse al final del día y la vida parecía enlentecerse o detenerse, lo veían como a un ser humano que envejecía y lo llamaron RA Atum. No comprendían cómo ucedía, pero sabían que de alguna manera las cosas renacían y se renovaban a través de un proceso misterioso al que asociaban con la quietud de la noche, y por eso llamaron a este momento en particular Amun RA. Al expandirse su conocimiento de la vida,

---

[38] Esto es similar a la experiencia de los africanos traídos al Nuevo Mundo que escaparon de la esclavitud y establecieron sociedades lejos de sus esclavizadores.

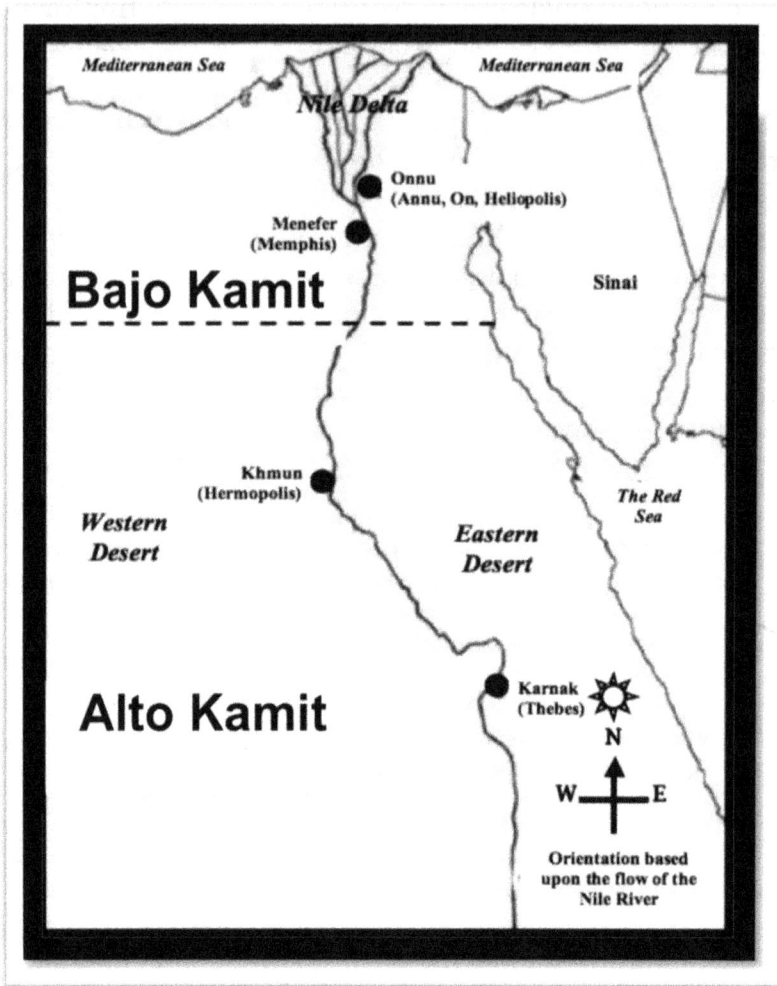

Mapa del Alto & Bajo Kamit

también lo hizo su visión del universo que los rodeaba. Hasta que eventualmente KhepeRA (el amanecer) significó Nacimiento/Comienzo, RA (el mediodía) significó Vida, RA Atum (el ocaso) fue asociado con la Muerte y Amun RA (la medianoche) indicó Renacimiento. Juntas, estas formas gobernaron su país, que fue dividido en dos grandes tierras, conocidas como TASETT y KAMTA.

**Deshret: Corona Roja
del Bajo Kamit**

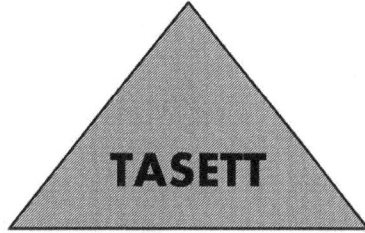

*TASETT – Las Tierras
Rojas del Bajo Kamit*

TASETT, que significa Las Tierras Rojas, es la sección boreal del país, donde el Nilo fluía a través del desierto hasta finalmente desembocar en el Mediterráneo. Esta región, también conocida como Bajo Egipto, era representada por una corona roja llamada el Deshret.

*KAMTA – Las Tierras
Negras del Alto Kamit*

**Hedjet: Corona Blanca del
Alto Kamit**

KAMTA, que significa Las Tierras Negras, es la sección meridional del país, donde el Nilo fluía y producía un suelo rico, fértil y negro. Era una corona blanca, llamada el Hedjet, la que representaba a esta región, también conocida como el Alto Egipto o Alto Kamit.

Ahora bien, en mi investigación yo noté que muchos estudiosos no hacen comentarios sobre por qué los visionarios kamítico eligieron simbolizar a TASETT (las Tierras Rojas) con una corona roja y a KAMTA (las Tierras Negras) con una corona blanca en vez de una corona negra, porque muchos aún se niegan a ver que los antiguos kamíticos eran africanos de piel negra y marrón. Cuando se acepta que los antiguos kamíticos eran africanos negros y marrones y tenían prácticas culturales, tradiciones, etc. similares a las de otros africanos, especialmente de aquellos que se encontraban a lo largo del África subsahariana, puede presumirse que según el antiguo simbolismo de color africano el color rojo simboliza el fuego, la ira, la vida, la mediación, etc. El color negro simboliza el misterio, lo desconocido, lo oculto, etc. y el color blanco simboliza el conocimiento, la sabiduría, la pureza, la muerte, la paz y a los muertos honorables o ancestros.

Esto significa desde una perspectiva metafórica que TASETT, las Tierras Rojas, simboliza la tierra de los vivos, el reino físico, y ejemplifica cómo el reino físico está verdaderamente desierto y sin vida, como un desierto lleno de espejismos e ilusiones de grandeza al mediodía. TASETT es una tierra peligrosa. Es donde la mayoría de los invasores extranjeros residían y traían caos. Es el reino de las tormentas, la tierra de los vientos feroces, el valle, el reino, según los ocultistas, donde Satanel (Satán) estableció su reinado y donde reside el árbol del bien y del mal. En otras palabras, es el infierno físico y por esta razón se decía que Set[39] era el gobernante de esta tierra.

Por otro lado, KAMTA, las Tierras Negras, simbolizaba la tierra de los espíritus, el reino espiritual, y

---

[39] Tener en cuenta lo anteriormente dicho sobre Set: que era un extranjero salvaje que se instaló a lo largo del Nilo y que más tarde fue expulsado, hace que esta revelación que me fue dada sea aun más interesante porque, en un momento, se creía que el infierno estaba en el norte. Es en el norte donde residía Nicolás el Siniestro, quien después se convirtió en Sinter Clausa y más tarde en Santa Claus. Para aplacar al espíritu del norte, se dejaban comida, vino y dulces destinados a mantener contento al Viejo Nick (abreviatura de Nicholas).

ejemplifica el fértil y misterioso fenómeno de renacimiento a la medianoche. KAMTA era la tierra relativamente segura que proveía paz, seguridad, refugio y estabilidad, la tierra interior adonde uno se aventuraba. A medida que los antiguos kamíticos viajaban hacia el sur, descubrían sus raíces ancestrales, que se extendían más allá de sus fronteras, en la antigua Etiopía. KAMTA se convirtió entonces en el hogar del más grande ancestro kamítico, Osar[40], y por lo tanto en el origen de su comienzo. Es aquí en el sur donde residen el árbol de la vida y todo lo asociado con la pureza[41]. Es la alusión al cielo, que es la tierra gobernada misteriosamente por una orden cósmica.

Claramente era el río Nilo lo que separaba al Alto Kamit del Bajo Kamit y hacía a estas tierras polos opuestos únicos. Por lo tanto, se imaginó que estas dos tierras, simbolizadas por dos coronas opuestas (la roja y la blanca) y regidas por dos hermanos opuestos, tenían que haber venido de la misma fuente. Así que la línea horizontal divisoria que se me mostró en el maa aankh simboliza al río Nilo pero metafóricamente se la llama *Nyun* (Nu, Nun), las aguas sagradas y primitivas del comienzo, el lago sagrado, la piscina, el charco cósmico, el gran vacío, lo que refleja debajo lo que está arriba. Al igual que la cruz congo-angoleña, desde algunos puntos de vista toda la mitad inferior del maa aankh puede ser interpretada como *Nyun*, para indicar que toda la mitad inferior del maa aankh es un puro, sagrado, oculto y

---

[40] Es interesante notar que cientos de años después los primeros cristianos identificarían a Osar con Jesucristo. Entonces, miles de años después, los primeros afroamericanos identificarían a Jesucristo como su gran ancestro. Ahora, cientos de años después, Osar ha regresado, indicando que claramente no hay nada nuevo bajo el sol.

[41] Aquellos familiarizados con la tradición cristiana notarán además que el Caín bíblico, asociado con el mal, se corresponde con el norte, mientras que Abel, asociado con el bien y la pureza, se corresponde con el sur.

misterioso mar de nada. Desde esta perspectiva es fácil ver que el fluido amniótico del útero humano[42] puede ser considerado una manifestación física[43] de Nyu. Por lo tanto, todos venimos del mar del gran comienzo.

La línea vertical en el maa aankh representa el primer principio que fue creado por Nebertcher, el *Maa,* que junta a las dos grandes tierras y une a Amun RA, debajo, con su polo opuesto RA, arriba. Conecta la tierra de los vivos con la tierra de los muertos, haciendo posible que uno atraviese la gran división. *Maa,* por lo tanto, le permite a uno ver el cuadro completo, conectando el Ojo Derecho de RA con el Ojo Izquierdo de RA, comprobando lo que dice el dicho: *"Dos ojos ven mejor que uno"*[44]. El *Maa* es lo que provee el balance, la ley y el orden o la fundación para Shu y Tefnut.

En las antiguas escrituras kamíticas, Shu y Tefnut son llamados los primeros hermanos divinos y/o la primera pareja divina que vino a la existencia después del *Maa.* Esto es porque el *Maa* asegura que todo tenga su tiempo en el sol, de manera que para cada causa haya un efecto. Todo lo que asciende eventualmente caerá, etc. Shu, por lo tanto, es el Yang kamítico, responsable del calor, el fuego, la luz, la

---

[42] Fue esta comprensión de que las mujeres son dadoras de nacimiento y de que su útero es sagrado lo que llevó a los derechos de las mujeres y a las sociedades matriarcales en la África tradicional.

[43] Ésta es una de las razones de que las mujeres fueran sagradas y respetadas en las sociedades africanas.

[44] El Ojo Derecho de Rã simboliza al Sol (Solar), representando la información factual y racional, el pensamiento material mundano/secular y la "perspectiva masculina" controlada por el hemisferio izquierdo del cerebro, mientras que el Ojo Izquierdo de Rã simboliza a la Luna (Lunar), representando la información abstracta y esotérica, el pensamiento espiritual, los sentimientos, la intuición, la "perspectiva femenina" dominada por el hemisferio derecho del cerebro. Juntos, estos ojos dan una perspectiva completa u holística.

causa, lo racional, lo positivo, la acción, etc. Es interdependiente con su hermana-esposa polar opuesta, Tefnut, que es el Yin kamítico, responsable de la frescura, el agua, la oscuridad, el efecto, lo intuitivo, lo negativo, la reacción, etc.

Es importante comprender que la falla en reconocer que Shu y Tefnut simbolizan los aspectos duales de la naturaleza ha llevado a la actitud chauvinista de que las mujeres son el más débil de los sexos y en muchas religiones occidentales la fuente del mal. Por el otro lado, en respuesta a las actitudes chauvinistas masculinas, las feministas han intentado presentar al principio femenino como más dominante y poderoso que su polo opuesto. Ambos conceptos son incorrectos según el pensamiento africano antiguo. Ninguno es más fuerte, mejor o más débil que el otro. Ambos dependen del otro y la razón de que etiquetemos las cosas de esta manera es para intentar comprender la naturaleza de Dios. En realidad, cuando se comprende que ambos simbolizan el apecto dual de la naturaleza y que cada uno depende del otro para su supervivencia, debería quedar claro que, sin uno, el otro dejaría de existir, y viceversa. Por ejemplo, sin una especie femenina capaz de llevar el huevo, la especie masculina no tendría un huevo que fertilizar. Ésta era la lógica y la sabiduría de los antiguos africanos que llevó a que las mujeres tuvieran derechos similares a los de los hombres en la sociedad tradicional africana. Ésta es la razón de que los antiguos filósofos kamíticos indicaran que primero Shu y luego Tefnut emergieran después del *Maa*: balance, reciprocidad, etc. En algunas de las leyendas se dice que Shu y Tefnut eran tan cercanos que fueron emitidos como mellizos. Aun así, uno tiene que venir después del otro. Tiene que haber una causa para que haya un efecto.

Dicho esto, la reina africana no recibía arbitrariamente el título de reina madre y se dedicaba a beber vino y cenar, como lo vemos en los cuentos de hadas y las historias infantiles. Era considerada la madre de una nación por sus deberes y responsabilidades para con el pueblo. Un análisis de las grandes civilizaciones africanas revela que muchas de estas sociedades estaban basadas en la línea materna, donde las mujeres tienen roles muy importantes en la comunidad. Esto no es lo mismo que el feminismo, y no significa que los hombres no tienen roles importantes en una sociedad tal. Lo que significa, como una vez me lo explicó Papá Raúl, es que se pone mayor énfasis en la línea materna versus la línea paterna. Papá Raúl me dijo que algunas sociedades espirituales en Cuba aún funcionan de esta manera, por lo que mi aakhu me presentó a Oset coo una reina madre que da nacimiento al cambio revolucionario.

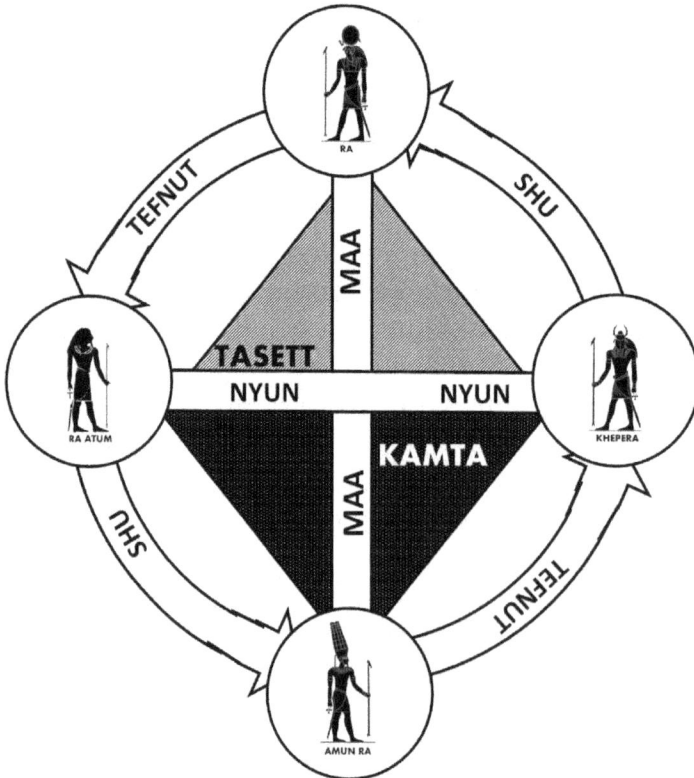

KAMTA & TASETT

Volviendo al tema que nos ocupa, se me aseguró que, aunque ningún diagrama parecido al maa aankh haya sido descubierto entre las tumbas de Kamit, un análisis profundo revela que muchos en el antiguo pueblo kamítico vivían sus vidas de acuerdo con el maa aankh. Ésta es la razón de que los gobernantes fallecidos fueran comúnmente enterrados en el oeste y más al sur[45] y de que las actividades para dar vida fueran ejecutadas en la región oriental del país. Se cantaban elegías e himnos a Amun RA porque éste es el aspecto de Dios que los sacerdotes de Karnak determinaron que renueva nuestro ser, etcétera. Hay toda clase de ejemplos que abonan la teoría de que los Kamau vivían sus vidas según el maa aankh, se me mostró. Listarlos todos quedaría simplemente fuera del ámbito de este trabajo. La mejor documentación que los Kamau dejaron a sus descendientes es la *Historia de Osar*.

La Historia de Osar

Ahora bien, como lo afirmé antes, yo había leído la mayoría de las historias kamíticas numerosas veces. Había leído la

---

[45] Para más información, ver *Nile Valley Contributions to Civilization*, por Anthony H. Browder, p. 85.

Historia de Osar una cantidad de veces también, y cada vez llegaba a la misma conclusión, que era que el poder del derecho vence al poder de la fuerza. Fue sólo después de estudiar el maa aankh y permitirle al Espíritu que tuviera alguna participación que llegué a una conclusión diferente, nueva y única que cambiaría mi vida para siempre. Esto es porque el maa aankh me ayudó a ver cómo Dios se manifiesta a Sí Mismo[46] a lo ancho del universo y cómo yo estoy conectado con mi Creador. Me ayudó a comprender que nada sucede por coincidencia. Todo lo que existe en el universo sigue el mismo procedimiento cíclico, el mismo orden y el mismo plan divino, que pude ver que es perfecto. Por primera vez en mi vida pude ver la belleza de Dios porque pude ver a Dios, lo que me llevó a interpretar la *Historia de Osar* de modo diferente.

Existen muchas versiones de la historia porque la historia parecía cambiar con el tiempo y cambiar con cada nuevo gobernante para apoyar el sistema espiritual que ese gobernante seguía. Brevemente, la historia trata d edos hermanos, uno llamado Osar y su hermano menor, Set. Según la leyenda, Osar se convirtió en rey en un tiempo muy horrendo, cuando su gente guerreaba entre sí. Buscando traer la paz a su tierra, en algunas versiones se dice que Osar fue a hablar con Djahuti, y en otra versión, que estoy más inclinado a aceptar basado en mi nueva comprensión, se dice que Osar habló con RA, quien lo nombró heredero al trono[47], después de lo cual Osar procedió a gobernar y

---

[46] En realidad Dios es tanto masculino como femenino, lo que significa que hay una parte de Dios que inicia el cambio y una parte que manifiesta el cambio, de manera similar a como el esperma de un hombre inicia la vida dentro de una mujer, pero es la gestación dentro del útero de esa mujer lo que trae a la nueva vida al ser/existencia.

[47] Rã, según el maã ãankh, es el controlador y gobernante de la vida al mediodía, que corresponde a nuestra conciencia despierta, ya que la palabra para gobernante es rã.

---

enseñar correctamente a su pueblo introduciendo un cuerpo de leyes para que se gobernaran a sí mismos[48].

Más adelante, Osar le enseñó a su pueblo la agricultura, un oficio que aprendió de su esposa Oset. En un tiempo relativamente corto, las enseñanzas de Osar se habían extendido por todo el territorio. Todos amaban a Osar y apreciaban a su amado gobernante, excepto su hermano menor, que se había puesto muy celoso del éxito y la fama de Osar.

Osar, viendo que todo iba bien, decidió difundir sus enseñanzas por el mundo para ayudar a otros. En su ausencia decidió dejar a Oset a cargo, pero, sin que ninguno de ellos lo supiera, Set estaba ideando un plan con varios conspiradores para asesinar a su hermano cuando regresara.

Cuando Osar regresó de su viaje, Set le dio la bienvenida a su inocente hermano y a todos los dignatarios del reino con una gran celebración. Cuando todo iba viento en popa, Set exhibió un baúl bellamente decorado y prometió regalárselo a quienquiera que entrara perfectamente en él. Uno por uno, todos los invitados intentaron encajar en el baúl, pero ninguno pudo. Sabiendo de antemano que el baúl acomodaría a Osar, tras mucha persuasión[49] Osar se acostó en el baúl y, antes de que pudiera volver a incorporarse, Set y sus conspiradores sellaron con clavos el baúl y vertieron en él plomo fundido, sofocando y matando así a Osar. Luego

---

[48] El lector estudioso notará que éste es el mismo camino que tomó Jesús una vez que regresó de su hiato y empezó a enseñarle a la gente el nuevo modo.

[49] Esto es una alusión al hecho de que en última instancia nosotros tenemos el poder de elegir hacer lo que queramos. Sólo porque tienes el Rāu tu vida no será fácil; tendrás que atravesar algunas dificultades o tendrás adversarios. Aún tienes que usar el sentido común.

arrojaron el baúl al Nilo. Nadie se opuso a Set cuando usurpó el trono porque también podría haber matado fácilmente a quien lo hiciera. Se dice que hasta RA volvió la cabeza y lloró por la noticia de la muerte de Osar, porque ni él podía enfrentar a Set.

Cuando la noticia de la muerte de Osar llegó a Oset, ella se cortó un mechón de pelo, lo puso en sus ropas de duelo y fue en busca de su rey. Buscó secretamente por todos lados, porque ahora era una fugitiva en su propia tierra y más allá. Sin poder encontrar el baúl, RA, sintiendo lástima por ella, envió a Npu a asistirla. Con la ayuda de Npu, Oset fue guiada a una tierra distante, donde encontró a un árbol que había sido cortado y transformado en un pilar para el gobernante de la tierra extranjera que envolvía el baúl. Tras pedirle al rey que le devolviera el baúl, por medios mágicos se dice en una versión que Oset hizo que el miembro abatido de Osar la embarazara, para poder darle un heredero a Osar. En otra versión se dice que Oset cantó canciones de duelo y se transformó en una magnífica golondrina y mientras volaba en torno al cuerpo le cantó a Osar para que la dejara embarazada de un heredero.

Secretamente, Oset, embarazada, viajó de vuelta a su tierra para dar nacimiento al heredero de Osar. Antes de hacer eso, había escondido secretamente el baúl con el cuerpo de Osar en el pantano. Mientras estaba afuera preparándose para dar a luz, Set, durante una expedición de caza, encontró el baúl y, en un arranque de ira, destrozó el cuerpo. Fue después de dar nacimiento a Hru, el heredero de Osar, que Oset regresó y vio lo que Set había hecho. Nuevamente, Oset buscó el cuerpo de su amado rey con Npu, pero esta vez iba acompañada por su hermana menor, Nebhet, de quien alguna vez se creyó que había sido la esposa de Set. Juntas buscaron por todas partes los pedazos del cuerpo de Osar y en cada lugar en donde encontraban un pedazo del cuerpo de Osar crearon un santuario para recordarle a la gente que era un lugar sagrado donde había sido encontrada una parte del cuerpo de Osar. No pasó mucho tiempo hasta que todas las partes del cuerpo de Osar fueron recuperadas excepto sus genitales, que habían sido tragados por un pez.

Ahora bien, Oset aún estaba muy entristecida por la pérdida de su marido y lloró mucho sobre el cuerpo sin vida de Osar. Deseando que él regresara, le preguntó a Djahuti si él podría volver a la vida a Osar. Djahuti, sabiendo que el espíritu de Osar había abandonado su cuerpo hacía mucho tiempo, sabía que sería difícil, porque el espíritu de Osar podría no reconocer ya el cuerpo deformado. Tras buscar una manera, Djahuti dio instrucciones de envolver el cuerpo de Osar en lienzos y darle una ceremonia de entierro formal, para que al cuerpo de Osar se le permitiera finalmente descansar en paz y existir para siempre como el primer ancestro honorable.

Ahora bien, tuvieron lugar muchos atentados contra la vida del joven Hru, y cuando se hizo mayor fue inspirado en un sueño para vengar la muerte injusta de su padre. Hru respondió y desafió a su tío a una batalla. Set, sin embargo, siendo más viejo y más conocedor de la guerra, perdió algunas batallas contra Hru, pero ganó la mayoría. En una batalla, Hru perdió su ojo y se replegó junto al visir de su padre, Djahuti, quien le reparó el ojo. Cuando Hru volvió a encontrarse con Set en el campo de batalla, venció rápida y ágilmente a su tío cortándolo a la altura de sus pantalones y convirtiéndolo en un eunuco. Luego Hru arrastró a Set, herido y derrotado, para que fuera juzgado.

Sin saberlo, la influencia de Set se extendió por todo el territorio y, como resultado, fue convocado un tribunal por Neith, que era un guerrero pero sabio, para traer balance y justicia al territorio. Cuando el tribunal se reunió y trató de hacer justicia, lo que podría haber acabado con la Gran Guerra, fracasó miserablemente, porque los jueces discutían y peleaban entre sí, porque algunos de los miembros estaban del lado de Set como gobernante del territorio, y otros, del lado de Hru como heredero de Osar. Como resultado, el tribunal quedó dividido y no pudo alcanzar una decisión final justa.

Entonces se sugirió que Osar, como Tum, hablara desde más allá de la tumba. Cuando Osar (Tum) habló, expresó su decepción porque los miembros no habían sido capaces de alcanzar una decisión justa. Le recordó al tribunal que él era el que había enseñado y civilizado al pueblo para que abandonara sus modos malvados. Que la cebada que cultivaban y el ganado que tenían se los debían a él, que les había enseñado a prosperar. En otras palabras, Osar distinguía lo correcto de lo incorrecto, sabía lo que funcionaba y lo que no, porque estaba allí mismo entre ellos, practicando lo que predicaba. Osar no decía una cosa y hacía otra porque no era un hipócrita. Todo lo que decía lo sabía porque lo hacía también, basado en su conocimiento del Espíritu.

Se dice que Osar le dio gracias a Dios por establecer los Salones de la Justicia en el Inframundo[50], pero debido al hecho de que Maa había sido echado por Set, haciendo que la vida física fuera injusta, Osar, debido a sus logros éticos y morales en el mundo de los vivos, reestablecería el Maa en el Inframundo, convirtiéndose así en el primer Señor de la Tierra de los Vivos así como en el Primer Señor en la Tierra de los Muertos o Inframundo[51]. Osar dijo al tribunal que,

---

[50] Esto es una metáfora para el inconsciente, el reino espiritual y el mundo del espíritu.

[51] El balance, la verdad, el orden, la justicia y la ley serían restablecidos en el Inframundo, para que lo que hacemos en el reino físico tenga su correspondiente efecto en el mundo espiritual y viceversa.

como Señor del Inframundo, tenía a su disposición mensajeros[52] que podrían tomar el corazón de cualquiera.

Por lo tanto, si el tribunal no alcanzaba una decisión justa, estaría todo bien, pero los jueces debían recordar que una decisión recta y justa caería sobre cada uno de ellos, cuando se encontraran con él en el Inframundo, pues la muerte no tiene favoritos.

Basado en las palabras de Osar, el tribunal dictó sentencia en favor de Hru, por miedo, para que a su muerte los jueces recibieran una decisión favorable en el Juicio Final. Esto es como lo que algunas personas hacen hoy: hacen lo que es correcto no porque es lo correcto, sino porque no quieren ir al infierno y ser castigadas.

Corona Pschent

---

[52] Los mensajeros de los que se habla son las fuerzas y espíritus que influyen e inspiran la manifestación física. Uno de estos espíritus es llamado el devorador en la tradición cristiana y hace que, sin importar cuán duro trabaje una persona, no sea capaz de conservar el dinero o de tener nada. Ésta es la razón de que algunos individuos que ganan la lotería pierden poco después todo su dinero y están en peor condición que cuando empezaron. Lo mismo puede decirse de presentadores que son físicamente ricos pero no felices o de personas que son ricas pero no de verdad y así siguiendo. Osar le está diciendo al tribunal que si no hacen lo correcto él tiene a su disposición la capacidad de hacer temblar de miedo a cualquier, especialmente a la conciencia de uno.

De cualquier modo, Hru fue declarado victorioso porque fue encontrado *maakhru (maaxeru),* "de voz verdadera". Set fue castigado como un burro, a cargar la misma cosa que podría salvarlo y traerle vida eterna (las enseñanzas de Osar), mientras que Hru, por el otro lado, fue premiado con la corona blanca Hedjet, formando así la doble corona Pschent. Hru restauró el Maa a lo ancho del territorio, reconstruyó los templos de sus ancestros que habían sido destruidos por Set y construyó templos nuevos para conmemorar su victoria sobre su tío.

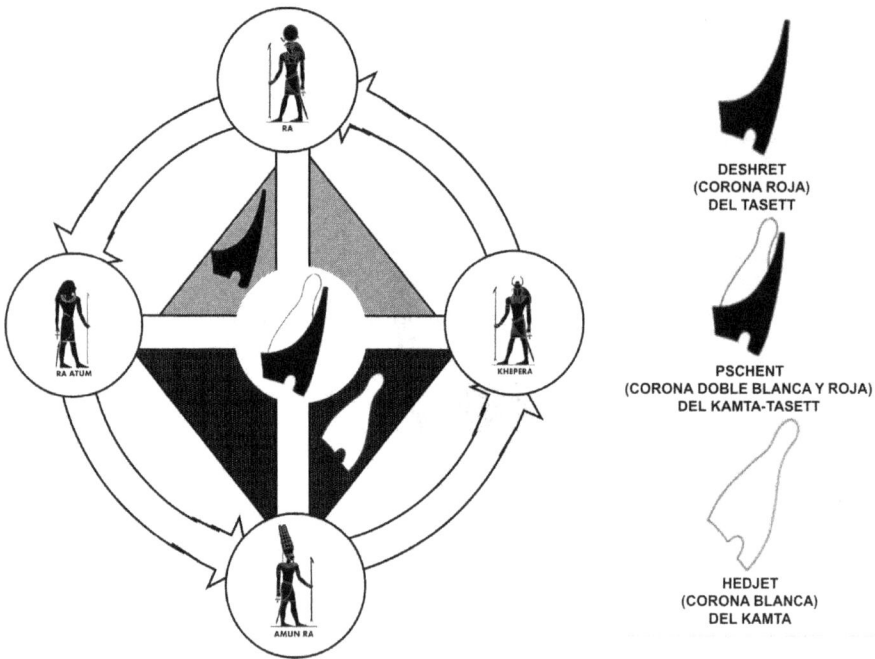

Maa Aankh & Corona Pschent

El Poder de la Blancura

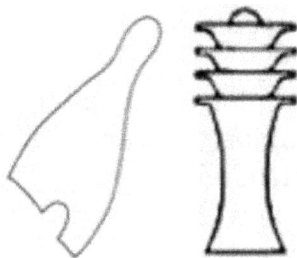

Ahora bien, tras leer la *Historia de Osar* normalmente yo habría arribado a la misma conclusión. No esta vez, porque se me mostró que Hru no habría vencido a Set y ganado la guerra si Osar no hubiera intercedido por él. Era porque Osar intercedió por Hru que Hru fue premiado con las coronas roja y blanca.

Lo que hacía a esto aun más intresante era que poco después aprendí que en el Viejo Congo la gente que tenía pelo gris o blanco era altamente respetada porque se decía que tenía una corona de fuego. En mi mente, esto se correspondía con la doble corona, porque significaba que, como Hru, uno había atravesado una gran ordalía para templar su fuego con la frescura de lo blanco.

También me encontré con que en el libro *Customs and Government in the Lower Congo,* de Wyatt McGaffey (p. 256), se dice que en el Viejo Congo, cuando había un litigio entre dos o más partes, un tribunal se convenía para zanjar la disputa (imagino que bajo un gran árbol[53]). Cada involucrado en el litigio discutía y explicaba su punto y hasta aquellos que no tenían nada que ver con las partes involucradas tenía derecho de hablar durante el juicio. El juicio era muchas

---

[53] Los árboles (especialmente los muy grandes y viejos) son simbólicos del maa aankh.

veces un juicio largo a causa de esto, pero el entero propósito de esta clase de juicio era observar los efectos que una acción o conducta en particular tenía sobre la comunidad y curar al culpable de la conducta negativa.

Cuando el tribunal elegía a un ganador del litigio, el ganador básicamente bailaba y lloraba lágrimas de alegría[54] porque había sido encontrado inocente[55]. Del ganador se decía por un corto tiempo que había renacido de la experiencia humillante y sufriente (un poco como una muerte espiritual) traída por el litigio en primer lugar. El ganador se convertía temporalmente en el rey de la corte porque moría espiritualmente y era espiritualmente traído de vuelta por la decisión que lo purificaba de sus abominaciones traídas por el litigio. En algunas aldeas, el ganador era ungido con tiras de tela blanca. Yo imagino que en otras aldeas el ganador era ungido con arcilla blanca o tiza.

Lo que esto significaba para mí, respecto de la *Historia de Osar*, es que cuando empecé a ver a Hru como el sol en el maa aankh, reveló que Hru venció a Set y ganó la guerra porque Osar intercedió por Hru desde más allá de la tumba en KAMTA. Por lo tanto, la doble corona roja y blanca significaba más que simplemente la unificación de las dos tierras. También indicaba, porque la corona roja simboliza el reino físico, los problemas físicos, los juicios, las tribulaciones, la mediación, el peligro, las preocupaciones, los vivos, etc., mientras que la corona blanca Hedjet representa el reino espiritual, la claridad, la paz, el conocimiento, la sabiduría, la seguridad, la estabilidad, los ancestros, etc., que

---

[54] Esto nos da también una nueva interpretación del David bíblico bailando fuera de sus ropas.

[55] Aquellos familiarizados con las enseñanzas kamíticas verán ahora por qué Hru está identificado con ganar, bailar, el triunfo, la victoria y la justicia.

Hru fue exitoso porque le había permitido a la frescura atemperar su fuego, al conocimiento y la sabiduría guiar sus acciones, a sus ancestros guiar su camino y, lo más importante, al Espíritu guiar su voluntad.

¿Qué Vas a Hacer?

Era poesía pura, pero yo aún no veía el cuadro completo que se me estaba revelando porque, aunque había hecho algunos cambios en mi vida, sabía dentro de mí que no era suficiente. Aún no estaba satisfecho. Seguía estresado y algo preocupado por cómo se desarrollarían los eventos. Lo bueno era que me las arreglé para conseguir un trabajo de medio tiempo como profesor y tutor, pero las cosas parecían salirse rápidamente de control otra vez.

No estaba seguro de si era porque no estaba durmiendo, comiendo o cuidándome como sabía que debería. Todo lo que sé es que de alguna manera quité los ojos del Espíritu y, después de varios meses de tomar remedios para la tos, antibióticos, esteroides para los problemas del pecho y de la respiración y medicación para la hipertensión y de evitar bajar las escaleras, sacar la basura y conducir, además de faltar al trabajo y tener que ser totalmente humilde y dependiente de otros, mi temperatura se disparó otra vez y fue de unos 103 grados Fahrenheit durante varios días. Otra vez me llevaron de urgencia al hospital. El médico de la sala de emergencias, notando que mi cuerpo estaba teniendo problemas para respirar y tenía una historia de hipertiroidismo, periconditis, dolores de pecho, etc., no tuvo otra opción que llevarme rápidamente al hospital grande más cercano, que estaba a cuatro horas de distancia. Dando por sentado que podía tener un ataque cardíaco en cualquier momento, optaron por llevarme en un aeroplano para ahorrar tiempo.

Por segunda vez, yací en un hospital con tubos en la nariz y el brazo durante una semana, mientras numerosas enfermeras venían a mi habitación y me pinchaban con agujas. Varias veces, porque mi cuerpo estaba tan deshidratado, les llevaba entre 30 y 45 minutos tomar varias muestras de sangre. Es decir, mis brazos tenían tantas vendas de la "mejor gente" que podía encontrar una vena, que mi cuerpo parecía una pequeña momia (sonrisa: exagero). Seriamente, mis brazos fueron pinchados varias veces, a tal punto que ya ni siquiera les temía a las agujas. Todo esto continuó mientras los médicos especulaban sobre qué podría estar haciendo que mi cuerpo tuviera los problemas que estaba teniendo.

Nuevamente, mientras yacía en la camilla, recordé lo que hice la primera vez que me llevaron al hospital. Para mantenerme optimista, para hacer que mi mente volviera al Espíritu, puse en la televisión algunos programas que le permitirían a mi mente pensar y soñar en la paz, la maravilla, el gozo y el entusiasmo y me animaran a cambiar de actitud. Cuando finalmente había llegado otra vez a mi disfrutable estado mental pacífico, volví a abrir diálogo con el Espíritu. Descubrí que si sólo hubiera recitado pensamientos positivos, habría perdido el juicio, porque esos pensamientos habrían entrado en conflicto con mi realidad presente. Afortunadamente, simplemente confié en el Espíritu.

Poco después, los doctores se rindieron y me recomendaron ver a un especialista. Después de varios exámenes largos y exhaustivos de sangre, me dijeron que pensaban que yo tenía drepanocitosis. Naturalmente, no les creí, porque nadie en mi familia tenía problemas de células falciformes. Los doctores no podían contestar esa pregunta, así que me recomendaron ver a otro especialista, quien me dijo que la razón de que mi cuerpo estuviera tan enfermo era que tenía lupus eritrematoso sistémico (SLE). Esto me hizo darme cuenta de que tenía que hacer un cambio de vida a través del maa aankh.

Por supuesto, oír la noticia de que mi cuerpo había sido diagnosticado con lupus no era lo que yo quería. Naturalmente, me pregunté cómo podría haber pasado esto, especialmente después de haber tratado de comer y ser lo más sano posible. No comía ciertos alimentos y tomaba suplementos dietarios y aun así me había enfermado mortalmente. "¿Cuál es el propósito?", fue uno de los pensamientos que me vino a la mente.

Pero, por el otro lado, estaba contento de recibir la noticia, sólo porque ahora sabía con qué estaba lidiando, pero aun así no era lo que yo quería oír. Especialmente después de oír que se creía que uno de mis DJ/productores favoritos, nacido y criado en Detroit, James Dewitt Yancey alias J Dilla (RIP), un ex miembro del grupo de Detroit Slum Village, quien también produjo para Janet Jackson, Tribe, De La Soul, Q-Tip, Common y muchos otros, posiblemente murió de complicaciones del SLE[56] pocos años antes.

Por unos breves momentos, pensamientos de desesperación, resentimiento e ira entraron en mi conciencia, pero, antes de que pudiera preguntarme "¿Por qué yo?", rápidamente cambié mi forma de pensar. Me negué a ir por ese camino de autoconmiseración y de por qué yo. Me negué a ir por ese camino de estar deprimido, tener pensamientos de celos, suicidio, preocupación y desesperación. No esta vez, porque sabía que todo ocurre por una razón y que era una manera más de aprender acerca de Dios. Eso es lo que acababa de aprender. En vez de eso, me hizo preguntarme qué estaba haciendo mal. Nuevamente, en vez de tratar de

---

[56] *Detroit Free Press*, 23 de febrero de 2006.

desentrañar las cosas, me entregué a permitirle al Espíritu que me guiara.

Hasta este momento, todo lo que había aprendido era una teoría. Sonaba bien, encajaba con los libros que había leído, pero la única forma de saber realmente si era real era vivirlo. Yo sabía lo que tenía que hacer. Tenía que comprometerme seriamente a vivir en la verdad. Tenía que hacer maa aankh. Recuerdo que no mucho después uno de mis hermanos me dijo que en este punto todo era cuestión de fe, y estaba en lo cierto: se trataba de eso. Tenía que o enfrentarlo o callarme. Negándome a morir, no así, hice maa aankh.

Cuando hice maa aankh, me entregué y rendí a Dios y a los aakhu, comprometiéndome a vivir rectamente, ser ético y balanceado y apuntar a la perfección a cambio de las bendiciones, la gracia y el poder de Dios. Esta promesa que hice era verdaderamente poderosa, porque, después de hacerla, sentí una oleada de genialidad que llenaba mi cuerpo debilitado. Podía sentir seriamente que empezaba a ocurrir un cambio. No empecé a hablar en lenguas, pero seriamente me sentía lleno del poder del amor, de gratitud, de paz y de un gozo inexplicable. Era simplemente porque sabía que todo iba a estar bien. Quiero decir, yo seriamente sabía que iba a mejorar y que esto era una verdadera *prueba*. No sabía cómo iba a suceder, sólo sabía que iba a suceder y esto me hacía sonreír profundamente desde dentro. Era verdaderamente una felicidad inexplicable y una paz interior lo que me hacía brillar.

Quiero decir, cuando la gente me veía, después de oír lo que había pasado, pedían disculpas porque me hubiera dado una enfermedad a una edad tan joven. Tenían una expresión grave, como si yo estuviera muriendo, pero yo sonreía y era seriamente *cool* a ese respecto. Esto era verdaderamente el Rau que me estaba transformando.

Parte 5:
Convirtiéndose en un Vehículo de Dios

II

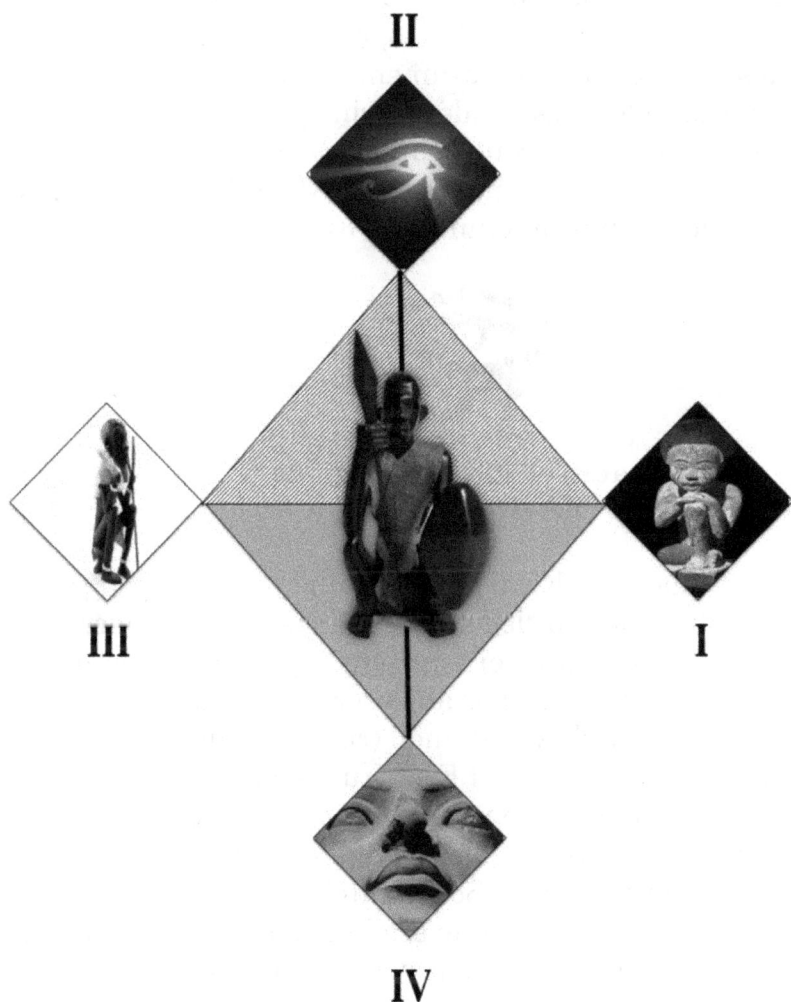

III

I

IV

Nadie nace guerrero; te conviertes en uno.

–Proverbio Árabe

Aceptando que Él lo Solucionará

¿Mencioné que yo no veía el cuadro completo cuando sumé dos más dos sobre las coronas roja y blanca; digo, corrección, las coronas blanca y roja? Bueno, ni siquiera estaba cerca; pero después de tomar el juramento –maa aankh–, ah, cómo se me abrieron los ojos. Dudé al principio de darle mi vida a Dios, se me mostró, porque cuando era joven identificaba la vida espiritual con el monje Shaolin Kwai Chang Caine, de la serie de televisión estadounidense *Kung Fu*.

**Aabit: el Ojo Izquierdo de
RA (Ojo Lunar)[57]**

Me encantaba ver a Kwai Chang Caine porque podía patear traseros y su maestro ciego era aun más *dulce:* bueno. Lo que no me gustaba de Caine era que era espiritual y totalmente desanimado caminando por ahí sin zapatos, llevando una flauta y una bolsa de vagabundo (risa). Lo que era tan divertido de esto era que el Espíritu me mostró que así es como yo solía vivir, como una persona no preocupada por mi bienestar físico. Poco después de que me dijera esto, la imagen de San Lázaro, el Sokãr católico, me vino a la conciencia. Se me mostró que era la misma razón de que me resistiera a ser un predicador: porque no veía ningún balance

---

[57] El Aabit o Utchat (Eye of Ra) izquierdo representa la información procesada por el hemisferio derecho del cerebro, como las ideas abstractas, los sueños, el pensamiento esotérico, los sentimientos, los pensamientos intuitivos, la receptividad, la feminidad, la luna, los ancestros (o espíritus), etc.

entre lo espiritual y lo físico. Entonces, interesantemente, el Espíritu me reveló que yo imitaba un poco a Caine en mi búsqueda. Como Caine, yo vivía sin techo, iba por ahí sin ropas ni comida para comer y llevaba una bolsa de vagabundo también (risa).

Ahora me río porque fue una experiencia de humildad, pero eran estas creencias e ideas desinformadas, debidas a no tener una comprensión seria de nuestra tradición cultural, las que me llevaron a vivir de esta manera. Cambié mi dieta basado en estas teorías así llamadas espirituales varias veces por la misma razón, se me mostró. Como tantos otros, estaba tan confundido respecto de las comidas que debía y no debía comer porque cada autor de dietas decía que su dieta era la mejor, al punto que yo ya no sabía qué estaba bien y qué estaba mal. Espiritual y físicamente, yo era un desastre, y por esto es que me sentía tan confundido e infeliz y por qué no tenía salud a pesar de que pensaba que estaba comiendo los alimentos correctos, tomando mis suplementos vitamínicos y ahora medicación.

El Espíritu me mostró que yo estaba viviendo "no-holísticamente" porque no incluía a mi espíritu. Estaba haciendo muchos cambios físicos o cosméticos, pero nada de esto estaba cambiando lo que sucedía en mi interior. Como resultado, estaba viviendo para el mañana en vez de vivir el hoy. En otras palabras, estaba viviendo y basando mi vida en lo que "podría" pasar, como en que podría darme cáncer si comía ciertos alimentos, así que no lo hacía. Podría tener tal problema si hacía las cosas de tal manera. Esta idea de que algo podría pasar me impedía hacer ciertas cosas. Me hacía vivir para el mañana y no enfocarme en lo que estaba ocurriendo en mi presente. Este constante preocuparme, deambular, ponderar, etc., venía del miedo: el miedo a lo desconocido y el miedo a no tener el control.

No mucho después de que se me revelara esta verdad,

una canción *gospel* muy popular, llamada *Jesus Will Work It Out,* por el Reverendo Charles Hayes y el Cosmopolitan Choir, me vino a la mente. Recuerdo la canción de mi infancia porque, además de que es una canción de *tempo* rápido, la solista cantaba sobre asuntos verdaderos de cómo Dios hacía milagros en su vida. En un típico modo de llamado y respuesta, el coro canta "Jesús lo solucionará", y la solista responde: "Si tú lo dejas". Entonces la canción se pone realmente como un *blues* cuando la solista empieza a preguntarle a la audiencia cómo van ellos a pagar el alquiler, poner comida en la mesa, pagar las cuentas y atender las necesidades de la familia sin dinero alguno. En otras palabras, ¿cómo puedes lograr objetivos físicos cuando todos tus recursos materiales se han agotado? La única manera de hacerlo, según la solista, era volverse hacia el Señor[58], para que él pueda arreglarlo.

Esta canción era una señal que me fue dada para informarme que esto es lo que tenía que hacer. Tenía que permitirle al Espíritu que me guiara y la única manera de hacer esto era rendir mi voluntad, lo que requería tener fe en Dios. Fue entonces que empecé a ver el cuadro completo, que es que el Poder de Dios o el Espíritu Santo, en la tradición kamítica, se llamaba Rau, según recordé.

Era el Rau lo que les daba la capacidad de gobernar su país relativamente en paz y a la vez lograr hazañas extraordinarias. Como pronto lo descubrirían los antiguos escritores bíblicos, los antiguos kamíticos creían que el Rau o Espíritu de Dios flotaba sobre todo y era el poder que le daba

---

[58] El Señor, por supuesto, es simbolizado por Osar en la tradición kamítica y por Jesús en la tradición cristiana, porque Dios, recuérdalo, es demasiado abstracto y complejo para que lo conciba la mente humana. La mente humana necesita algo en lo que enfocarse, de manera que los más altos ideales asociados con el más grande ancestro de uno representan y simbolizan al verdadero Hijo de Dios.

vida o animaba todo. Pero el antiguo pueblo kamítido también sabía, como los primeros cristianos lo descubrieron cientos de años después, que el Poder de Dios tiene la capacidad de cambiar la mente, el cuerpo y el alma de un hombre y una mujer cuando quiera que Dios desee que Su[59] Espíritu entr en un ser humano. Si el Poder de Dios no estuviera en un individuo, ese individuo no actuaría o se comportaría de tal manera.

Comprensión Esotérica del Antiguo Kamit

A diferencia de los primeros cristianos, el antiguo pueblo kamítico creía que el Poder de Dios estaba dentro de cada hombre y mujer, pero parte de él estaba en un estado latente. En otras palabras, cada hombre y mujer, desde la antigua perspectiva kamítica, tiene el potencial divino de Dios dentro de sí, lo que significa que todos, sin importar su raza, afiliación, origen, etc., tenían la capacidad de lograr grandes cosas. Uno simplemente tenía que elegir aprovechar este poder implementando leyes y principios divinos en su vida. La diferencia entre un sabio y un criminal, desde la antigua perspectiva kamítica, eran simplemente las elecciones que el individuo hacía. Era porque el hombre y la mujer sabios elegían serlo que eran capaces de despertar o ganar acceso al Poder de Dios, que tenía la capacidad de cambiar la mente, el cuerpo y el alma de un individuo. Mientras que un criminal elegía no ser un sabio y continuaba recibiendo de Dios las bendiciones básicas de la vida pero no milagros como tales. *Esto es lo que simbolizan Osar y Oset.*

Entiende que el Rau es el Poder del Espíritu de Dios que anima nuestro ser, se encarga de todas nuestras

---

[59] Posesivo neutro en el original. No olvides que Dios es esencialmente andrógino, aunque se lo vea como masculino.

necesidades y también ilumina la mente de todo ser humano. Psicológicamente hablando, es lo que los occidentales llaman la mente inconsciente (también llamada el inconsciente colectivo o superconsciente), que es la parte de nuestro ser que funciona como una computadora, almacena nuestros hábitos (tanto buenos como malos), inspira, guía, nos revela información intuitivamente, almacena nuestros recuerdos, alberga nuestras experiencias, nunca duerme, nos ayuda a crear nuevos pensamientos e ideas, controla todas las funciones autónomas de nuestro cuerpo perfectamente (como nuestra digestión, la asimilación de hormonas, el transporte de oxígeno a través de nuestro torrente sanguíneo, etc.), sin mencionar que sirve de anfitrión a todos los seres espirituales (características y personalidades sobrevivientes) que existen dentro de nuestro ser.

Para distinguir entre las partes inferiores de las bendiciones básicas del Rau a las que todos tienen acceso, que animan nuestro ser, almacenan nuestros recuerdos, etc., de las partes superiores del Rau, que tienen una cantidad infinita de sabiduría y el poder de cambiar la mente, el cuerpo y el alma de un individuo, los antiguos kamíticos decidieron explorar y estudiar el Espíritu de Dios. Al hacerlo, descubrieron que el Espíritu de Dios o el Rau tenía nueve divisiones (algunos creen que eran siete). Estas nueve diviiones del Espíritu, de la más baja a la más alta, son:

Divisiones del Espíritu

9. La división **Khab** gobierna el cuerpo físico.
8. La división **Khabit,** también llamada la sombra, gobierna nuestras emociones y sentidos y la naturaleza instintiva de nuestro ser.
7. La división **Sahu,** también llamada el vehículo espiritual, almacena nuestros recuerdos, ideas y creencias personales. Es nuestra fuente personal de inspiración y motivación, que se corresponde con

nuestro inconsciente.

6. La división **Ka** se corresponde con el poder personal o *cuadro espiritual* del hombre y la mujer.

5. **La división Ab, llamada el corazón espiritual, les permite al hombre y la mujer ejercitar su libertad.**

4. La división **Ren,** llamada el nombre, se corresponde con el destino del hombre y la mujer y con sus memorias raciales (ancestros). Hay una historia conectada con nuestro nombre, incluso si nuestros padres inventaron el nombre por cómo suena[60]. Nuestro ren refleja cómo actuamos, nuestro destino y energía. Si nuestro ren es negativo en cualquier forma, debe ser cambiado.

3. La división **Shekhem** les da al hombre y la mujer la capacidad de realizar milagros en sus vidas. Se corresponde con el aspecto todopoderoso del inconsciente.

2. La división **Khu** les permite al hombre y la mujer conocer la Voluntad de Dios. Se corresponde con el aspecto omnisciente del inconsciente.

1. La división **Ba,** llamada la chispa divina, es responsable de unir al hombre y la mujer con todas las cosas vivientes en el universo. Se corresponde con el aspecto omnipresente del inconsciente y les da a los seres humanos la capacidad de saberlo todo.

Me pareció bastante interesante que esto pareciera corresponderse con la Matemática Suprema, el Paut Neteru, la Cábala y el listado de Tipos de Espíritus de Kardec. La diferencia era que yo empezaba a ver cómo esto se

---

[60] Es importante para nosotros entender esto porque en años recientes se nos ha hecho creer que los nombres son "gueto" y no auténticos porque nuestros padres inventaron los nombres. Cuando se comprende por qué nuestros padres crearon el nombre, o la historia detrás del nombre elegido, encontramos orgullo y dignidad al llevarlo.

correspondía con la serpiente radiante, fiera y circular en la cabeza de RA. Parecía ser más un efecto ondulante, comenzando con la esfera más interior y expandiéndose hacia afuera. Indicando así que nuestro espíritu es un organismo complejo compuesto por nueve niveles.

Nueve Divisiones del Espíritu

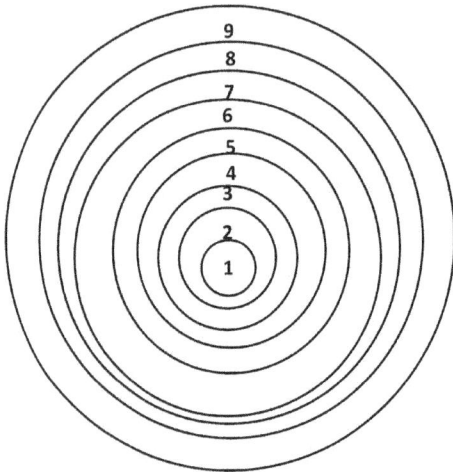

1. Ba
2. Khu
3. Shekhem
4. Ren
5. Ab
6. Ka
7. Sahu
8. Khabit
9. Khab

Antes de continuar, debe comprenderse que lo que se me estaba mostrando era una comprensión esotérica de nuestro ser, desde una perspectiva cultural. Como yo tenía mucha confusión acerca de las divinidades, tuve que separar los arquetipos asociados con estas divisiones para obtener una mejor comprensión de la materia que me ocupaba. Al hacerlo, vi que estas divisiones existían dentro de todos nosotros y fui capaz de obtener una comprensión más profunda del ser humano. Fue a través de esta asociación que se me mostró que, según el antiguo pensamiento kamítico, el número 1 es "Verdadero" Conocimiento porque se corresponde con la división más alta y más interior de nuestro espíritu, que los antiguos kamíticos llamaban el Ba. El número 2 es "Verdadera" Sabiduría porque se corresponde con la segunda división más alta y profunda de nuestro espíritu, que los antiguos kamíticos llamaban el Khu. El número 3 es "Verdadera" Comprensión y se corresponde con la tercera división más alta y así siguiendo todo el trayecto hacia nuestro ser más exterior.

Para mí, esto significaba que, si bien todos tenemos aceso a estas divisiones del espíritu que existen en nuestro ser, la mayoría de los hombres y mujeres en el mundo eligen funcionar en las divisiones 6 a 9 (siendo la 10 estrictamente influencias externas), lo que significa que a la mayoría de los hombres y mujeres les interesa exclusivamente su bienestar físico (dinero, ropa, casas, autos, alcohol, drogas, etc.) y harán todo lo que se necesite físicamente (incluso si significa dañarse a sí mismos y a otros) para obtener estas cosas. El "Verdadero" Conocimiento y todo lo demás vienen de dentro.

Ahora bien, muchos autores que he leído hablan de cómo todo viene de dentro pero no proveen ejemplos tangibles y reales de lo que esto significa. Así que yo decidí poner a prueba esta teoría creando un plan o algo que yo realmente quisiera y cómo hacer para obtenerlo, como un poco de dinero o pagar algunas cuentas. Por ejemplo, tenía un pago del auto de $265, que no era mucho pero, cuando quedé temporalmente incapacitado para trabajar, era un gasto añadido que mermaba nuestros fondos. Así que escribí en un papel cada modo factible en que podría obtener algún dinero para pagar esta cuenta. Anoté cada posible modo que se me ocurrió para agotar y exponerme a mí mismo mis limitaciones físicas. Entonces, cuando encontré todas las mejores maneras posibles en que podría generar algún dinero para pagar algunas de las cuentas que tenía, aparté mi lista de posibilidades y traté de no pensar en mi deseo en absoluto. Fue entonces cuando vi a la magia o el poder de Dios funcionando dentro de mi ser.

Cuando dejé de pensar por unos días en cómo iba a obtener el dinero, cuando finalmente agarré mi lista, descubrí un modo diferente y más fácil de obtener el dinero que necesitaba para pagar la cuenta del auto. Fue verdaderamente asombroso, porque era como si me hubiera venido del cielo claro y azul una solución a mis problemas. Poco después, cuando hablaba con la cajera del banco sobre mi cuenta, ella mencionó que, como yo estaba incapacitado temporalmente, había un seguro por discapacidad temporal en mi boleta. Esto básicamente significaba que mi seguro haría pagos para mi auto hasta que yo pudiera volver a trabajar. Esto me hizo comprender que lo Divino está definitivamente dentro de nuestro ser y que, cuando Le permitimos jugar un papel activo en nuestra vida, encontramos diferentes caminos y soluciones para obtener lo que queremos.

Lo que esto me enseñó es que todos necesitamos las mismas cosas. Todos necesitamos dinero, ropa, una casa, etc. (recursos naturales) para existir físicamente, así que en este aspecto somos todos iguales. Dios no favorece a un individuo, grupo de gente, etc. sobre otro. Esto significa además que un grupo de gente no es mejor que otro y viceversa. Nuestros hijos necesitan entender que ciertos grupos de gente no son más inteligentes o mejores al realizar ciertas habilidades como hacer matemáticas, mientras que otros son mejores tocando música, etc. Dios no tiene favoritos.

Lo que nos distingue a unos de otros son las elecciones que hacemos. La razón de que un individuo o grupo sea mejor al realizar alguna tarea en particular es que elige desarrollar esa habilidad practicando y haciendo todos los sacrificios necesarios para ello. Esto significa que lo que determina quiénes somos y lo que será son las elecciones que hacemos. Con respecto a las divisiones de nuestro espíritu, esto significa que podríamos o bien elegir intentar lograr nuestros goles desde afuera (de 9 a 1) o de adentro hacia afuera, como un efecto de ondulación (de 1 a 9). En otras palabras, si tenemos que mentir, hacer trampa, robar, mutilar y asesinar para conseguir las cosas que queremos, estamos haciendo las cosas desde afuera hacia adentro y no somos diferentes de las bestias que viven en lo salvaje, sobreviviendo en base a sus instintos animales. Si nos sometemos al Espíritu (de 1 a 9), Él nos mostrará el camino.

Lo que hace al hombre y la mujer diferentes de los animales es que nosotros tenemos un Ab, que es el número 5 y se corresponde con el "Verdadero" Poder. En otras palabras, el hombre y la mujer tienen un Poder que los animales no tienen y ese poder es el poder de la elección. Es por el poder de elección o libre albedrío del hombre y la mujer que podemos elegir vivir como un animal o vivir como un dios o diosa. Para vivir como un dios o diosa tenemos que acceder a las divisiones superiores de nuestro espíritu. Es a causa de nuestro Ab que cuando nuestros seres queridos mueren les deseamos paz en la otra vida, porque sentimos que hay algo más después de la muerte. Es nuestro Ab el que nos hace sentir culpables por cometer un delito porque podemos sentir que estamos dañando a otros con nuestras malas acciones. Cuando hacemos lo que es correcto, es nuestro Ab el que nos da la sensación de que seremos justamente recompensados o de que se hará justicia. Todo esto es porque la división Ab de nuestro espíritu nos da el poder de ser lo que elijamos ser. La división Ab del espíritu, situada en medio de las nueve divisiones, es lo que hace únicos al hombre y a la mujer. Cuando un individuo decide vivir y hacer lo que es correcto basado en mi nueva comprensión de la Matemática, ahí es cuando gana acceso a las divisiones superiores del espíritu, números 1-4.

Así que, para simplificar las cosas, la división Ab del Espíritu, que corresponde al número 5, les da a hombre y mujer el poder, la libertad y el derecho de elegir o bien funcionar desde las divisiones 1-4 o bien desde las 6-9[61]. Las

---

[61] Teniendo en mente que 10 corresponde al reino físico.

divisiones 1-4 (Ba, Khu, Shekhem y Ren), por lo que comprendo, se hicieron conocidas como la División Superior, el Nivel Superior del Espíritu y eventualmente Alto Kamit o las Tierras Negras[62]: KAMTA (lo que significa que es un misterio), mientras que las divisiones 6-9 (Ka, Sahu, Khabit y Khab) se hicieron conocidas como las Divisiones Inferiores, el Nivel Inferior del Espíritu y eventualmente las Tierras Rojas: TASETT (para indicar que es algo mundano).

Las Divisiones del Espíritu	Niveles del Espíritu	Nivel Esotérico del Espíritu	Historia de Osar
Khab (9) Khabit (8) Sahu (7) Ka (6)	Divisiones Inferiores, Nivel Inferior del Espíritu, Bajo Kamit (posibilidades limitadas)	TASETT	Set (Set-an, Setanel, el Diablo, diablos, fantasma, etc.)
Ab (5)	Cuatro Momentos del Sol	Amun RA, KhepeRA, RA y RA Atum	Hru (Hijo de Osar, Niño de Dios)
Ren (4) Shekhem (3) Khu (2) Ba (1)	Divisiones Superiores, Nivel Superior del Espíritu, Alto Kamit (posibilidades ilimitadas)	KAMTA	Osar (Los Ancestros, Jesucristo, Ángeles Guardianes, etc.)

Las divisiones del Espíritu y el Maa Aankh

---

[62] Las Tierras Negras son las tierras fértiles de nuestros antiguos ancestros.

Como la energía no puede ser creada ni destruida sino que sólo cambia y se transforma, el Ab, que les da al hombre y la mujer libre albedrío, se corresponde con la conciencia, autoconciencia, identidad y alma del hombre y la mujer, o su poder de elegir y transformarse. Es la parte de nuestro ser que toma decisiones basada en lo que ha aprendido o experimentado. Está siempre despierta, dándonos el poder de elegir, porque es esencialmente libre. Para indicar esto, Dios nos da un Ab, que es el derecho de elegir y tomar decisiones, la libertad de convertirnos en lo que sea que queremos ser. El Ab se identifica con el sol, que se mueve libremente entre las dos grandes tierras.

Así, para ganar acceso a los niveles superiores del Espíritu, KAMTA, el Ab, según parece por mi investigación, tiene que asociarse con Amun RA y KhepeRA. Cuando el Ab está en las posiciones RA y RA Atum, está en la división inferior del Espíritu o TASETT, lo que significa que, cuando uno mueve su Ab (conciencia, autoconciencia, corazón, voluntad, etc.) a la posición Amun RA (medianoche), gana acceso a las divisiones 1-4, lo que además contrapesa a las divisiones 6-9. Cuando uno mueve su Ab a la posición RA (mediodía), sólo tiene acceso a las divisiones 6-9.

Cuando comparé lo que había encontrado con la *Historia de Osar*, me di cuenta de que cuando abordamos la vida desde la perspectiva de nuestros ancestros o antigua perspectiva cultural, además de revelar que los antiguos sistemas kamíticos (y otros sistemas africanos tradicionales) no son meras artes y práctias supersticiosas sino realmente prácticas basadas en la observación de las ciencias naturales, tenemos la capacidad de convertirnos en lo que sea que elegimos ser. Nuestras fallas, experiencia pasada, afiliaciones, origen, etc. no determinan quiénes seremos, porque nuestro Ab es esencialmente libre de convertirse en lo que elijamos ser.

Por supuesto, se pueden encontrar tópicos similares en diversas culturas. De hecho, comúnmente se afirma: "Puedo hacer todas las cosas a través de Cristo que me fortalece", pero cuando se comprende desde una perspectiva metafórica quién es realmente el Cristo obtenemos una comprensión más profunda del Espíritu de Dios y nuestra conexión con lo Divino. Verás, cuando se comprende desde la antigua perspectiva kamítica que el Poder de Dios yace dentro de nosotros y que lo único que nos impide experimentar todo el poder de la gracia de Dios son las elecciones que hacemos, debe quedar claro que es imposible para nosotros salir de la pobreza y de los otros males sociales como meros seres humanos, pero para un individuo que se ha re-conectado (religión) con las partes superiores del Poder de Dios (simbolizado como Osar, Los Ancestros, Jesucristo, aquellos consumidos por la blancura-pureza, conocimiento, sabiduría, poder espiritual, conciencia, etc.), nada es imposible. Todo lo que tiene que hacer es poner la mente en ello.

Cuando más profundo penetra uno o cuando más introvertido se vuelve, más poderoso se vuelve. Mientras que cuanto más extrovertido se vuelva un individuo más depende de sus sentidos físicos y menos poderoso se vuelve. Esto no es una píldora mágica, pero cuando imprimimos lo que queremos en nuestro espíritu, el espíritu nos muestra cómo conseguir y lograr la meta deseada.

Así que, volviendo a la *Historia de Osar*, Hru fue capaz de vencer a Set (las divisiones inferiores del Espíritu de Dios) y ganar la guerra (superar las pruebas, las tribulaciones y otros problemas en TASETT) porque rindió su voluntad a Osar (las divisiones superiores del Espíritu de Dios) y reclamó el trono (conocimiento, sabiduría, paz, prosperidad, que residen en KAMTA), revelando así que los rectos no mueren realmente (espiritual o físicamente) sino que renacen. Como canta Jill Scott, ahora puedo *Respirar*.[63]

Cálmate, Nena

Empecé a ver que cuando les entregaba mi voluntad o Ab a las divisiones superiores del espíritu era cuando estaba en mi estado más receptivo, poderoso y puro, porque es entonces cuando mi Ab está en el punto Amun RA, el momento de renovación. Cuando mi Ab está en este momento del tiempo es cuando estoy más cerca de KAMTA, lo que me da acceso directo a mis aakhu y netcharu. Me di cuenta de que en este momento particular, además, recibimos la mayoría de nuestros sueños. Cuando empecé a hacer comparaciones entre lo que veía en la naturaleza y el maa aankh, descubrí las observaciones de más arriba.

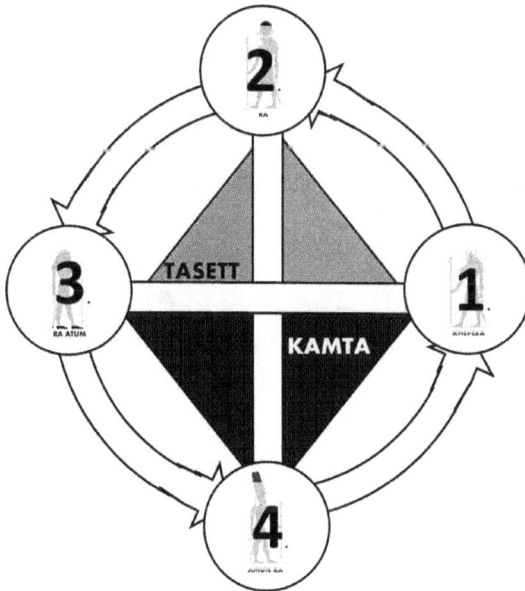

El Maa aankh en relación a la Vida

---

[63] El lector recordará que en los momentos Rã y Rã Atum hay excitación y un sentido de emergencia circulando, significado por una respiración insuficiente.

1. KHEPERA

El amanecer (6AM), el Este, nacimiento, el comienzo, conciencia despierta (desde el dormir), primavera, el símbolo de la emergencia desde la nada, conciencia física, el color negro, que es KALA en Ki-Kongo.

2. RA

El mediodía (12PM), el Norte, masculinidad, vida, conciencia despierta (Solar como el Ojo de Dios o el Aakhut Izquierdo), la cima de la fuerza física masculina, conciencia emocional, advertencia, el color rojo, que es TUKULA en Ki-Kongo.

3. RA ATUM

El ocaso (6PM), el Oeste, muerte, descenso, pérdida de conciencia, Caída, símbolo de los ancianos asociado con aquellos cercanos a la muerte, conciencia mental, simbolizada como un hombre viejo. El color blanco, que es LUVEMBA en Ki-Kongo.

4. AMUN RA

La medianoche (12AM), el Sur, feminidad, renacimiento, la cima de la receptividad femenina, la conciencia que sueña (Ojo Lunar de Dios o el Aabit Derecho), conciencia espiritual, el color amarillo, brillantez, que es MUSONI en Ki-Kongo.

En ese momento me vino a la mente fuerte y claro el *hit* del verano 1990-1991, *You Gots to Chill* del bandido de ojos verdes Erick Sermon and Parrish Smith Making Dollars, alias EPMD. Hru habitando en la tierra de su tío. Pero imaginé que era más que difícil. Era horrible porque hacía calor. Lo más probable es que las cosas nunca anduvieran bien. La vida no era justa. Estaba llena de problemas y prueba y error. Pude imaginar que sería un infierno en la tierra. Pude imaginarlo frustrado, decepcionado y muy enojado porque probablemente sentía que estaba librando una batalla perdida, pero cuando se calmó (*chilled*) y relajó su mente, entonces la parte de su ser que tiene el poder de hacer entró en acción.

Lo que esto significaba para mí es que la batalla no es mía. La batalla ha sido y siempre será entre Osar y Set, así que no debo tomarlo como algo personal. Es mi trabajo rotar como el sol alrededor de estas dos tierras, para ser, según Juan 7:14-15, "en el mundo, pero no del mundo", o a 93.000.000 de millas de todo[64]. En otras palabras, tengo que vivir en el mundo, TASETT (divisiones inferiores del Espíritu), pero nuestras acciones, conductas, discurso, etc. deben estar basados en KAMTA (las divisiones superiores del Espíritu). No debería vivir mi vida como lo hizo Set, queriendo correr antes de haber aprendido a caminar, lleno de ira, envidia, resentimiento, disgusto, pasión excesiva, salvaje y caótico. Este modo de vida en algún momento lleva a la completa desolación y aislamiento, simbolizada como la tierra desierta. Yo debería esforzarme por vivir mi vida como lo hizo Osar, **"trabajando para ayudarnos unos a otros a alcanzar una meta común"**[65] Yo debería animar a otros, ser inspirador y optimista. Esto, por supuesto, me hizo pensar y me hizo ver que el Rau en la naturaleza se mueve de Amun RA a RA Atum. Me hizo darme cuenta de que era óptimo para mí tratar de mantener mi Ab entre los momentos Amun RA y KhepeRA, porque éste es el momento en que la energía del Rau es más alta.

Advertí que cuando movía mi Ab (Conciencia/Voluntad) entre los momentos Amun RA y KhepeRA en el tiempo, Amun RA es además el estado de perfección y KhepeRA es como la mente de un niño (inocente y libre de preocupaciones). Para mí, esto significaba que, cuando imprimo sugerencias de cambio en este estado mental medidativo-renovador, en teoría debería ser muy efectivo

---

[64] El Sol está a 93.000.000 de millas de la Tierra.

[65] Esto no significa ir y partir el pan con tu enemigo ni significa que tu enemigo va a ser tu amigo de repente. Tiene que ver con la evolución espiritual.

porque es como plantar una semilla en las fértiles tierras de KAMTA. Así que, si quería que ocurriera un cambio real en mi vida, sería sabio al principio hacer el trabajo espiritual (KAMTA) y luego seguirlo con el trabajo físico (TASETT). Haciendo el trabajo espiritual, uno es capaz de plantar la semilla y establecer raíces firmes que en algún momento darán un fruto físico. Tener en cuenta que el Rau es energía y materia divinas, que es manifiesta como nuestras emociones (energía) y materia (nuestros seres físicos, etc.) me hizo darme cuenta de que hay numerosas maneras de imprimir en el Rau para iniciar el cambio físico.

Uno de los modos más comunes de imprimir una meta en el Rau es a través de la repetición, que es como se forman los hábitos. Justo entonces recordé cuando estaba en la escuela, en mi juventud, recibiendo esas tareas de escritura que consistían en escribir 1000 oraciones de la forma "No haré _____."

Por supuesto, hay otras formas de imprimir lo que uno quiere en el Raul, como la acción simbólica. Por ejemplo, si uno toma una piedra pequeña y la arroja por sobre sus hombros, simboliza el librarse de un problema. Otra acción simbólica saría quemar una carta o algo de lo que uno quiere librarse completamente, como un hábito negativo. Es a partir de esta comprensión que empecé a ver por qué la Sra. B me había enseñado a no cruzarme y Papá Raúl a no yacer con los pies apuntados hacia la puerta de entrada, porque así es como se lleva a los muertos. Esto explicaba el propósito de ciertas creencias y prácticas supersticiosas.

Otra práctica que encontré que se usaba en círculos religiosos es el uso de velas. Encendiendo una vela uno puede imprimir en el Rau el tipo de cambio que quiere, simplemente sugiriendo que cuando la vela se consuma será implantada en el KAMTA.

Hay numerosas maneras de plantar una semilla en KAMTA porque el Rau, estando compuesto de energía y materia, ama el movimiento, y el movimiento significa ritmo. El ritmo existe en la música, en cantar, tocar el tambor y bailar, lo que explica por qué las culturas que tienen un alto aprecio por la espiritualidad también tienen una vasta y compleja tradición musical, de canciones y bailes.

La otra cosa que aprendí es que como en KAMTA, lógicamente, no todo tiene sentido pero existe en términos alegóricos, metafóricos y simbólicos, ésta es la razón de que, lógicamente hablando, nuestros sueños no tienen sentido, pero cuando comprendemos el significado de los símbolos en los sueños el mensaje se vuelve claro. Es porque en KAMTA las cosas se agrupan por asociación. Ésta es la razón de que la mera mención del color rojo dispare imágenes de fuego, caliente, camión de bomberos, luces destellantes, etc., junto con algunas respuestas emocionales también.

Fue esta comprensión lo que me enseñó cómo comunicarme y cómo interpretar los mensajes del mundo invisible. Ahora puedo decir firmemente que Dios responde todas las plegarias. El problema es que no hemos aprendido a escuchar e interpretar los signos que Dios nos da. Cuando aprendí a observar la natura con mis sentidos espirituales, ahí fue cuando vi las huellas de Dios por toras partes, lo que me llevó a concluir que el Rau se mueve por repetición, ritmo, acción simbólica, alegorías extrañas pero significativas y asociación simbólica.

Fue esta observación, debida a mover mi Ab entre los momentos Amun RA y KhepeRA, lo que me permitió ver que opuesto a Amun RA estaba RA, que es representado por el sol del mediodía. El netchar asociado con el sol del mediodía era Hruaakhuti, el espíritu guerrero que primero desafió a Set. Hruaakhuti lleva la máscara de un halcón, enfatizando por asociación que es un guerrero y obrero duro, de ahí el sol del mediodía. Fue después de darme cuenta de esto que Hruaakhuti se me apareció como el espíritu que nos advierte tratando de prevenir catástrofes. Él es el netchar que noes enseña acerca de los peligros del fuego viniendo en nuestra ayuda para impedir que tomemos una decisión

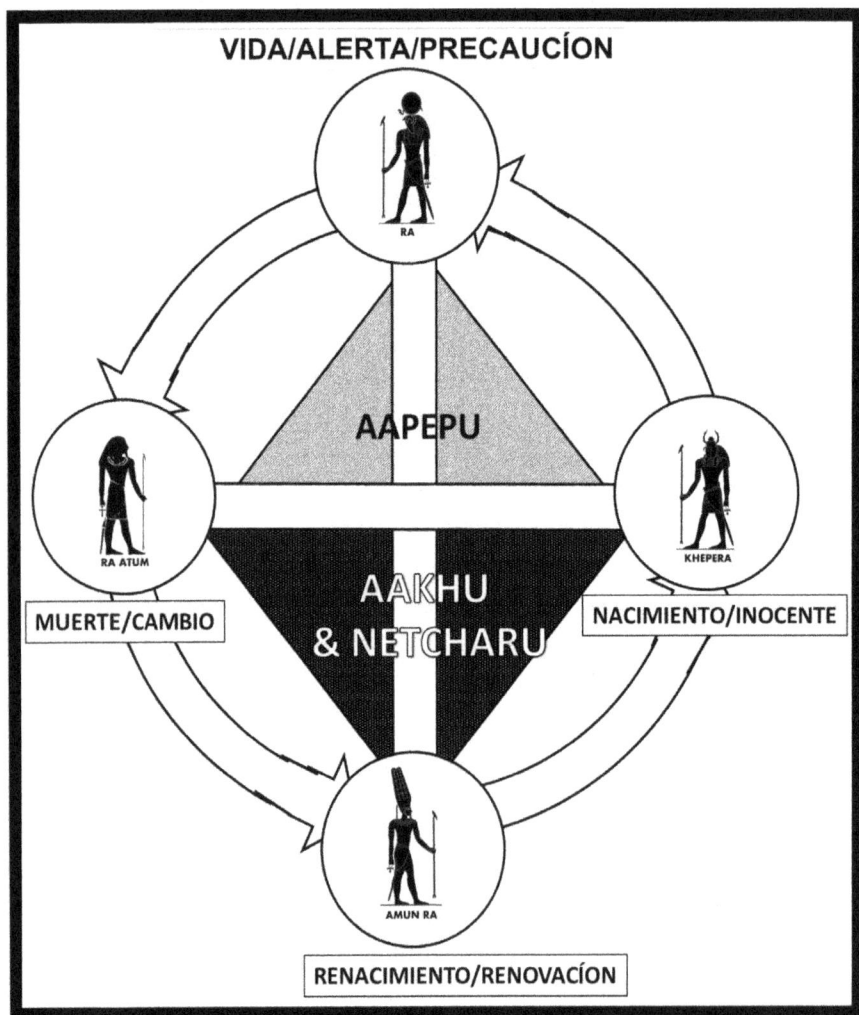

Maa Aankh y el flujo del Rau

desastrosa. La catástrofe y el desastre, según pude ver, eran definitivamente Set, lo que significaba que uno ha entrado en la zona peligrosa y se aproxima a la muerte: RA y RA Atum. Esta zona es donde todo es llevado al extremo. ¡Pánico! *Todo entre Amun RA y KhepeRA es zona segura.*

Se me hizo evidente que cuando nos aproximamos a RA y RA Atum nuestro Ab está entrando en el reino de Set. Éste es el reino donde nuestras elecciones y decisiones son influidas por baja energía y bajos espíritus. Es aquí, advertí basado en mi experiencia, que tenía pensamientos negativos y sensaciones de estar sobrepasado, ira, frustración, resentimiento, depresión, etc. Pude ver que cuando me preocupaba y entristecía por mi situación física es cuando empezaba a hacer cosas desesperadas. Las decisiones desesperadas normalmente no están bien pensadas, lo que las hace aun más peligrosas, catapultándonos a un escenario aun peor.

Poco después de darme cuenta de esto, hablé con mi madre sobre cómo ella había vencido al cáncer, y ella me confirmó que uno tiene que mantener un estado mental positivo. *Mantén tu Ab entre Amun RA y KhepeRA.* El remedio de mi padre para vencer a este espíritu canceroso era agradecerle a Dios diariamente por su curación, mantener la misma rutina diaria, tomar su medicación y leer su Biblia. Yo nunca pensé en ello, hasta que vi a Hruaakhuti antes de hablar con ella, y me di cuenta de que él se había manifestado a través de ella para vencer al cáncer. Noté que mi madre no estaba quejándose y echando maldiciones sino que era fuerte y resiliente como un sereno guerrero samurai. Me dijo que ella no se fijaba en en lo que decían los doctores sino que ponía su fe en Dios. Fue a través de la conversación que tuve con mi madre que aprendí que Hruaakhuti no aparece sólo en situaciones de vida o muerte, sino que está siempre cerca, patrullando el perímetro de nuestro espíritu como un soldado dedicado.

Cuando junté todas las piezas comprendí que el Rau es el Espíritu Santo, el Poder o Espíritu de Dios que viaja entre las dos tierras (espíritu/física, energía/materia, etc.) y puede ser manipulado, engañado, atacado, etc. porque es la fiera serpiente circular. La cabeza de Rau está cerca de los momentos Amun RA y KhepeRA. La cola de Rau está cerca de RA y RA Atum. Todo estaba empezando a cobrar sentido a medida que yo me internaba más profundamente en la comprensión esotérica de las cosas, particularmente Deuteronomio 28, que habla de bendiciones para la obediencia y maldiciones para la desobediencia. Brevemente, aquellos que sigan los mandamientos del Señor (Rau) serán bendecidos y su descendencia será bendecida y próspera a causa del juramento que han hecho de vivir rectamente, recibido de sus ancestros. Serán la cabeza y no la cola. Sin embargo, si uno no vive de acuerdo con los mandamientos entregados por el Señor (Rau), sufrirá abundantemente, vivirá con miedo constante, temerá al día y a la noche, será golpeado por enfermedades incurables y se convertirá en esclavo de las voluntades y deseos de otros. Otros serán la cabeza y él se convertirá en la cola por su desobediencia al Señor (Rau). Era todo una alusión a no tener el control del propio espíritu y ser un esclavo de la propia baja naturaleza.

El mensaje estaba claro. Mi momento había llegado. Era mi momento de poner en práctica lo que había aprendido y decidir si quería estar en la cabeza o en la cola de Rau: el poder de Dios.

Netcharu: Los Habitantes de KAMTA

Ahora bien, yo había conocido a los netcharu o había sido formalmente presentado con ellos antes, pero ahora empezaba realmente a ver a estos ángeles guardianes que me rodeaban. Empecé a verlos cuando dejé de pensar en estos espíritus como en arquetipos y empecé a verlos como energías. Fue esta perspectiva lo que me llevó a ver cómo estos espíritus se manifiestan y cómo establecer un vínculo personal con estos ángeles guardianes que me protegen.

Ten en cuenta lo dicho sobre que el Rau es energía/materia y cómo las alegorías, las metáforas, las historias, los símbolos, el ritmo, la música, la repetición, las asociaciones, etc. son todas formas viables de comunicarse con el Espíritu de Dios porque son métodos inusuales (no racionales). Usando estos métodos pude mejorar y aumentar mi capacidad de aprender, retener y recuperar información de las divisiones superiores del Espíritu o KAMTA[66], que es donde residen los netcharu o ángeles guardianes.

Osar (Ausar, Asar, Osiris)

Osar, el rey heroico que unificó Kamit introduciendo la ética, la ley y la moralidad entre la gente, además de traer paz y prosperidad al territorio. Pero su hermano celoso lo asesinó y más tarde su cuerpo fue despedazado. Después de ser eventualmente momificado y tener un entierro apropiado, Osar se convirtió en el ancestro modelo para el antiguo pueblo kamítico, gobernando el Inframundo. Es fresco, calmado, sereno, pero muy fuerte. Es a causa de Osar que todos los netcharu tienen características fuertes, corajudas, éticas, morales y caritativas. Osar, naturalmente porque él estableció el estándar, tiene más de estas características (o luz) que otros, pero éste es el punto definitorio que los separa drásticamente de los aapepu.

Sus colores son blanco y plata, blanco y azul, blanco y oro, blanco y verde o simplemente todo blando. Se corresponde con Jehová Shalom, que significa "El Señor es

---

[66] Ahora debería quedar claro por qué los antiguos kamíticos y otras culturas tradicionales africanas y no occidentales continuaron usando símbolos inusuales para expresar sus pensamientos, ideas y creencias.

---

nuestra Paz", y son símbolos sagrados para él los objetos de estabilidad como columnas vertebrales y montañas. No tiene un número especial y es el patrono de los místicos, los soñadores y los idealistas. Los Osares son aficionados a todas las cosas y comidas blancas pero nunca se les debe dar bebidas alcohólicas.

Djahuti (Tahuti, Tehuti, Thouth)

El fiel y confiable amigo de Osar, que asistió al Señor en la unificación de Kamit, es el único a quien Set temía realmente. Djahuti es el espíritu de los secretos y misterios que se corresponde con Jehová Ezer: El Señor es nuestro Auxiliar[67] (Solucionador de Problemas). El color de Djahuti es blanco e índigo y sus símbolos son cualquier cosa que simbolice la sabiduría, incluyendo (pero no solamente) cigüeñas, ibises, búhos, etc. El número especial de Djahuti es el ocho y es el patrono de los adivinos, los altos sacerdotes/sacerdotistas, los escribas y los chamanes.

Oset (Auset, Iset, Euset, Isis)

La devota esposa de Osar, patrona de todos los niños y las madres, es considerada la madre de todos y madre del cambio revolucionario. Oset fue responsable de enseñarle a Osar cómo cultivar cereales para comer, convirtiéndose así en la madre de todos. Cuando oyó la noticia de que Osar había muerto, a pesar de la amenaza contra su propia vida, buscó el cuerpo del rey fallecido para darle un heredero. El desafío de Oset, desde una perspectiva política, significó su intento de restaurar la dignidad y la grandeza, lo que la hizo la iniciadora de la revolución.

---

[67] Técnicamente hablando, Jehová Ezer no es uno de los Nombres clásicos de Dios en el idioma hebreo. Los escritores bíblicos declararon, sin embargo, que el Señor es su Auxiliar, al igual que dijeron que el Señor es su Pastor.

De no haber sido por su coraje, devoción, amor y deseo de dar a luz a un heredero, el mal nunca habría sido desafiado y vencido. Por esta razón Oset se corresponde con Jehová Shammah, que significa "El Señor está Ahí". Los colores de Oset son azul y blanco, y su número especial es el número siete. Las Osets son aficionadas a los perfumes y los objetos lustrosos como las perlas y la plata. Sus símbolos: el pescado, las conchas marinas, las semillas, etc., reflejan su amor por la familia, el poder de la curación y la protección de la riqueza.

Npu-Kozo (Anpu, Enpu, Anubis)

Las leyendas afirman que Oset encontró a Npu escondido en los pantanos del Bajo Kamit mientras buscaba el cuerpo de Osar en los pantanos del Bajo Kamit. Después, ella adoptó al niño, que actuó como un guardián para ella y la asistió para encontrar el cuerpo de Osar.

Npu es uno de los más famosos netcharu y apareció en numerosas películas y varios *comics*, porque los Npus son los jóvenes mensajeros espirituales con la máscara del chacal. Los Npus vigilan los cruces de caminos, las esquinas y todos los caminos y gobiernan todas las formas de comunicación. Los Npus llevan la cabeza de un chacal o perro[68] para simbolizar su capaciad infantil, juguetona y curiosa para encontrar siempre la verdad sin importar lo bien que uno trate de ocultarla de ellos. Por esta razón, los Npus son responsables de conducir expediciones de caza y de buscar cosas perdidas. El primer hijo de Osar abandonado en los pantanos es siempre, siguiendo a los aakhu, aplacado

---

[68] Algunos creen que la máscara de chacal o perro le fue dada a Npu para esconder una deformidad debida a que fue concebido por Osar cuando estaba borracho. Otros creen que la máscara de perro es realmente una cabeza deformada, nuevamente, a causa de la borrachera de Osar.

primero, para que uno no se pierda por el camino. Npu, para decirlo simplemente, nos ayuda a encontrar cosas, lo que incluye encontrar nuestro camino con seguridad hacia nuestro destino y de vuelta. Los colores de Npu son rojo, negro y blanco y sus números especiales son el tres y sus múltiplos. Los Npus son aficionados a los dulces, los caramelos, los licores, los cigarros, los juguetes, los objetos riesgosos/peligrosos como sables, cuchillos, armas, etc. y los bastones para caminar o báculos.

Un tanto engañoso y juguetón, Npu le recuerda a uno que sea cuidadoso con lo que pide y que debe decírsele específicamente qué intenciones tiene uno. Es el patrono de los abogados, los técnicos, los chamanes y cualquiera que actúe como un puente entre dos mundos. Un guía fiel y protector, Npu se corresponde con Jehová Rohi, que significa "El Señor es nuestro Pastor", pero si se ofende dejará que uno vague solo en la oscuridad como una oveja perdida sin guía. Como fue el caso con los Hijos de Israel, porque Npu, se diga o no, es el Moisés kamítico.

Nebhet (Nebt-het, Nephthys)

Nebhet, cuyo nombre significa "Dama de la Casa", es la patrona de la belleza, el entretenimiento (músicos, artistas, etc.), la riqueza (porque el entretenimiento es un gran negocio en tiempos contemporáneos), el erotismo y las artes esotéricas, especialmente la magia amorosa. Las leyendas afirman que Nebhet estaba originalmente casada con Set pero estaba enamorada de Osar, tanto que o bien se hizo pasar por Oset o emborrachó al Señor con *ale* y concibió un hijo suyo. Como resultado de esa unión nació Npu, pero cuando Set asesinó a Osar y usurpó el trono, por miedo de que él asesinara a su hijo, la joven madre abandonó al niño poco después de que naciera[69]. Más tarde, disgustada por la ira de Set, ella dejó a su tiránico esposo y ayudó a Oset a encontrar y resucitar el Reino de Osar.

Los colores de Nebhet son amarillo u oro y su número especial es el cinco. Es aficionada a todas las cosas bellas y brillantes, como las joyas. Sus símbolos son todas las cosas bellas y los barriletes, en los que se convirtieron una vez ella y Oset mientras lloraban sobre el cadáver de Osar. De la misma manera, los fallecidos eran identificados en diversas áreas del África tradicional con barriletes o banderas. Por esta razón ella se corresponde con Jehová Nissi, que significa "El Señor es nuestro Estandarte (de Amor)".

Hruaakhuti (Hru Khuti, Harakhte)

Hru-Ur (Hru el Viejo), también conocido como y Hruaakhuti, es un viejo espíritu guerrero, fuerte, sensato y protector que defendió a Ra antes de que Hru-oset (Hru, Hijo de Oset) naciera. El centro principal de Hru-Ur estaba en Edfu, en el Alto Kamit, pero fue en Behdet donde los miembros del clan empezaron a formar armas con las herramientas y lucharon contra los invasores liderados por Set tanto en el Alto como en el Bajo Kamit. Como recompensa por su habilidad, se le dio el título de Hru Behdet, Hru Edfu y Hruaakhuti.

El título Huraakhuti, que significa "Hru de los Dos Horizontes", es un recordatorio de que los metales valiosos que trabajaba Hru-Ur pueden ser usados como herramientas o como armas. En otras palabras, como todo, pueden usarse para crear o para destruir, para defender o para atacar, para

---

[69] Esta historia fue adoptada y modificada por ls antiguos hebreos y se convirtió en el origen del Moisés bíblico.

proteger o para dañar, por lo tanto se requieren trabajo duro y responsabilidad.

Fue Hruaakhuti quien me enseñó una lección muy valiosa acerca de nuestras tradiciones espirituales ancestrales, que es que es más difícil obtener que mantener las cosas que queremos en la vida. En otras palabras, es más fácil mantener y proteger algo que tienes que tratar de obtener algo que quieres. Fue este cambio de perspectiva lo que me hizo ver que Hruaakhuti nos protege de los peligros visibles e invisibles tratando de evitar que nos movamos hacia el sol del mediodía.

El color de Hruaakhuti es el rojo sangre y sus símbolos son todos los objetos agudos (sables, dagas, cuchillos, lanzas, etc.) y herramientas. Sus números especiales son el tres y el cuatro. Es el patrón de todos los que trabajan con instrumentos y herramientas agudas, como los mecánicos, los guardias, los militares, el personal de emergencias médicas, los bomberos, los cirujanos, etc. Se corresponde con Jehová Jireh, que significa "El Señor es nuestro Proveedor".

Maat

Maat es otra netcharu famosa a causa del concepto y los principios del mismo nombre Maa, que significa balance, orden, ley, justicia, reciprocidad, etc. Algunas leyendas afirman que es la esposa de Djahuti; otras afirman que es la esposa de Hruaakhuti. Mi experiencia me llevó a descubrir que no es ninguna de las dos cosas. Sin embargo, está fuertemente asociada a varios de los netcharu y actúa más como una guardiana, trayendo balance entre los vivos y el Inframundo. Ella le muestra a uno cómo vivir para el mañana haciendo lo correcto hoy y nos ayuda a obtener balance. Es la guardiana de los cuerdos, que puede fácilmente torcer la balanza y volvernos locos.

Como muchos espíritus femeninos, he descubierto que mi Maat es aficionada a las cosas brillantes pero encuentra belleza en lo que la mayoría considera cosas extrañas, como gemas preciosas, piedras, cristales y metales. Pero ella no es una rareza delicada. Después de que Set usurpó el trono, se me mostró que Maat luchó para restaurar y mantener el balance, la ley y el orden. Con un pie en el mundo físico y el otro en el mundo espiritual, ella ve ambos lados del cuadro y por lo tanto es la patrona de los videntes, los filósofos, los científicos y aquellos que trabajan para restaurar y mantener el balance y el orden, como los policías honestos y los jueces. Antigua gitana[70], disfruta del agua, el ron, los vinos oscuros, las rutas húmedas como las peras, las nueces y también las bolas de cristal, las balanzas, etc. Espíritu con mucha clase pero misterioso, Maat se corresponde con Jehová Zidkenu, que significa "El Señor es Virtud", y sus colores son el azul cielo o pálido y el amarillo. Sus números especiales son el dos y el cuatro.

Hru (Hra, Horus)

Hru, el Hijo de Osar y Oset, el verdadero heredero del trono, es un espíritu muy fiero y ardiente que rige sobre la justicia. El hijo de Osar, de quien se cree que adquirió algunos de sus talentos de RA, reina sobre el fuego, el trueno y el relámpago, que usa para castigar a quienes han escapado de la justicia. Se recuerda famosamente a Hru por los dos caminos, uno de ellos Hrupakhart ("Hru el Niño"), en el que és es muy

---

[70] Coincidentemente, más tarde descubrí que la palabra inglesa *gypsy* (gitano), según el Oxford English Dictionary, deriva de la palabra *Egyptian* (egipcio), que inicialmente se escribía *Egipcian, Egypcian, 'gipcian, 'gypcian, gitano* en español, *gitan* en francés y *gypsy* en inglés para significar un pueblo nómade que encajaba en la imagen europea de los egipcios de piel oscura que eran versados en las prácticas esotéricas.

arrogante, dogmático, temerario, de temperamento ardiente y casi un tirano; y el otro, Hru Maa Khru ("Hru de Voz Verdadera"), en el que es un guerrero fiero, ardiente, audaz y libidinoso pero al mismo tiempo apacible, despreocupado y reservado en la palabra y puede llegar a parecer fatuo y hasta malvado, cuando en realidad lo que ocurre es que está verdaderamente por sobre la mezquindad.

Hru es el patrono de los atletas, capitanes, capataces, químicos, gobernantes, generales, héroes, líderes, oradores y todos aquellos que tengan un espíritu competitivo, heroico y de liderazgo. Él gobierna el éxito y sus colores especiales son el rojo y el blanco. Es aficionado a los objetos rojos, a las comidas y bebidas fuertes, a la cerveza *stout* y a los cafés fuertes. Le gustan las cosas que expresan su masculinidad y las fragancias diferentes de aromas únicos. Se corresponde con Jehová Sabaoth, que significa "El Señor es nuestro Comandante o Anfitrión", y su número especial es el seis.

Sokãr (Seker, Soqqar)

Si bien Maat domina el acceso al cementerio, es Sokãr quien gobierna el cementerio, y la influencia de renacimiento y renovación. Es durante nuestra visita al cementerio que aprendemos acerca de Sokãr. Cuando enterramos nuestras penas, se cree que al partir son refrescadas y renovadas. La muerte es necesaria para que exista la vida. Por lo tanto, al igual que el enterramiento de una semilla en suelo fértil, se espera que pronto surja la nueva vida. Esta nueva vida puede ser la recuperación tras un mal hábito, una adicción o una enfermedad debilitante, una relación moribunda, etc.

Sokãr es el patrono de los vagabundos, los mendigos, los sin techo, los afectados por la enfermedad y las discapacidades y los menos afortunados, y nos recuerda ser humildes y agradecidos y recordar que Dios tiene el poder de derribar cualquier pared.

Sokãr es aficionado al ron, los cigarros, las *ales* oscuras y planas, los perfumes y las colonias. Le gustan las comidas simples como los frijoles, el arroz, el maíz, las semillas y los granos. Es una bendición disfrazada. Está asociado con el hijo pródigo y se corresponde con Jehová Rapha, que significa "El Señor es nuestro Sanador (al estado original)". Los colores de Sokãr son el blanco, el índigo y el amarillo; y su número es el 13.

Aapepu: Los Habitantes de TASETT

Al igual que Osar estableció el estándar para lo que son los netcharu, Set[71] estableció el estándar de lo que serían los aapepu. Set es mayormente poder incontrolable, crudo y sensual. Cuando el poder no está balanceado, controlado o administrado con propiedad, es caótico, desastroso, destructivo, impredecible y salvaje. Por esta razón, las tormentas, los tornados y otras formas de desastres naturales eran vistos como señales de este espíritu malevolente y travieso. Además, los accidentes, las discusiones, los problemas, las pruebas, las tribulaciones y la guerra también le eran atribuidas a Set, porque quiebra y perturba el orden de las cosas.

Ahora que yo comprendía cómo funcionaba "esto" de la energía, pude entender cómo Set, el gobernante de este territorio del norte, se convirtió en Setan y Satán. A través de

---

[71] No se sabe si Set era un verdadero extranjero que se instaló sobre el Nilo después de que se instalaran los otros clanes o no. Se me mostró, sin embargo, que Set era bastante popular en tiempos antiguos y que en un tiempo se lo llamó Setanel o Satanel, lo que me resultó interesante porque "El" significa Dios en antiguo hebreo. Lo que indica que incluso entre los antiguos hebreos tenía un estatus divino, el de un ángel o Dios que fue arrojado del Paraíso.

mi investigación, aprendí que la Buenaventura mística también asociaba al Norte con el Infierno, que es el reino de la Bestia en la tradición cabalística ortodoxa. Pero nadie explicó nunca qué significaba todo esto y habitualmente, cuando la gente habla del infierno y el diablo, se asusta y le vienen pensamientos de ir al infierno. Es la falta de detalles en la comprensión de quién y qué es el diablo o Set, según me di cuenta, lo que le da tanto poder en las vidas de la mayoría de las personas. Mi madre decía todo el tiempo: "Dicen que el diablo es el autor de la confusión", y ¿cuál es la mejor forma en que la confusión entra en nuestra mente? Es a través de la duda. Cuando no estás seguro de qué es lo que estás haciendo y por qué, empiezas a dudar, y ahí es cuando Set te engaña.

Así que, cuando miré con más detalle a Set y traté de comprender realmente quién y qué es, aprendí, por supuesto, que está asociado a la mala semilla de la humanidad. Pero sólo llamarlo el diablo y correr del susto nos hace un mal servicio porque no revela cómo se manifiesta Set en nuestras vidas. Es sólo cuando empecé a ver que Set es Setan, Satán, Satanel, también llamado St. Nick, el alegre rey del Polo Norte, Santa Claus, que se me hizo claro por qué Set es llamado el espíritu de la sensualidad extrema y la impredictibilidad. Es porque las armas principales de Set son la culpa y la adicción, que usa mediante el abuso y las perversiones del placer. Es por esto que Hru cortó a Set a la altura de los pantalones, pero también explica por qué se le ofrecen a Santa Claus comida y bebida a cambio de regalos[72].

---

[72] La gente puede discutir todo lo que quiera sobre si Santa Claus es real o no, pero la mayoría de los niños saben que lo es, y es por esto que en todo el mundo, los niños que no tienen chimenea le ofrecen galletitas (dulces) y bebida. No, él no consume físicamente estas ofrendas destinadas a torcer su juicio, pero sí absorbe la esencia de las ofrendas que le son dadas. ¡Y pensar que la gente tiene la audacia de llamar adoradores de ídolos y paganos a los individuos que veneran a sus ancestros enfocándose en traer la paz! Quiero decir que quienquiera que les diga a sus hijos que crean en Santa Claus no tiene derecho de acusar a nadie de adorar ídolos.

Verás, los Kamau decían que Set era el gobernante de las tierras desiertas porque asociaban el exceso de placer y sensualidad (emociones) con el calor extremo de un seco desierto (la carne). Miles de años después, el poeta Dante (1265-1321) hizo lo mismo al asociar la caída de Lucifer del sur de Jerusalén, haciendo que la tierra se secara y retrocediera hacia el norte. Es por esto que los Kamau llamaban al territorio boreal TASETT, porque los Kamau veían que nuestras emociones son básicamente lo que llamamos el Patio de Juegos del Diablo. Allí es donde somos más débiles y es por eso que tenemos tantos problemas. Es aquí que tenemos todas nuestras pruebas y tribulaciones.

Set el Kamau no sólo hace trucos sino que él y los que lo siguen, debe comprenderse, siembran semillas de caos, destrucción y discordia, a través de los placeres de la carne. Es por esto que los iniciados afirmaron, al recitar las *42 Declaraciones de Maa*, que ellos "no han" hecho un acto o conducta en particular, porque los Kamau comprendían que cualquier cosa que cause caos, destrucción, discordia, etc. era una invitación a Set para que trajera su cambio destructivo, que finalmente conduce a la muerte. Por esto es que los Kamau trataron de borrar todo recuerdo de Akhenatón de los registros, porque, a sus ojos, lo que él hizo casi le trajo la completa ruina a su nación. Habiendo dicho esto, debe notarse que ciertas acciones y conductas, como las perversiones sexuales, pueden haberse hecho en la sociedad kamítica y otras sociedades tradicionales africanas, pero no eran aprobadas, excusadas o toleradas por esta misma razón.

Cuando empecé a comprender verdaderamente los detalles sobre Set y a ver que estamos lidiando con una energía o un espíritu, se volvió perfectamente lógico por qué hay un pico de depresión, suicidios y otras calamidades durante la temporada de Navidad. Es porque éste es el tiempo en que el espíritu del norte desciende a esparcir su versión de la alegría. ¡Bien! Si la gente no comprende y tiene cuidado, este espíritu impredecible le traerá caos a su vida.

Esto significa que los verdaderos demonios son son esas personas que se visten de negro y se inclinan ante una imagen que es mitad cabra y mitad hombre. Los verdaderos adoradores de Set, o setianos, son las personas que se comprometen en cualquier acto o conducta que trae calamidad, caos, destrucción, discordia, etc. Es por esto que aquellos espíritus asociados con Set o que siguieron sus pasos fueron llamados aapepu. Los aapepu son simbolizados como viciosas serpientes o gusanos porque de estos animales se sabe que roban y chupan la vida de sus huéspedes para su propia supervivencia. Son criaturas espirituales parasíticas que vampirizan a otras, y es por esto que los antiguos kamíticos afirmaban que atacan diariamente a nuestro RA.

Cuando pensamos en las cosas que nos atacan diariamente, desde las energías engañosas, deshonestas, dúplices, de lengua bífida y fraudulentas con que algunos debemos cruzarnos todos los días hasta las atractivas e hipnóticas ilusiones de grandeza que ofrecen escapes negativos a través del sexo, las drogas y otros vicios, se vuelve bastante fácil ver que los aapepu son lo que nuestros ancestros afroamericanos llamaban *hags, haints* y *hants* (brujas), porque son espíritus crueles, malevolentes y embaucadores de los que se canta en el viejo *blues*.

Como los netcharu, los aapepu también pueden encontrarse en la naturaleza. Cuando un individuo, por ejemplo, se encuentra atraído a perturbaciones extrañas, maliciosas o caóticas, es una señal de que el aapepu está tratando de captar su atención. Pueden encontrarse en lo callejones, deslizándose por caminos desolados y acechando en otros lugares, inspirando el caos y el desorden y diseminando el dolor. Es interesante, al escribir esto, recordar a mi abuelo diciéndome cuando yo era joven que, cuando viera una pelea u otra perturbación, la evitara y me fuera para el otro lado. Esto es porque, tal como lo entiendo ahora, los aapepu son responsables cuando la gente resulta herida por estar "en el lugar equivocado en el momento equivocado".

Los aapepu son responsables de inspirar a los vivos a involucrarse en hábitos negativos, hacer el mal y cometer actos atroces como los que ellos cometieron en sus vidas. Por ejemplo, empezar repentinamente a rodearse de las compañías equivocadas, tomar alcohol en exceso y experimentar con otras sustancias.

Hablando específicamente, estos espíritus son los espíritus que inspiran sentimientos que no nos empoderan, como la ira, la mentira, el engaño, la depresión, el desánimo, la crítica, la culpa, el resentimiento, etc. También son responsables de inspirar la enfermedad y la falta de salud, ya que cada manifestación física tiene un inicio espiritual. Algunas de las señales comunes de que uno ha sido mordido o está siendo montado por aapepu son la ira, el aburrimiento, la confusión, los ataques de llanto, la depresión, el insomnio y la tristeza. Basado en la fallecida abuela de mi esposa, que era una curandera, creo además que el *susto* (la enfermedad del miedo) también está influido probablemente por los aapepu.

¿Has sentido alguna vez que alguien está detrás de ti pero no había nadie, o que había alguien en tu casa pero estaba vacía? ¿Has visto alguna vez siluetas en la oscuridad y has sentido que había alguien parado o sentado frente a ti? ¿Se te ha erizado alguna vez el pelo del cuello? O tal vez te has despertado sintiéndote cansado como si hubieras corrido una carrera. Todas estas son señales de que algún aapepu está definitivamente cerca de ti, montado sobre ti o adherido a ti. Mi roce con algunos aapepu en el hospital me convenció de que TASETT es un verdadero desierto espiritual, y de que este infierno debe ser caliente de día y frío de noche, porque he sentido escalofríos cada vez que los aapepu estaban cerca de mí.

Aunque la mayoría de la gente considera malvados a los aapepu, se me mostró que muchos de ellos no son espíritus malvados. Lo que los hace peligrosos, sin embargo, es que varios de ellos son simplemente espíritus desviados porque no tuvieron una guía en vida. Como resultado, muchos de estos espíritus simplemente se rindieron ante la vida y tomaron el camino equivocado, lo que los llevó a morir una muerte repentina, violenta, horrible o deshonrosa. Estos espíritus desviados no deben ser temidos, sino que deben ser reconocidos como lo que son. Los aapepu nos hacen cuestionarnos los motivos y razones de nuestras acciones, lo que a su vez nos fuerza más hacia nuestro interior. Ahora comprendía esto porque, si no hubiera atravesado mi pequeña experiencia, no estaría hoy aquí para hablar de ello. Ahora estoy seguro de que fue definitivamente gracias a mis aakhu, mi Npu y la misericordia de Maat que me mantuve en el camino correcto. De no haber sido por Maat, estoy seguro de que habría perdido mi balance hace mucho tiempo. Fue a través de Maat que llegué a comprender que toda esta dicotomía de mal/bien tiene que ver con el balance y la moderación.

Bien, el Espíritu me mostró que cuando alguien se rinde ante la vida, es como un estudiante rindiéndose y rehusándose a aprender. Lo que sucede es que hacen trampa a otros para pasar su clase, causan perturbaciones o toman una ruta aun más peligrosa que causa problemas para todos. Esto es lo que los aapepu han hecho. Es por esto que nadie quiere estar alrededor de ellos en la vida y nadie quiere recordarlos en la muerte. Es tentador sentir lástima por ellos, pero deben recordar que nosotros tenemos un trabajo que hacer, igual que lo tuvieron ellos. Lo mejor es animar a los aapepu a aceptar su destino y comprometerse a aprender sus lecciones, igual que tú lo estás haciendo, en vez de estar enojados, ser envidiosos y culpar a otros por su caída.

Por fortuna, si uno ha tenido buena relación con sus aakhu y netcharu, es decir que su Ab está en la zona de Amun RA y KhepeRA, la mayoría de los aapepu ni se molestarán en inmiscuirse en sus asuntos, porque tomaría más energía atacarlo que la que obtendrían de su ser. Como sus contrapartes físicas, los aapepu toman como blanco la mayor parte del tiempo a víctimas fáciles que están confundidas, enfermas o vulnerables.

Para dispersar a la mayoría de los aapepu, tal como lo aprendí en el hospital, uno simplemente tiene que cambiar la energía del entorno en el que está. La música inspiradora y motivacional es una forma muy poderosa de dispersar a los aapepu, así como los sonidos altamente resonantes como las campanas y las panderetas. Algunas sustancias aromáticas, como el incienso y la mirra, que son mencionadas en la Biblia, son muy buenas para dispersar la energía negativa. Otra hierba muy buena es el tabaco, lo que es una de las razones de que los nativos norteamericanos se refirieran a él como una planta sagrada. La colonia conocida como agua de Florida también es un buen agente dispersador, así como el agua bendita y el aceite de oliva bendito[73].

Otra manera simple de dispersar a los aapepu y hacerlos regresar a TASETT es picar al espíritu con un instrumento agudo y forzarlo a regresar pacíficamente al lugar del que vino. Barrer, agitar un abanico, hacer movimientos repentinos como tirar agua en las esquinas y gritarles a los aapepu también son métodos muy efectivos.

---

[73] Ver el apéndice.

Para evitar que los aapepu entren en tu casa, lo mejor es limpiar espiritualmente tu hogar una vez a la semana.

Ahora bien, debe comprenderse que todas las sugerencias hechas arriba son soluciones meramente cosméticas y temporarias. Mantendrán alejados de tu espacio a la mayoría de los espíritus negativos, pero si tu mente no está bien, volverán. Lo semejante atrae a lo semejante. Si te enfocas en hacer mal, atraerás el mal a tu vida. El mejor modo de evitar que regresen estas energías es, como dice la Biblia, "Mantener tu mente en Jesús", lo que, y todos ustedes deberían saberlo ya, es mantener tu mente enfocada en la ética de Osar (nuestros ancestros honorables).

Sólo un bocadillo: es extremadamente difícil para los espíritus aprender sin un cuerpo físico, porque el propósito de un cuerpo físico es experimentar la vida. Pero los aapepu, como cualquier reptil, pueden ser cultivados, elevados y dominados. Nota que digo reptil para indicar metafóricamente que estos espíritus, como los reptiles, tienen un cerebro pequeño, lo que significa que puede hacerse pero es mejor dejar esta tarea a los maestros espirituales. Es sólo una sugerencia, a causa de mi combate con ellos en el hospital. Como resultado, he aprendido que uno tiene que tener definitivamente mucha luz para tratar siquiera con estas bajas esencias a ese nivel. Es por esto que lo mejor, mayormente, es simplemente dejarlos solos.

Poniendo a Prueba al Espíritu

La clara diferencia que noté entre los netcharu y los aapepu es que los netcharu son apacibles, mientras que los otros son caóticos y salvajes. En términos simples, lo que esto significaba era que, cuando les permitimos a nuestras emociones correr salvajemente, estamos rindiéndonos a Set y permitiéndole a nuestro Ab (corazón/conciencia) habitar en TASETT. Nuestro reino nunca se unirá si hacemos eso, pero cuando ejercitamos la autodisciplina y el control, como el calmo samurai o el sabio guerrero, somos capaces de tomar decisiones conscientes y precisas, porque le hemos permitido a nuestro Ab moverse hacia sus estados más calmos y receptivos, Amun RA y KhepeRA. Aquí podemos hacer el mejor uso del poder en nuestro interior. Entonces entendí cómo uno es capaz de ignorar el dolor y el sufrimiento por un bien superior. Cómo una madre es capaz de atravesar el infierno para salvar a sus hijos, lo que me hizo ver que los netcharu verdaderamente son guardianes (guerreros). Set, por otro lado, es un *punk*, porque eligió ir por el camino fácil. *No podía lidiar con el verdadero ardor, el ardor de la verdad interior.*

Ahora bien, todo esto, por supuesto, era teoría, así que yo quise ponerlo a prueba. Se me recordó que "pusiera a prueba al espíritu", así que, asombrado por lo que había descubierto, decidí poner a prueba al maa aankh. Cuando mi cuerpo se enfermó, tuve que volver a aprender a hacer muchas cosas, como entrar al auto y salir de él, quedarme parado en la ducha yo solo, etc. Una de las actividades que tuve que volver a aprender a realizar fue subir y bajar las escaleras. Después de pasar varios meses sin subir o bajar unos escalones, por el dolor en mis articulaciones, decidí que ahora era el momento, y que no se me iba a negar esta capacidad. Cuando empecé mi camino hacia la recuperación, no pensé en cómo iba a bajar las escaleras de nuevo. Simplemente me enfoqué en subir y bajar las escaleras. N pasé horas y horas pensando en subir y bajar las escaleras, sólo me imaginaba caminando o estando debajo de la escalera. Un día, recuerdo que repentinamente tuve la urgencia de bailar y simplemente lo hice, bailé. Entonces, practicaría un día por vez subir y bajar las escaleras.

Entonces, un día, ocurrió la cosa más extraña. El inodoro de la casa perdía y yo, cansado de oírlo, decidí que iba a arreglarlo, así que cerré las llaves de agua del baño y procedí a arreglar el tapón, sólo para descubrir que la llave no estaba totalmente cerrada, así que tenía que cerrar la llave de agua principal, que estaba escaleras abajo. Sin "pensar", estaba abajo, cerrando la llave de agua principal, porque el baño, para este momento, estaba prácticamente inundado. No fue sino hasta después de haber cambiado las partes del inodoro que me di cuenta: "¡Hey, corrí escaleras abajo!"

Por supuesto, cuando pensé en ello, había una parte de mí que no creía que realmente yo había logrado esa hazaña. De hecho, cuando volví a intentar hacerlo, pude sentir una especie de miedo de bajar las escaleras. ¿De dónde venía este miedo? ¿Cómo logré yo esta hazaña?, pensé.

Se dice que lo que le impide a Dios bendecirnos completamente no es Dios sino nuestra creencia en Dios, lo que me hizo darme cuenta de que este miedo venía definitivamente de mi propia experiencia personal. Era la divisón inferior del espíritu o el TASETT, que, recuerda, está gobernado por Set y los aapepu. Se hacía evidente, desde una perspectiva esotérica, que Set es el espíritu que nos inspira a llenarnos de ideas y creencias negativas. Set es el que nos recuerda nuestro pasado y nos dice lo que no podemos hacer basado en su percepción limitada de la realidad. De aquí es de donde vienen todos nuestros pensamientos desalentadores, pensamientos de fracaso, preocupación y miedo, lo que explica por qué uno tiene que entregar su Ab a Osar, en otras palabras, mover su Ab a KAMTA. Éste es el único modo en que podemos mirar más allá de lo que los budistas llaman maya, que son las ilusiones y mentiras de Set. Por esto es que Hru tuvo que acudir a Djahuti para que le arreglara el ojo. Luego, para ganar la guerra, Hru tuvo que lograr que Osar intercediera por él.

Así que, para asegurarme de que estaba en el camino correcto, decidí poner a prueba al maa aanhk otra vez. Esta vez, como mi curación no iba a venir sólo de tomar medicación sino de una combinación de cosas, como la dieta, la música, el baile, etc., decidí hacer un ritual de sanación e imprimir en el Rau o plantar una semilla en KAMTA para ser curado. Teniendo en cuenta que cuando una vela arde completamente simboliza que la idea (objetivo) ha sido impresa firmemente o que la semilla ha sido plantada en KAMTA, encendí varias velas encerradas en vidrio para mi pedido de sanación. Pero dos de las velas, una azul y una blanca, misteriosamente no ardieron del todo, como si alguien las hubiera soplado. Para mí, esto significaba que el rito era parcialmente exitoso, pero que necesitaba hacer algo más para que el rito fuera un verdadero éxito.

Yo no sabía qué necesitaba hacer, pero no iba a racionalizarlo y pensar en ello tampoco, así que simplemente me apoyé en el Rau para que me mostrara lo que necesitaba hacer. Entonces, una mañana, al despertar, me quedé pensando en un pez. Ahora bien, yo no sabía que tenía que ver un pez con mi curación, así que pensé en ello vagamente. Entonces, la imagen de la santa católica Nuestra Madre de la Medalla Milagrosa vino a mi conciencia. Ahora bien, yo no sabía nada de esta santa y en el pasado hubiera descartado la imagen de mi conciencia, pero no lo hice, porque estaba empezando a comprender que la historia religiosa de la espiritualidad afroamericana era la historia religiosa de mis ancestros, porque había aprendido que la historia religiosa de mis aakhu estaba compuesta de creencias africanas tradicionales, catolicismo romano, influencias nativas norteamericanas y las diversas influencias protestantes: metodista, bautista, espiritista, de la Santidad, del pentecostalismo, etc. Fue esta comprensión lo que me ayudó a superar todos mis prejuicios (étnicos, raciales y espirituales) influidos por los estándares sociales norteamericanos. Tomé la imagen de la santa que vino a mí como una señal de Dios que se comunicaba con los netcharu a través de mis aakhu.

Investigué más y descubrí que el mensaje venía de la netchar Oset, porque sus colores eran el azul y el blanco, los mismos colores que la santa. Otras señales de que era Oset la que me hablaba a través de la santa eran que otro nombre de la santa era Nuestra Señora de la Medalla de la Inmaculada Concepción, las velas que misteriosamente dejaron de arder eran azul y blanca, sin mencionar al pez que abrió el camino para que la santa apareciera en mi conciencia. La otra cosa era que Nuestra Señora de la Medalla Milagrosa   era representada parada sobre una serpiente, que es el símbolo de los aapepu (espíritus negativos relacionados con la enfermedad). Cuando junté todas las piezas de este rompecabezas, lo que me estaba diciendo Oset era que ella era la que había iniciado esta revolución en mi interior y que Dios había oído mi pedido y ella estaba iniciando el cambio. Una cantidad de días después, realmente me di cuenta que, al igual que Oset había introducido una serpiente para enfermar a RA en la *Historia de RA y Oset* para obtener su nombre divino, Oset aparentemente me había hecho lo mismo a mí para que yo comprendiera mi nombre oculto, una alusión a Amun RA. En otras palabras, ella hizo lo que tenía que hacer para ayudarme a darme cuenta de mi divinidad. Después de que mi hiciera comprender esto, le prometí a Oset que le comparía una estatua de Nuestra Señora de la Medalla Milagrosa, porque ahora la identificaba como esta antigua *basimbi* o netcharu en mi vida.

Asistencia de Npu

Por supuesto, ahora soy un creyente, pero aún tuvo que pasar un poco de tiempo para que anduviera por este camino y no me desanimara. Nuevamente, cuando la gente se enteraba de mi situación me ofrecía gravemente disculpas, como si estuviera muriendo o ya muerto. Noté que esto puede tener un efecto devastador en la psique si no tienes cuidado. No sólo eso, todas las ideas y pensamientos negativos que transmiten la radio y la televisión también pueden tener un efecto negativo. No es que crea que la gente elige a propósito transmitir energía negativa a través de las ondas, pero cuando no tienen comprensión acerca del Espíritu estas imágenes, ideas, etc. llevan a la gente a pensar y pensar, o los pensamientos son energía porque inspiran movimiento.

Empecé a notar que tenía que ser más que simplemente optimista para superar esto; tenía que rezumar tanta POSITIVIDAD que influyera en otros que son negativos para que no me influyeran con su energía. Necesitaba a Dios para que me guiara, me escudara y caminara conmigo adonde fuera. Necesitaba a Npu.

Como lo mencioné previamente, conocí brevemente a todos los netcharu (nuestros ángeles guardianes personales) pero no tenía una verdadera conexión con ellos, porque parte de mí se rehusaba a verlos como fuerzas vivas e inteligentes que existen dentro y fuera de nuestro ser. Fue sólo al suspender temporalmente el pensamiento que fui capaz de verlos como seres reales y darme cuenta de que siempre habían estado a mi alrededor. Para decirlo simplemente, yo tuve que mover mi Ab más allá del momento del raciocinio hacia el plano más alto de la conciencia para verdaderamente ver. Haciendo esto fui capaz de establecer un lazo genuino con ellos.

Ahora bien, yo había visto antes a Npu en mi vida. Él me había sacado de una cantidad de aprietos antes y, cuando no lo atendía, vi que me permitía vagar en la oscuridad y meterme en una cantidad de problemas. Esta vez lo necesitaba para que me ayudara a encontrar un camino hacia mi recuperación, pero no tenía idea de cómo establecer una verdadera conexión con él, porque los afroamericanos habían establecido un sistema *sin regla* (en castellano en el original): un sistema tradicional sin orden ni reglas. En otras palabras, no había recetas exactas, una estructura, reglas, una tradición, etc. que seguir. Esto significaba que para establecer un verdadero lazo con Npu tendría que hacer contacto espiritual directo con él a través de mis aakhu.

Invocando a Dios y a mis aakhu y siguiendo mi intuición, se me mostró que Npu tenía como tocado la cabeza de un perro para recordarle a la gente que es el Espíritu de Dios el que encontrará un modo en que nosotros podamos alcanzar una meta o encontrar una solución, igual que un perro de caza encuentra su marca siguiendo el olor de la presa o un perro guía lleva a su amo a la seguridad. Se me reveló que Npu está en las dos tierras. Poco después de que se me mostrara eso, la imagen de Npu vino a mí, junto con la de la legendaria Harriet Tubman[74], la heroína que lideró a aproximadamente 300[75] esclavos que escaparon hacia la libertad a través del Ferrocarril Subterráneo. Npu y la Sra. Tubman son símbolos que tienen que ver con abrir el camion y guiarte hacia la libertad. La libertad estaba lejos de la vista del amo esclavista, del control de Set, y en los pantanos, en la noche oscura, en KAMTA.

Algo interesante: después de hacer esta conexión espiritual directa, encontré un póster de Harriet Tubman llevando un rifle, vestida de blanco y rojo y con una chaqueta casi negra. El blanco, recordé, simboliza los poderes del reino blanco: pureza, sabiduría, los muertos honorables. El color negro significa los misterios, el color de la noche, la cobertura de la noche que los esclavos usaban para escapar a la libertad a través del Ferrocarril Subterráneo y KAMTA. Yo estaba

---

[74] Harriet Tubman (nacida Araminta Ross) es la famosa líder del Ferrocarril Subterráneo que guió a los esclavos a estados libres o incluso a Canadá. Harriet Tubman, también llamada Moisés por el Moisés bíblico que guió a los judíos de la Biblia fuera de la esclavitud, se desempeñó como enfermera, exploradora y espía para el ejército de la Unión, luchó por los derechos de las mujeres y ayudó a los ancianos.

[75] El número 300 era una señal de que era Npu quien me estaba comunicando esto.

---

asombrado porque KAMTA había tomado otro significado, según mis espíritus, y se convirtió en la Tierra de la Libertad, mientras que el color rojo simbolizaba la mediación, la alerta, el peligro y a TASETT.

Para trabajar con esta netchar (energía), conseguí una imagen de Npu y pinté su imagen de rojo, negro (colores de las dos tierras) y blanco (lealtad a Osar), así como el póster de la Sra. Tubman. Guiado por el maa aankh, mis aakhu, Npu y la Sra. Tubman, sumé y resté elementos del espacio sagrado de Npu en una esquina personal cerca de una de las puertas, como se me había inspirado. Advertí que, igual que al trabajar con mis aakhu, se me ocurrían ideas o inspiraciones repentinas de hacer algo, como ir a la tienda y conseguir cosas para él. Yo sabía que era Npu por los colores o su número especial, el tres o sus múltiplos, hasta el 21. Por ejemplo, una vez fui inspirado a darle un cuchillo de mango negro que encontré, obviamente significando protección y defensa espiritual. Otra vez fui inspirado a darle una linterna que tenía un mango rojo tallado en negro. Entonces, mientras caminaba por el patio trasero de mi casa, encontré un SUV de juguete cromado rojo, negro y blanco. *A este Npu le gusta viajar con estilo.*

La espiritualidad, como dijo una vez Papá Raúl, debe ser interesante y divertida, pero yo estaba advirtiendo que cuando no me preocupaba por las cosas no era difícil sino un proceso natural. Sólo tenía que entregar mi voluntad y dejar que el Espíritu me guiara. Tuve que recordarme que esto no era una deidad o ídolo, sino que los netcharu eran nuestros ángeles guardianes o espíritus guardianes que trabajan con Dios. Cuando se les presentan velas, comida, bebida, etc., no es un acto de adoración, sino una ofrenda de agradecimiento.

Sólo Dios es digno de ser adorado y alabado. Las ofrendas que se dan a los aakhu y netcharu son simples actos rituales de agradecimiento diseñados para incrementar tu fe en Dios e invitar a los espíritus benevolentes que nos rodean a tomar un papel más activo en nuestras vidas. A través de estas acciones y prácticas rituales , descubrí que al cabo de un período de tiempo uno se siente bendecido, resguardado, guiado y protegido por Dios, especialmente cuando empieza a recibir mensajes en sus sueños y al estar despierto, como me pasó a mí, como lo hacía la gente en tiempos bíblicos.

Ahora bien, al empezar a confiar más y más en mi intuición, empecé a divertirme y noté que el modo en que mis aakhu decían "maa aankh" sonaba más y más como "My Unk". Cuanto más yo decía "My Unk" como ellos, dos cosas me venían a la mente. Una era que "My Unk" era una manera extraña de decir la palabra Ki-Kongo *Nkisi*, que significaba encantamiento o medicina. Feu entonces que se me reveló que el maa aankh, en el modo en que lo usaban ellos, era además el nombre del altar.

La otra cosa que se me mostró cuando ellos decían "My Unk" era que era un juego de palabras sobre la frase "My Uncle" ("Mi Tío" en inglés), lo que es un juego referido a la *Historia de Osar* que indica que Set usurpó el trono de Osar y robó el derecho de nacimiento de Hru. Cuando Hru venció a Set y reclamó su derecho de nacimiento pero se rehusó a cambiarle el nombre para que todos sus descendientes lo recordaran y no sucediera de nuevo, el maa aankh fue llamado "My Unk's" ("Mis Tíos") para indicar que la herencia de Hru había sido robada y recuperada.

El *flash* de esta revelación me envolvió con un fuego místico. Sentí que mi cuerpo se calentaba y mis sentidos hormigueaban. Todo lo que podía hacer era agradecerle a Dios porque sabía que era verdaderamente Dios el que me estaba bendiciendo para hacer tales descubrimientos.

Dejé en manos de Npu y la Sra. Tubman la tarea de abrir el camino para mi curación. Nuevamente, no me enfoqué en cómo el espíritu iba a mostrarme cómo sanar mi cuerpo; sólo les pedí que abrieran el camino. Después de hacerlo, noté diversos cambios ocurriendo en mi cuerpo. Me estaba volviendo más fuerte y definitivamente me sentía mucho más saludable. Aún tenía algunos dolores pero en general podía ver que me estaba poniendo mejor. Mi actitud también empezó a cambiar. Me volví más optimista y positivo, como si esperara un paquete en el correo. Cuando más aceptaba este cambio, noté que me volvía más agradecido también.

El sábado, inmediatamente después de orar a Dios y pedirle a Dios que fortalezca a mis aakhu, y después de pedirles a mis aakhu que me fortalezcan a mí con su sabiduría, honro a Npu con un poco de ron (no demasiado), un cigarro fino, un poco de caramelo (no demasiado) y luz. Como él monta guardia perfectamente y está alerta, tengo que aproximarme a él cautelosamente, diciéndole lo que le estoy dando. Noté que cuando él necesita o quiere algo, al igual que un niño, sigue pidiendo algo (algunos lo interpretarían como mandonear a nuestra psique). Ésta era uno de los modos en que Npu me alertaba e informaba con antelación de que se acercaba una intrusión y de que debía proteger mi Ab de las influencias negativas.

Por ejemplo, ahora tengo mi propia versión de la historia de bar que me contó una vez Papá Raúl, basada en mi experiencia personal. Una noche, mi esposa y yo fuimos a una quinceañera[76], y cualquiera que haya estado alguna vez en una de estas celebraciones para chicas de 15 años, que se acercan al momento de convertirse en mujeres, sabe que hay un montón de bebida involucrada para los asistentes adultos,

---

[76] Una ceremonia latinoamericana que se celebra para las chicas que cumplen 15 años. Es similar al Bat Mitzvah judío para las chicas.

porque es una gran fiesta con habitualmente unas 75 personas o más. Siempre soy cauteloso al ir a cualquier evento donde se sirve alcohol, porque recuerdo cómo Osar perdió la vida. Así que estábamos en esta quinceañera con algunos de los amigos de mi esposa y después, como la gente con la que estábamos no nos había visto en un tiempo por mi enfermedad, decidimos quedarnos con ellos durante un rato después de la fiesta.

Estábamos en eso cuando tres mujeres (dos hermanas y una amiga) se pusieron a discutir. Empezó con la amiga tratando de explicarle algo a una de las hermanas en la manera en que ellas juegan y bromean entre sí. (Debería haber tomado esto como una advertencia porque, recuerda, Npu puede ser un poco bromista y su número sagrado es el tres.) Unos pocos minutos después, la discusión llevó a una pelea y a acusaciones de odio y celos entre las dos hermanas y sus mejores amigas. Cuando uno de los esposos de las mujeres involucradas vio lo que ocurría y trató de hacer que abandonaran el tema completamente, antes de que llegara demasiado lejos, ¡fue muy tarde! Lo próximo que recuerdo es que la pelea siguió hasta que discutieron sobre experiencias de la niñez, abandono y manipulación, y llegó a estallar un encontronazo entre las dos hermanas, con gente que trataba de separarlas. Terminó con una de las hermanas echando a correr en la fría noche y la otra expresando su dolor y pena por su hermana y su amor por sus amigas más cercanas que eran como hermanas.

Varias horas más tarde (yo no había planeado estar fuera tan tarde: sacudo la cabeza y sonrío), cuando todo ya estaba dicho y hecho, mi esposa y yo volvimos a casa. Me vestí para ir a la cama y, como habitualmente, le hablé a Dios mientras miraba la oscuridad de mi dormitorio. Le agradecí a Dios que la situación no había sido peor porque podría haber derivado fácilmente en algo realmente volátil. Le agradecí a Dios por bendecirnos a mi esposa y a mí para que volviéramos a casa seguros. Entonces fue cuando Npu se me reveló. Era Npu quien nos ayudó a encontrar el modo de salir de la situación y volver a casa seguros.

Entonces caí en la cuenta de que era Npu, a través de su curiosidad que encuentra las cosas más pequeñas para escudriñarlas y gusta de la discusión, quien llevó a una pelea hecha y derecha. La curiosidad de Npu puede empezar como un pequeño hilo colgante y llevar a deshacerse a todo un suéter. Esta experiencia me enseñó que Npu no es malo, maligno o buscaproblemas, como muchos creen que son los psicopompos[77], pero cuando Npu está cerca Set no está muy lejos. Esto es porque es una alusión al hecho de que es a través de nuestra curiosidad que tratamos de encontrar cosas para mejorar. Buscamos cosas para mejorar y sentirnos mejor pero a veces, como dice el dicho, la curiosidad puede matar al gato, o al perro en nuestro caso (juego de palabras adrede).

Mis aakhu me hacen recordar que Npu fue abandonado en los pantanos (región de TASETT) y encontrado por Oset, quien lo crió como a su propio hijo. Así que, ¿quién sabe qué puede haber encontrado y desenterrado nuestro PERRO cuando estaba solo antes de que Oset lo encontrara? ¿Quién sabe qué puede haber encontrado nuestro PERRO antes de que fuéramos salvados? Yo estaba empezando a ver realmente el beneficio de familiarizarme con los diversos símbolos. Si sólo hubiera meditado u orado

---

[77] Ángeles, espíritus y ciertos animales (perros, zorros, coyotes, gatos (gatos negros/panteras negras), búhos, cuervos, leopardos, buitres, etc.) cuyo trabajo en la tradición religiosa es guiar a las almas a la vida después de la muerte. Angels, spirits and certain animals (dogs, foxes, coyotes, cats (black cats/black panthers), owls, crows, leopards, vultures, etc.) whose jobs in religious lore is to guide souls into the afterlife. Like Npu of the Kamitic tradition, Eshu or Ellegua in the Yoruba tradition, in the Christian tradition, the angel Azarael or St. Peter who is believed to be at heavens gates.

sin un foco, seguramente me habría perdido todas estas señales.

La Batalla Acaba de Empezar, Nena

Fue a través de Npu que vi que hay definitivamente un montón de ideas e imágenes negativas que influyen en nuestro espíritu. Quiero decir, vi estas influencias negativas cuando estaba en el hospital, pero al iniciar mi camino de recuperación empecé a ver cómo los muros de la desesperación y desamparo existían verdaderamente en el mundo. Desde los numerosos anuncios en la televisión y los carteles promoviendo nuevas drogas con (como dije antes) 1.001 efectos secundarios hasta los países golpeados por la guerra, el hambre y los desastres naturales a lo ancho del mundo. El mundo, según los medios, se encamina definitivamente al infierno en una canasta de mimbre, con botellas de gasolina y líquido de encendedor a los costados para ayudarlo.

Recordé que esto no es nada nuevo. Yo había estado aquí antes, en una situación en la que no se esperaba que viviera. *Sí, los '80.* Los medios habían trazado este cuadro antes, pero de alguna manera, de la nada, muchos de nosotros sobrevivimos.

Recordé, después de atravesar esa experiencia, que mucha gente trataba de escapar de esos tiempos duros a través de la música y otras formas de expresión artística. Desafortunadamente, algunos de nosotros trataban de escapar a través del uso del alcohol y las drogas y perdieron la vida. Todos estos métodos eran parches temporales para los males que enfrentábamos en esos días, lo que, recuerdo, era la razón de que me deprimiera a temprana edad. No fue sino hasta que empecé a escarbar en mi pasado ancestral que fui capaz de dominar el dolor y el sufrimiento que me rodeaban con paz. Fue en muy poco tiempo que casi olvidé que estaba deprimido y cuando quise darme cuenta era tiempo de graduarme en la secundaria. Fue en ese momento que se me mostró que éste era el poder de las tradiciones culturales.

El planeta está lleno de desesperación y dolor porque esto es lo que se anuncia por todo el globo. La vieja expresión "la desgracia quiere compañía" es verdadera porque en TASETT la desgracia es un gran negocio. Muy raramente se muestra a la gente celebrando la vida y el renacimiento porque, generalmente hablando, no se hace dinero con cosas que son positivas y cuya naturaleza es traer vida. La gente no celebra los eventos vivificadores porque no quiere. Es porque mucha gente ha perdido el significado de sus tradiciones culturales, así que ya no sabe cómo. El resultado es que somos bombardeados con una multitud de energías negativas que siguen fortaleciéndose.

Para ayudarme a romper este muro de negatividad y a tener mi propio muro, Huraakhuti se me apareció, recordándome que su propósito es protegerme y escudarme del mal. Entonces mis aakhu me recordaron la escritura bíblica, Efesios 6:10-18, que dice:

"Sean fuertes en el Señor y en el poder de Su fuerza. Pónganse la armadura entera de Dios, para ser capaces de enfrentar los engaños del diablo. Porque no luchamos contra la carne y la sangre, sino contra principados, contra poderes, contra los gobernantes de la oscuridad de esta era, contra huestes espirituales de la maldad en los lugares celestiales.

"Por lo tanto tomen la armadura entera de Dios, para ser capaces de soportar el día malvado, y habiendo hecho todo, mantenerse firmes. Manténganse firmes por lo tanto, habiéndose ceñido la cintura con verdad, habiéndose puesto la coraza de la justicia, y habiéndose calzado los pies con la preparación del evangelio de la paz; sobre todo, tomando el

escudo de la fe con el que serán capaces de apagar todos los
fieros dardos del maligno.

"Y tomen el yelmo de la salvación, y la espada del
Espíritu, que es la palabra de Dios; orando siempre con toda
oración y súplica en el Espíritu, estando atentos para este fin
con toda la perseverancia y la súplica para todos los santos..."

Así que procedí a tomar un cinturón (de verdad), un
símbolo para la coraza (de justicia), sandalias o botas (de
paz), un escudo (de fe) y una espada, en realidad un machete
(del Espíritu de Dios). Tenía una imagen de Malcolm X
haciendo guardia con su AK y recordé haber leído sobre los
legendarios Zumbi afrobrasileños de Palmares, cuyo espíritu
pervive en la capoeira. Entonces me vino a la mente la
imagen de San Jorge matando al dragón. Tomé todos estos
curiosos artículos que necesitaría y querría un guerrero de
Dios y los puse en una vieja olla de hierro. Inspirado tanto
por Hruaakhuti como por Malcolm, pinté una X roja[78] en la
olla de hierro.

Teniendo en mente que ésta es una guerra mental, la
canción *Waging War* de Cece Winans me vino a la mente,
pero oí a un aakhu decir que esto no era lo bastante fuerte
porque Hruaakhuti no inicia guerras, Set lo hace. Entonces
la vieja canción *Drive Old Satan Away* se apareció en mi
cabeza. Parado frente a mi Armadura de Dios, mi
Hruaakhuti, oré a Dios mi protector:

---

[78] La vida de Malcolm X ha sido una inspiración cultural para gente de todo el globo,
pero cuando Spike Lee intentó promocionar su película anunciando el símbolo "X", el
símbolo "X" se convirtió en un ícono popular llevado por personas que nunca habían
leído o sabido nada de la vida de Malcolm o los principios según los que vivió. No fue
mucho después que se podía encontrar a gente involucrada en actividades criminales
que llevaba la "X" en el sombrero o la remera, faltándole el respeto al legado de
Malcolm.

*Señor Dios, gracias por revelarte a mí. Tú, que estás
por sobre mí, debajo de mí y por todos los costados,
gracias por las bendiciones que me has otorgado.
Gracias por todo. Le pido al Padre que bendigas a este
Hruaakhuti. Bendice a este Hruaakhuti para que me
proteja, me escude del peligro y ahuyente los
pensamientos negativos y los modos viles del enemigo.
No me dejes, Dios, ser consumido por el enemigo.*

¡Hruaakhuti! *Úngeme y cúbreme de pies a cabeza con
tu armadura. ¡Protégeme! ¡No dejes que el enemigo me
venza! Sujeta a la bestia con tu cadena de hierro y
restringe sus movimientos para que no me dañe,
bendíceme, confronta a este enemigo y véncelo, para que
yo pueda reclamar la victoria. Amén.*

Me puse un poco de aceite bendito (la sangre simbólica de un
carnero)[79] en las manos y con las manos alzadas hacia Dios lo
froté. Luego ungí mi cabeza, curcé los brazos y ungí mi
garganta, mi pecho, mis hombros, mis brazos y mis manos.
Ungí la parte posterior de mi cuello y tanto como pude
alcanzar en mi espalda. Luego pasé a mi parte inferior, por
mis muslos y rodillas y finalmente mis pies. Repetí esta
oración varias veces hasta que resonó conmigo.

Desde ese momento, mi Hruaakhuti ha crecido y se ha
adaptado, pero en más de una ocasión he visto a mi
Hruaakhuti trabajar para mí. Una de las lecciones que me
enseñó fue que parte de la razón de que no estuviera
progresando del modo que quería era que estaba viviendo
para el mañana y no para el hoy. Cuando le pedí que me
explicara, mi esposa y yo fuimos invitados a visitar una
iglesia. En la iglesia, este ministro predicó que la gente vive

---

[79] Ver el Apéndice sobre cómo bendecir aceite, aguas y rones.

con miedo porque está preocupada por el mañana. ¿Coincidencia? No lo creo.

De todos modos, Hruaakhuti me estaba mostrando que mi dieta en el pasado no estaba basada en vivir sano. Estaba basada en vivir de modo de no enfermarme, tener hipertensión, diabetes o alguna de las otras enfermedades que afectan a la gente por comer en forma poco saludable. Muchas personas en el pasado, según las fotos, eran básicamente agricultoras antes de que la industria de la comida fuera tan "mecanizada". No eran sedentarias y todo se cocinaba desde cero. Tratar de comer comida de modo de no enfermarse, se me mostró, es psicológicamente comer con miedo. Esto me hizo adoptar una dieta más completa del tipo agrario, como lo habían hecho mis ancestros, consistente en un 60-70% de carbohidratos (compuestos de frutas, granos enteros y verduras), 5-10% de grasas y 20% de proteína.

Hruaakhuti me explicó que el propósito del dolor es simplemente significar, como cuando yo movía mi Ab al momento RA, que se aproximaba el peligro. No significaba que debía temerlo y huir de él. Simplemente significa que si vas a atravesar el fuego tienes que estar preparado. Hruaakhuti me dijo que hoy en día los hogares, los vecindarios y las comunidades están siendo invadidas y destruidas porque la gente se rehúsa a mantenerse firme por Dios, por miedo de lo que puede sucederles físicamente. La gente hoy en día tiene simplemente mayor respeto por Set que por Osar y Dios porque no comprende que, si haces lo que es correcto, Dios, los ancestros y los espíritus te protegerán. Se me mostró que cuando vamos a un parque debemos estar pidiéndole a Dios que lo empodere y bendiga la zona para que los chicos que allí juegan estén protegidos de las fuerzas del mal. Cuando vamos por una calle y vemos algo que es sospechoso, debemos estar orando para que bendiga la calle con paz y proteja a sus habitantes. Somos Hijos de Dios y no deberíamos estar viviendo con miedo. Se me dijo que necesitaba dejar de ser reactivo y aprender a ser proactivo. Si vivo proactivamente, sin preocuparme sobre lo que traerá el día de mañana y enfocándome en el hoy, seré bendito, porque Dios es Justicia y la verdadera Justicia es Amor, así que haz lo que es correcto para todos.

Una Visita del Rey de la Blancura

Ahora bien, yo oía lo que Hruaakhuti me decía, pero "ver es creer" así que, nuevamente, decidí poner a prueba al espíritu. Como yo estaba volviendo lentamente a trabajar, debido a la enfermedad, y para este momento la mayoría de mis fondos se habían agotado, nuestras boletas de servicios y ahora de tratamientos médicos empezaron a acumularse. Naturalmente, Set y los aapepu trajeron dudas, preocupación y miedo por cómo íbamos a pagar las cosas, pero me rehusé a rendirme. En vez de eso, siguiendo lo que mis espíritus me enseñaron, relajé mi Ab y lo llevé a los momentos Amun RA y KhepeRA. Allí, en un estado calmo y relajado, nosotros (mi esposa y yo) pagamos lo que pudimos y les explicamos calmadamente la situación a los cobradores y seguimos adelante. Se sintió muy extraño porque en el pasado, cuando los cobradores llamaban, yo me ponía frenético y les gritaba por el teléfono adónde podían irse. Esta vez no lo hice, simplemente les dije lo que yo era capaz de hacer y eso fue todo. Les dije calmadamente que iba a pagar cosas como nuestro alquiler, el auto, los servicios y la comida, y si quedaba algo ellos podrían ver algún dinero.

Después de decirles esto a los cobradores, algunos de ellos amenazaron con lo alto que iba a ser el interés y toda la cantinela, pero después de ver que yo me quedaba impasible simplemente aceptaron nuestros términos. Una cantidad de ellos nos ayudaron a hacer arreglos dándonos un monto de acuerdo, que era menos de lo que yo habría estado pagando. Algunos hicieron esto para limpiar sus libros. Era bello y todo vino de creer y confiar en que Dios abrirá un camino. Era prueba de que, a pesar de la tragedia que yo había atravesado, las cosas irían bien y yo renacería. Yo adquiriría la paz y la sabiduría de la corona blanca con sólo entregar mi voluntad.

Entonces, un día, mi suegro llamó y, después de hablar con mi esposa, preguntó cómo nos iba con el dinero y con el pago de nuestras cuentas. Después de que mi esposa lee explicara que hacíamos lo mejor que podíamos para pagar, él, junto con mi suegra y mis padres, decidió organizar una colecta Ms. Becue en mi nombre, aunque yo no como cerdo, por cierto.

Tras un par de meses de planificación, se pegaron volantes por todas partes. El evento incluso fue transmitido por varias estaciones de radio. Por supuesto, me sentí como si fuera el "Día de Salvar a Ferris" en la película de los '80 *Ferris Bueller's Day Off*, porque la gente no sabía realmente lo que estaba pasando conmigo, porque misteriosamente veían que yo estaba saludable, y luego yo desaparecí y empecé a verme muy enfermo. Entonces, repentinamente como antes, Set y los aapepu vinieron a mi conciencia con sus dudas y preocupación de que la gente no vendría, de que el evento sería un desperdicio de dinero y un completo fracaso.

Rehusándome a rendirme a las sugerencias negativas, y teniendo en mente la vieja canción *gospel* llamada *Jesus Can Work It Out*, recordando que, como Dios es inimaginable e indefinible, Jesús es meramente un símbolo usado para ayudarte a prestarle atención al Espíritu (Jesús es el Osar cristiano), sin tener idea de cómo iban a encaminarse las cosas, encendí velas de los Siete Poderes Africanos (porque eran multicolores) y le di todas mis dudas al Espíritu. Diciéndole al Espíritu que no sabía cómo iban a funcionar las cosas pero que no iba a preocuparme por ello e iba a dejarlo en las manos de Dios, rehusándome a ceder a la duda y a la preocupación y a ponderar cosas que estaban fuera de mis manos, pude ver realmente cómo Set y los aapepu intentan eclipsar nuestro sol. En vez de enfocarme en lo que decía Set, simplemente ahuyenté mis dudas a medida que la vela ardía. Al final, el evento fue un éxito.

Fue interesante ver cómo trabajan Dios y los espíritus. Lo que lo hacía tan fascinante era que, en base a todos los eventos a los que habíamos asistido y contribuido mi esposa y yo, desde cumpleaños a quinceañeras, casamientos, recepciones matrimoniales, colectas, etc., esperábamos que ciertas personas vinieran a contribuir. Ni siquiera fue el caso. Las personas que mostraron más apoyo, fuera de mi familia, fueron las personas que yo menos esperaba. Quiero decir, personas que yo pensaba que eran mis amigos o que vendrían no lo hicieron, mientras que las que definitivamente daba por mis enemigos asistieron e intervinieron haciendo contribuciones y donaciones, como el ex de mi esposa. ¡Sí, el ex de mi esposa! Nadie puede decirme que Dios y los espíritus no existen y no ayudan a los rectos. Cuando pienso en ello ahora, veo que yo podría haberlo arruinado fácilmente si hubiera hecho las cosas basado en lo que "pensaba y creía".

Tuve que tragarme el orgullo y decirle gracias al ex de mi esposa, que aceptó. Cuando traté de hablarle después del evento, me dio la misma vieja respuesta desagradable que estaba habituado a recibir de él en el pasado, lo que era una clara señal de que eran los espíritus los que influían en él. Ya podía imaginarlo diciendo: "No somos amigos sólo porque te ayudé. No soy inhumano, sólo que no me gustas." Tuve que reír, decir OK y seguir adelante.

La lección que aprendí fue que, antes que nada, no puedes depender de la gente, porque es floja e inestable. Cuando pones tu fe y tu confianza en la humanidad, entonces es cuando más te decepcionas. En cambio, sólo puedes apoyarte en un individuo, y ése es Dios. *Construye tus esperanzas en cosas eternas. Agárrate de la Mano Inmutable de Dios.*

La segunda lección que aprendí de esta pequeña experiencia fue que no puedes complacer a la gente tampoco, por la misma razón. La gente cambia todo el tiempo y realmente no sabe lo que quiere, lo que le gusta o lo que necesita. Ésta es la razón de que una persona pueda ser una estrella un día y a las dos semanas estar tan quebrada como una calle de piedra con baches. Tantas vidas se han arruinado porque la gente intentaba complacer a todo el mundo y atender a sus gustos y disgustos... Así que: hazlo por Dios y para complacer a tus ancestros. Vive tu vida desde el fin, basado en cómo quieres que te recuerden. Yo no quiero, al pasar a la próxima vida, oír: "Era un tunante, dejaba todo hecho un embrollo, tenía este problema...", etc. No, quiero ser conocido y recordado como uno que hizo lo correcto, se esforzó por hacer lo correcto, etc., como mis abuelos cuando fallecieron. Estoy viviendo mi vida para ser una estrella en la memoria de Dios.

Fue entonces que tuve un atisbo del reino que Osar había construido. Por un momento pasajero, el reino de Osar resucitó en la forma de personas de varios ámbitos (muchas de ellas a las cuales yo ni conocía) que se juntaron para ayudarnos financieramente a mi esposa y a mí. Algunos ni siquiera compraron una cena sino que sólo aportaron a la causa. Lo interesante fue que en unas pocas horas recolectamos un poco más de $1000. ¡Finalmente, lo tenía!

Dos Ojos Son Mejores que Uno

Finalmente, lo tenía, y la única manera de explicarlo era que el maa aankh, tal como yo lo entendía, es un cosmograma inspirado en la cruz yowa del Congo pero basado en los conceptos y principios kamíticos. Los hechos son que Kamit se convirtió en una civilización poderosa porque los Kamau creían que su país estaba dividido en dos tierras debido a la forma en que fluía el Río Nilo. Estas dos tierras fueron llamadas Bajo Kamit, la región más al norte de las dos, y Alto Kamit, la región más al sur.

El Bajo Kamit, debido a su proximidad al Mar Mediterráneo, era básicamente una tierra desierta de matorrales, que consistía en pastos salvajes y todo tipo de plantas. Esta región no desarrollada, porque básicamente no era apta para la mayoría de la vida humana, es lo que los Kamau llamaban salvaje. Un análisis de la historia kamítica revelará que la mayoría de los invasores extranjeros vinieron del norte del país entero. Así que los antiguos Kamau representaban a esta región con una corona roja llamada Deshret y la llamaron TASETT: Las Tierras Rojas.

El Alto Kamit, que yacía al sur del Bajo Kamit, debido al suelo fértil producido por la inundación del Río Nilo, era básicamente una región desarrollada. Un análisis de la historia kamítica revelará que era por la inundación del Río Nilo, no sólo donde se atendían las necesidades básicas del país sino también donde eran capaces de establecer el comercio y, por lo tanto, convertirse en una nación próspera. Fue la inundación del Nilo lo que inspiró a los antiguos Kamau a ver a esta región como desarrollada, un territorio confiable o estable, algo directamente opuesto al Bajo Kamit. Como resultado, los antiguos Kamau representaban a esta región con una corona blanca llamada Hedjet y la llamaron KAMTA: Las Tierras Negras.

Como ambas tierras derivaban del Río Nilo, los antiguos Kamau concluyeron que la inundación del Nilo se debía al movimiento del sol (aunque técnicamente hablando era la Estrella del Perro, Sirio, la que indicaba cuándo el Nilo se desbordaría). Fue la observación del sol de los Kamau lo que los llevó a crear el calendario más preciso de la antigüedad, porque, a diferencia de otras culturas, el calendario Kamau estaba basado en el sol y las estrellas en vez de en la luna. Con el calendario solar, los Kamau eran capaces de hacer estimaciones precisas de cuándo se desbordaría el Nilo y por lo tanto determinar los mejores momentos para plantar sus cultivos. Es a causa del calendario kamítico que siempre ha habido siete días en una semana y doce meses en un año. El sol, observaron los Kamau, se alzaba a la salida del sol, alcanzaba su punto más alto al mediodía, caía en el ocaso y de algumna manera renacía misteriosamente para empezar de nuevo.

Fue después de observar que hacia la seis de la mañana, cuando el sol empieza a ascender, las "cosas" se despiertan; al mediodía, cuando el sol está en su apogeo, las "cosas" están activas; al ocultarse el sol, hacia las seis de la tarde, las "cosas" parecen dormir o morir; y entonces, durante la oscuridad de la noche, las "cosas" renacen milagrosamente, que los Kamau comprendieron, miles de años antes de que naciera Einstein, que todo lo que existe está compuesto de energía, y que la materia es simplemente energía en su forma más densa.

Basados en estos hechos observables, los Kamau crearon su modo de vida cultural, porque entendieron que todo lo que ocurría en la naturaleza también ocurría dentro de ellos.

Como el Nilo fluía a través de las dos tierras, lo que significaba que las mismas posibilidades y el mismo potencial existían para ambas, los Kamau, inspirados por el Nilo, lo llamaron el mar de la nada, la fuente de toda la vida y los comienzos, nyun.

Nyun, metafóricamente hablando, es lo que dividía y distinguía entre sí a las dos tierras. Comprender que todo es energía y que la materia es la forma más densa de la energía llevó a la comprensión de que de la nada proviene algo, de lo invisible proviene lo visible, del mundo no visto proviene el mundo visto. En otras palabras, son nuestros pensamientos, ideas, creencias, etc. lo que lleva a la creación de objetos y cosas físicas. El mundo físico es un mero reflejo del mundo espiritual y viceversa. Así que los Kamau creían que del nyun provenía el principio maã, que establecía el balance, la ley, el orden y la reciprocidad a través del universo. Es el camino recto el que tienes que tomar, el camino que lleva a la vida eterna.

Como resultado, KAMTA, Las Tierras Negras, también vino a simbolizar el reino invisible; el mundo espiritual; el mundo de las ideas, pensamientos y creencias; la Tierra Superior; la región más antigua, la región más estable (de ahí que la palabra kamítica para estabilidad sea djet, simbolizada por una columna vertebral); y, último pero no menos importante, la tierra de los ancestros (o blancura), representados por el legendario rey Osar.

TASETT, Las Tierras Rojas, por el otro lado, vino a simbolizar el reino físico; el mundo visible; el mundo de las "cosas" físicas; la Tierra Inferior; la región más joven; el área más salvaje (o incivilizada); y, último pero no menos importante, la tierra de los vivos (rojo), representados por Set (el primer hombre rojo del norte antes de St. Nick o Santa Claus), el joven, salvaje y envidioso hermano de Osar.

Nuevamente, comprender que todo esto estaba basado en la energía y que lo que ocurría en el universo también ocurría dentro del ser humano. Los cuatro momentos del sol fueron identificados como diferentes atributos y manipulaciones de la energía, Chi, Ki, fuerza vital o Espíritu Santo, que los Kamau llamaron el RA o Rau. La primera posición, representada por el sol al amanecer, fue llamada KhepeRA (el RA que Viene). La posición del mediodía fue llamada RA (el RA "visible" Regente). La posición del ocaso fue llamada RA Atum (El RA Completo), y la posición final, o en realidad inicial, fue llamada Amun RA (El RA Oculto o "Invisible").

Estos conceptos y principios son lo que se me informó que se llamaba el maa aankh, que es el modo de vida cultural kamítico. El maa aankh está compuesto de las palabras kamíticas "maã", que significa ser verdadero, correcto, auténtico, real, fáctico y cierto; y "aankh", que significa la vida eterna, vivir y hacer un juramento. Básicamente se traduce como *"Hacer el juramento de vivir siendo justo, recto y verdadero"*. Significa que un verdadero gobernante, líder, guerrero, Hijo de Dios, etc. es básicamente un chamán, porque es alguien que ha caminado a través de la tierra de los Vivos (o Infierno Viviente) y la tierra de los Muertos (o la Tierra de los Ancestros) para renacer y adquirir vida eterna.

Puede verse la prueba de que han renacido en sus acciones, palabras y actos, porque su vida física es un reflejo de su bienestar espiritual, ya que saben que Dios se encargará de todo, porque nyun es la fuente de todo y todo lo que existe asciende del nyun desde KAMTA hacia TASETT. El verdadero Hru, como un guerrero valiente, calmo y pacífico (como Jesús, Buda y diversas otras figuras y santos a lo largo de la historia), descansa su voluntad en el momento Amun RA. Es en este momento cuando uno ve la Luz (simbolizada por los dos Ojos de RA), es testigo de verdaderos milagros/magia y se encuentra con los verdaderos moradores de KAMTA, sus netcharu y sus ancestros, los aakhu.

¿Quién me Llamó?

Como muchas familias afroamericanas, mi familia extendida tiene una reunión familiar anual, habitualmente una semana antes de que empiece el período lectivo de otoño, pero, por mi condición de salud, mi esposa y yo habíamos planeado no asistir este año, porque además estábamos cortos de fondos. Pero mi familia extendida a lo ancho del país quería verme y asegurarse de que estaba bien. Especialmente considerando que, desde la última vez que me habían visto, vieron lo enfermo que se había puesto mi cuerpo. Ahora bien, no sé como lo hicieron, pero hubo un modo y gracias a mi esposa y padres pudimos asistir a nuestra reunión familiar, cuyos anfitriones eran mis tíos abuelos, en Portsmouth, Virginia.

Cuando estábamos en Virginia, mis padres, mis sobrinos, mi esposa y yo pudimos visitar el asentamiento de Jamestown, donde descubrí que todo lo que había aprendido antes de esta experiencia sobre la esclavitud y los afroamericanos era verdad y estaba confirmado por arqueólogos, curadores e historiadores. Como que St. Augustine, Florida, fue el primer asentamiento en Norteamérica. Los primeros africanos esclavizados en llegar a las costas de Norteamérica venían de la cuenca congo-angoleña y esta gente, gracias a los mercaderes portugueses, tenía conocimiento del cristianismo previamente a ser esclavizada.

Ni siquiera puedo empezar a explicar lo bien y lo lleno de gozo que me sentí al oír todo esto y tener la confirmación de los historiadores. Fui llevado a un nivel más alto de éxtasis cuando mi padre, después de leer y discutir parte de mi investigación, vio que lo que yo estaba escribiendo coincidía con los hallazgos de la comunidad educada. En otras palabras, ¡se dio cuenta de que yo no estaba loco! (Risas.) Pero, cuando ambos vimos un antiguo rosario del Congo con calaveras, que había sido tallado en lo que parecía ser piedra preciosa, y donde normalmente estaría la imagen de Jesús estaba la imagen de la Reina Nzinga, quien peleó contra la esclavitud en su tierra natal en África... Y oí a mi padre preguntar: "Las calaveras son por los ancestros, ¿verdad?"

Yo estaba en completa felicidad, porque se verificaba que los afroamericanos no fueron cristianizados, sino que fue la Cristiandad la que fue africanizada, pero en algún punto del camino perdimos el rastro. Nos avergonzamos de nuestra cultura, de nuestra historia, y empezamos a creer en todas las mentiras y estereotipos que nos decían nuestros opresores. Las mismas herramientas que creamos para la elevación de la humanidad fueron abandonadas, y nos asustamos ante la mera mención de la palabra "ritual". Nos volvimos temerosos de nuestras ciencias, tanto que condenamos y ridiculizamos a los niños por su curiosidad natural acerca de sí mismos. Nuestra falta de comprensión de quiénes somos y nuestro odio hacia la religión nos hicieron olvidar lo mismo que detestamos. Nuestros héroes, heroínas y mártires han usado estas mismas cosas como herramientas de empoderamiento.

Fue entonces cuando se hizo evidente que todo este trabajo (investigación, estudio, práctica, etc.) no era sólo para mi beneficio. La razón de que haya tenido que andar por este camino era para sanar mi alma y las almas de mis ancestros del mal traído por la esclavitud. Era importante para mí andar por este camino para sanarme de los condicionamientos negativos para poder ayudar a otros. Mientras continuaba mirando el rosario del Congo, obtuve la confirmación de que mis ancestros estaban sanados y complacidos con mi trabajo. Oí una voz que me susurraba al oído, mientras contemplaba extasiado el rosario del Congo: *"Bien, buen trabajo"*. En ese momento, supe que finalmente había ascendido y renacido (sanado) a partir de esta experiencia. Fue entonces cuando finalmente dejé de correr y acepté mi llamado a convertirme en un predicador/chamán.

Apéndice A:
Haciendo el Maa Aankh con los Aakhu & Netcharu

Los africanos (yorubas, dahomeyanos, etc.) que creían en un Dios y numerosas divinidades que fueron llevados a Norteamérica durante la esclavitud no fueron capaces de retener todas sus prácticas religiosas, como lo habían hecho los africanos que fueron llevados al Caribe y a Sudamérica, principalmente porque los protestantes anglosajones blancos los superaban en número. Por otra parte, los africanos de la región congo-angoleña, que creían en un Dios, tres tipos mayores de espíritus y numerosos íconos que podían usarse como encantamientos, fueron capaces de retener, adaptar y modificar sus creencias y prácticas espirituales, para crear un nuevo tipo de religión y usarla como una herramienta para su supervivencia. Estos africanos creativos, sin embargo, no fueron capaces de retener toda su teología religiosa. Como resultado, sin una comprensión clara de ciertas prácticas espirituales, es mi creencia que muchos de los males sociales que plagan a nuestras familias, comunidades y sociedad se deben a que no hay tradiciones culturales fuertes establecidas.

Un análisis minucioso de la historia revela que cuando hay una carencia de tradiciones culturales fuertes la gente tiene la tendencia a involucrarse en toda suerte de actos y conductas. La razón es que las tradiciones culturales actúan comouna guía y un modelo que instruye a la gente sobre cómo debe vivir y aspirar a alcanzar su máximo potencial. Las tradiciones culturales son muy poderosas, además, porque no sólo unen a la gente con base en su etnicidad y herencia, sino que también le dan a la gente fuerza para resistir el cambio. Las tradiciones culturales tienen además la capacidad de reconectarte con tu pasado ancestral, y es por eso que la veneración de los ancestros es una práctica tan poderosa.

En la afro-diáspora, se cree que los ancestros están físicamente muertos (lo que significa que no tienen un cuerpo físico), pero no están muertos espiritualmente porque su espíritu (y sus recuerdos) continúa viviendo. Al igual que se recuerda a los muertos con un momento de silencio, en la afro-diáspora este momento es usado para reflexionar sobre las vidas de aquellos que han fallecido. Es durante este tiempo que la comunicación con los ancestros es establecida y fortalecida.

Aunque la veneración de los ancestros es incorrectamente llamada adoración de los ancestros y se la toma erróneamente como una práctica religiosa, el verdadero propósito de honrar a los ancestros es fortalecer la lealtad familiar, cultivar los valores culturales y recordar los sacrificios hechos por los ancestros para que uno esté vivo hoy. No se adora a los ancestros. Se los llama por dos razones. La primera razón es que se cree que al ser espíritus están más cerca de Dios que sus descendientes vivos. La segunda razón es que se cree que los ancestros aún siguen interesados en las vidas de sus descendientes y de aquellos por los que se preocuparon cuando estaban físicamente vivos.

Hay muchos modos de honrar a tus ancestros. El modo más simple, que se practica comúnmente en Occidente, es tener un momento de silencio. En algunos funerales para veteranos en los que participé, he visto una placa vacía y un vaso dado vuelta, puestos en una mesa, para simbolizar que los muertos no pueden participar de la comida y la bebida con los vivos. En la afro-diáspora entendemos que los ancestros no pueden consumir comida y bebida físicamente pero que pueden absorber la esencia de estas sustancias terrenales y ser fortalecidos por ella. Por esa razón, ofrecemos simbólicamente comida (sin sal) y bebida (como agua, café, licor, etc.) para que consuman los ancestros. Esto se hace en o alrededor de una pequeña mesa que ha sido sincretizada con la veneración de ancestros africana y las prácticas espiritistas, llamada bóveda o *vault* en inglés.

Históricamente hablando, por lo que tengo entendido, la bóveda era usada solamente para honrar a tus espíritus guardianes, pero como también puede usarse como un lugar sagrado de reflexión (comunicación con los espíritus), la bóveda se convirtió en un lugar para venerar a tus ancestros también.

La bóveda mayormente se adapta a lo que uno siente. Se cree que esta sensación, o seguir la propia intuición, es una influencia e inspiración dada al practicante por los ancestros. Dicho esto, y contrariamente a la creencia popular, no hay un modo correcto o equivocado de poner una bóveda y honrar a tus ancestros. Sólo hay dos reglas que debes seguir a la hora de trabajar con la bóveda. La primera es que debe ser atendida fielmente. Esto significa que se debe cambiar el agua, ofrecer una vela blanca y limpiar la superficie (al menos) una vez por semana. La segunda regla es que, como es un altar para honrar a los fallecidos, sólo se pueden poner en ella fotos de los fallecidos.

Como la bóveda es un altar multipropósito que puede ayudarte a desarrollar capacidades medidativas y mediumísticas, trayendo a los ancestros y a otros espíritus a tu conciencia, eres libre de construir la bóveda como quieras.

Ahora bien, esta práctica espiritual está basada generalmente en el sincretismo entre la experiencia espiritual afroamericana y el espiritismo caribeño. Ha tomado una cantidad de años para desarrollarse porque está compuesta, según mi comprensión, de la historia, la cultura, el lenguaje y el misticismo afroamericano (pueblo de descendencia africana a través de la afro-diáspora). No es algo que yo creé basado en mi observación intelectual. Me fue dado o más bien nací a ello. Dicho esto, debo advertir en contra de la creación de prácticas sólo porque agradan a tu intelecto. La espiritualidad no está simplemente basada en lo que tú piensas sino en su interacción con el reino espiritual. Crear una tradición sin tener esta comprensión lleva a mucha angustia mental y produce resultados desastrosos.

Debe notarse que este camino espiritual es exclusivo de la experiencia afroamericana y tiene sus raíces en las antiguas creencias chamanísticas africanas, con el propósito principal fijado en la curación. No va a agradarle a todo el mundo porque no es "el único camino". Se presenta aquí para ayudar a otros que siguen un camino similar a descubrir y abrazar sus raíces para traer la "blancura o las bendiciones de los ancestros" a sus vidas.

Bien, mi bóveda simboliza la tierra de los ancestros, la KAMTA mística que gobierna Osar, donde está la Gran Sala de Juicio. Está diseñada para honrar a nuestros aakhu (memoria ancestral biológica y cultural) así como a los netcharu (espíritus/energías arquetípicas) con los que están asociados o bajo los que trabajan. Consiste básicamente en nueve vasos (ocho vasos pequeños y un vaso grande) de agua fresca. Cada uno de los vasos simboliza a un netchar en particular, una clase de espíritus llamados clanes o tribus, para fortalecer la connotación familiar de este camino. El vaso más grande está dedicado a mis espíritus osarianos. Los ocho restantes no siguen ningún orden particular porque han estado sujetos a cambios. (Estos espíritus simplemente se resisten a ser encasillados.) Así que cuatro vasos son puestos a la izquierda (representando a Djahuti, Hruaakhuti, Npu y Hru) bajo la mirada de la figurilla de un viejo negro (a mi izquierda) para simbolizar el Ojo Derecho. Los cuatro vasos restantes son puestos a la derecha (representando a Sokār, Maat, Nebhet y Oset) y son supervisados por una vieja negra (a mi derecha) para simbolizar el Ojo Izquierdo. Esta pareja de viejos negros simboliza a los más ancianos de mis ancestros paternos y maternos.

Colocada entre estas dos figurillas hay una cruz blanca, que simboliza al maa aankh y representa el orden divino. El maa aankh es colocado en el altar para simbolizar que las almas justas no mueren, sino que evolucionan y renacen. Supervisando la bóveda entera hay un gallo pintado de blanco que está ungido con aceite de incienso, para mantenerlo encantado e impedir que los aapepu entren al espacio. Si tú eliges usar otro aceite, hazlo, yo simplemente alterno entre incienso, mirra y van van o lo que los espíritus me digan. El gallo blanco es simbólico de Osar y de la pureza protectora del ancestro. La simbología es simple: como los gallos son peleadores y comen gusanos (algunos pelean contra las serpientes), el gallo pintado de blanco da caza a los aapepu negativos.

Rodeando la bóveda hay fotos de mis ancestros en marcos plateados (simbólicos de las estrellas en mi vida), junto a otras figurillas que simbolizan a aakhu que no conozco, como mis ancestros nativos norteamericanos, pero cuya presencia sé que está cerca.

En la bóveda le agradezco a Dios por mis aakhu y netcharu y le pido que sean bendecidos con sabiduría, poder, fuerza, etc., para que a su turno puedan asistirme y guiarme en mi vida. Después, los aakhu y netcharu son llamados a asistirme en mi vida guiándome y compartiendo su sabiduría, poder y fuerza conmigo. A los aakhu se les ofrecen luz, colonia (Agua de Florida), ron blanco (no demasiado para que no se emborrachen), humo de cigarro (para protección y para ayudarlos a hacer el viaje del reino espiritual al reino físico) y café negro fuerte sin azúcar para mantenerlos alertas.

Además de desarrollar la conciencia de la muerte, la bóveda es también muy útil para atraer influencias positivas y dispersar las energías negativas. Por ejemplo, un día yo me sentía deprimido. Había cometido el error de irme a dormir enojado por un desacuerdo con mi esposa, así que, naturalmente, me desperté con esa misma energía, pero era aun más fuerte. Como sea, me levanté e hice el desayuno como siempre, pero tenía encima esta energía negativa. Olvidé que los aapepu traen sensaciones y pensamientos de ira, depresión, culpa, resentimiento, etc. Así que, sin pensar, fui a buscar algo y estaba enfrente de mi bóveda. Lo próximo que recuerdo es que fui inspirado a poner *Push* de Pharoahe Monch. Fue entonces cuando tuve el "clic" y advertí que había aapepu cerca. Recordé, al mirar mi bóveda, que no puedes pasar el Juicio si tu Ab es más pesado que una pluma de verdad. Lo que hace pesado a nuestro Ab (corazón, conciencia, etc.) y lo hace sentir abrumador son todas las inspiraciones (ira, desesperación, resentimiento, culpa, depresión, etc.) de los aapepu. El disparador visual me hizo cambiar la forma en que estaba pensando y hablar del problema con mi esposa. Después de hacerlo, ambos nos sentimos mejor y el problema se resolvió. Éste es sólo uno de los modos más simples en que los aakhu pueden interceder por nosotros.

Estableciendo la Comunicación con los Netcharu

Si bien muchos de nosotros podemos creer con facilidad que tenemos ángeles guardianes o espíritus guardianes que nos cuidan y protegen, entrar en conversación o diálogo con nuestros guardianes nos parecería muy extraño a la mayoría, porque muchas sociedades occidentales rehúyen ese tipo de prácticas. Si nuestras prácticas chamanísticas no hubieran caído en la oscuridad, hablar y recibir mensajes de nuestros guardianes sería una ocurrencia común, similar a lo que hacía la gente en los días bíblicos. Nuevamente, sólo pensa en cuán diferente habría sido la Cristiandad si a María no le hubieran dicho que iba a concebir un hijo. Piensa en todos los otros incidentes en los que entidades espirituales intercedieron en la Biblia y otros libros sagrados.

Debe recordarse que el más grande truco que hizo alguna vez el diablo fue convencer a la gente de que no existía. De hecho, hizo tan buen trabajo que convenció a muchos de que las entidades espirituales no existen porque no puedes medirlas (tocarlas físicamente, olerlas, verlas, degustarlas u oírlas). Las entidades son llamadas ángeles, espíritus, etc. porque están compuestas de energía y, aunque no pueden ser vistas físicamente, su presencia puede experimentarse. La energía es sólo la forma más alta de la materia física, lo que significa que, aun si no puedes medirla físicamente, se manifestará físicamente. Así que tenemos espíritus afables que se manifestarán o inspirarán resultados afables (carácter, rasgos de personalidad, etc.). Los espíritus negativos o de mal talante se manifestarán o inspirarán resultados negativos, y así.

Esto no quiere decir que la gente no es responsable de sus propias acciones y actos, porque lo somos. Pero el hecho es que lo que manifestamos en el espíritu se convierte en una realidad física, y es por esto que es importante ser capaces de comunicarnos con los netcharu, nuestros guardianes espirituales.

El modo más fácil y simple de entrar en diálogo con nuestros netcharu es similar a encontrarse con un nuevo contacto de negocios. Si tienes una foto o un símbolo que represente al netchar, ponlo enfrente de ti. Empieza presentándote primero a él (incluso si ya sabe quién eres) y explícale lo que necesitas que haga por ti. Luego, permítele ir a trabajar y trata de no pensar en ello. Una vez que te ha ayudado, no lo ofendas; dale una pequeña ofrenda de aprecio. Habitualmente, tendrás una corazonada de lo que el netchar desea. La clave es que lo trates como tratas a la gente común.

Por ejemplo, si necesitas ayuda para encontrar algo, Npu, el descubridor de cosas perdidas, sería el indicado para abordar. Si éste es tu primer encuentro con Npu, deberías empezar presentándote a él. Luego, le dirías: "Npu, ayúdame a encontrar _____." Luego, seguirás con tu vida. Habitualmente, si haces algo completamente opuesto a lo que has pedido, no te preocupes por ello y sólo relájate. Tendrás la corazonada de buscar en cierto lugar. Éste es Npu respondiendo a tu pedido. Es el viejo axioma de que si no estuvieras buscando algo lo encontrarías, pero desde el día que empiezas a buscar algo no podrás encontrarlo nunca.

De cualquier modo, cuando encuentres lo que estabas buscando, ofrécele a Npu algunos caramelos, un poco de ron, un poco de incienso, tabaco o lo que sea para mostrar tu aprecio. Estas cosas, incluyendo flores, comida, agua, etc., no son consumidas por los espíritus, pero ayudan a darles energía y fuerza para seguir asistiéndote. Debe notarse también que ocasionalmente puedes tener una corazonada de obtener un artículo en particular para un espíritu. No te alarmes. Habitualmente, cuando un espíritu hace esto, está trabajando directamente con tus aakhu y tratando de obtener algo para seguir asistiéndote. Cuando esto sucede, lo mejor es tratar de entender por qué el espíritu está pidiendo este artículo en particular. Recuerda, no te hace bien seguir simplemente tu intuición y hacer algo por impulso sin tener una razón clara de por qué lo haces. Así es como muchas buenas intenciones se convirtieron en malas ideas, por los creyentes entusiastas. Los aakhu, comprendiendo cómo las cosas pueden ser fácilmente tergiversadas, no tienen problema en explicarles a sus descendientes vivos el propósito detrás de sus intenciones. Si ves que un espíritu no está dispuesto a compartir esta información contigo, lo más probable es que sea un aapepu.

Por ejemplo, en un tiempo tuve la corazonada de comprar un par de linternas para uno de mis netcharu. La idea detrás de ello, según mis aakhu, era para que este netchar en particular pudiera ver y encontrar mágicamente cosas que estaban ocultas a mis ojos físicos.

Trabajar con los espíritus es una gran experiencia porque te ayudarán a convertirte en un individuo más fuerte y sabio, enseñándote lecciones que se creían perdidas a causa de la Muerte. Como puedes verlo por los ejemplos previos, es importante establecer primero la comunicación con tus aakhu, porque ellos son los cimientos. Nuestros aakhu son los que primero juraron ante Dios cumplir con una tarea en particular, según algunas leyendas, y es por eso que tienen una posición tan alta en la psique de la gente de ascendencia africana. Son el djett (la columna vertebral) de la espiritualidad afroamericana y esperan de nosotros que vivamos de cierta manera. Esto significa que, si este libro encontró el camino hacia tus manos y estás leyéndolo, no es una coincidencia. Tus aakhu tuvieron algo que ver con ello. La advertencia, sin embargo, es que no puedes hacer trabajos maliciosos a causa de los impulsos de TASETT. Si eliges hacer el mal, los espíritus tienen un gran modo de enseñarte para que no vuelvas a caer en esa práctica. Con esto, te deseo paz y bendiciones en este camino.

Apéndice B: Las 42 Declaraciones de Maa

1. *No he hecho mal.*
2. *No he robado a otros violentamente.*
3. *No he robado.*
4. *No he asesinado a ningún hombre ni mujer.*
5. *No he estafado con las ofrendas.*
6. *No he ignorado mis obligaciones.*
7. *No le re robado a Dios.*
8. *No he hablado falsedades.*
9. *No he pronunciado palabras malignas.*
10. *No le he causado daño a nadie.*
11. *No he fornicado.*
12. *No he causado derramamiento de lágrimas.*
13. *No he hecho tratos engañosos.*
14. *No me he comportado mal.*
15. *No he actuado engañosamente.*
16. *No he arruinado tierra arada.*
17. *No he espiado.*
18. *No he puesto mis labios en movimiento (contra ningún hombre ni mujer).*
19. *No he entrado en ira excepto por una causa justa.*
20. *No he deshonrado a la esposa de ningún hombre (ni al esposo de ninguna mujer).*
21. *No he deshonrado a la esposa de ningún hombre (ni al esposo de ninguna mujer).*
22. *No me he contaminado a mí mismo.*
23. *No he causado terror.*
24. *No me he comportado mal.*
25. *No he cerrado mis oídos a las palabras de Justicia y Verdad.*
26. *No he trabajado a regañadientes.*
27. *No he actuado con rudeza.*
28. *No he creado problemas.*
29. *No he juzgado a las apuradas.*
30. *No he buscado distinciones.*
31. *No he espiado.*
32. *No he multiplicado mis palabras en exceso.*
33. *No he hecho daño ni maldad.*
34. *No he maldecido nunca al gobernante de la tierra (o la ley de la tierra).*
35. *No he ensuciado nunca el agua.*
36. *No he hablado con escarnio.*
37. *No he maldecido nunca a Dios.*
38. *No he robado.*

39. *No he engañado a Dios.*

40. *No he robado las ofrendas de los ancestros.*

41. *No he maltratado a los niños, ni he profanado los lugares sagrados de Dios.*

42. *No he matado con intención malvada al ganado (o las creaciones) de Dios.*

Las *42 Declaraciones de Maa* son un conjunto de declaraciones que eran pronunciadas por los Kamau fallecidos (los antiguos africanos de Egipto) en el Día del Juicio. Se cree que estas declaraciones, erróneamente llamadas las 42 Confesiones Negativas o las 42 Leyes de Maat, son la inspiración detrás de los famosos *Diez Mandamientos*. Pero, a diferencia de los *Diez Mandamientos*, todos los registros históricos que se han recuperado indican que los Kamau nunca citaron las *42 Declaraciones de Maa* como leyes. La razón de que los Kamau nunca hayan hecho esto, según parece en base al análisis de su historia, es que ellos comprendían el dilema que se crearía a través de la creación de mandamientos. Por ejemplo, hacer un mandamiento de que uno no debe matar pondría a un individuo (especialmente a un soldado) en un predicamento espiritual en el que tendría que cuestionar si está bien o mal matar para defenderse a sí mismo, a sus compañeros, a los civiles, a los compatriotas, etc. Para evitar que este problema ocurriera siquiera, las *42 Declaraciones de Maa* fueron creadas como una guía, sugiriendo lo que **"debería ser la acción y/o conducta correcta e ideal"** para mantener la paz y la armonía a lo ancho de la sociedad kamítica, que consistía en 42 nomos (22 ciudades-estado en el Alto Egipto y 20 ciudades-estado en el Bajo Egipto).

Dicho esto, el mal y/o el pecado, también llamado tabúes desde la pespectiva africana antigua, es cualquier acción y/o conducta que cause, inspire o motive anormalidad, discusiones, caos, confusión, destrucción, desviación, desorden, desunión o guerra, en tu hogar, comunidad, vecindario, etc. Estas acciones y conductas se consideraban malvadas, pecaminosas o tabúes porque eran signos del celoso, Set, que eventualmente llevan a la degradación, la muerte y la caída de la humanidad.

Apéndice C:
La Sangre Preciosa del Carnero (Cordero)

Los antiguos hebreos, recordé, eran instruidos para practicar este rito de modo que el ángel de la muerte se salteara sus hogares. El Espíritu me reveló que esto era una adaptación de un viejo rito que Amun RA practicaba en el antiguo Kamit, en el que en vez de un cordero sagrado se usaba un carnero sagrado. Los primeros afroamericanos, después de aprender la historia que me contó el Espíritu, familiarizados con la simbología, sustituyeron la sangre por polvo de ladrillo rojo, para simbolizar la sangre sagrada. Otros simplemente pintaban de rojo los escalones de su porche delantero para hacer un repelente permanente contra la muerte y otros espíritus negativos. Aquellos que se rehusaban a ser acusados de practicar creencias supersticiosas elegían simbolizar la sangre con aceite de oliva o agua benditos.

El aceite bendito, el agua bendita, las colonias y rones son simplemente objetos mundanos y ordinarios sobre los que se ha rezado. Estos objetos mundanos que han sido hechos sagrados no son poderosos por sí mismos. Son simplemente herramientas. Mucha gente prefiere usar aceite bendito y/o agua bendita que han sido bendecidos por un clérigo, pero tú puedes hacer los tuyos. Papá Raúl me enseñó que todo lo que se requeire es que le digas una sincera oración a Dios para bendecir la sustancia para usarla en condiciones generales, curación, protección o lo que sea. Si tú crees que es sagrado, se hace poderoso y sagrado. Si tienes que rezra sobre ello numerosas veces o haces que alguien que respetas rece sobre ello, haz lo que sea necesario, siempre que se convierta en una herramienta poderosa para ti.

El aceite bendito es habitualmente aceite de oliva virgen sobre el que se ha rezado. Para proteger la integridad y la santidad de esta sustancia, dcbc distinguirse de otros aceites usados en tu casa. He oído de gente que cocinaba con aceite bendito, lo que no puedo decir si está bien o mal. Es algo que yo no haré porque el aceite de oliva virgen es muy fuerte para mi gusto, y es por eso que para mí es ideal para bendición y protección. Sólo experimenta y confía en tu intuición.

El agua bendita o Santa es habitualmente agua embotellada sobre la que ha orado un ministro. Puede beberse y usarse para cocinar y también para bañarse. También puede ser usada para lavarse los ojos y espolvoreada para liberarse de las fuerzas negativas.

El Agua de Paz es agua en que se han embebido pétalos de rosa blanca, albahaca y polvo de talco. Una vez que se reza sobre ella, puede usarse para llevar paz a un ambiente hostil.

El agua de océano es agua recogida de un océano. Representa dónde está la frontera entre la tierra y el océano. Como está relacionada con KAMTA, y por lo tanto con el inicio, se puede añadir un poco al agua de baño para ayudarte a concebir. También es útil para desarrollar tus habilidades espirituales y talentos.

El Agua de Río es agua recogida de un río. Mezclada con un poco de canela, una vez que se reza sobre ella puee usarse para bendiciones financieras.

El ron de laurel es una colonia consistente en hojas de laurel empapadas en ron, tras lo cual se reza sobre ellas y son usadas similarmente al aceite bendito, pero para propósitos más generales.

El ron de tabaco también es un tipo de colonia que consiste en ron en el que se han embebido o bien cigarros fuertes o bien tabaco de mascar. Cuando se ha obtenido el aroma deseado, se cuela y se reza sobre el líquido, que se usa para protección fuerte.

Otras fragancias que se pueden encontrar en la mayoría de los almacenes y bodegas orientadas a los caribeños y latinoamericanos son:

Agua de Florida, una fragancia floral de alcohol usada para propósitos generales.

Agua de rosas, un perfume comúnmente usado para el amor.

Para personalizar estos artículos, simplemente añade un poco de tu saliva u orina, y/o tu colonia personal, lo que hace que estos artículos sólo puedan ser usados para ti.

Apéndice D: Bibliomancia

En la Espiritualidad Afroamericana la Biblia es tenida en gran estima y es vista por muchos como la Palabra de Dios[80]. Como tal, muchas personas de todo el mundo se vuelven a ella en tiempos de indecisión y la usan como un instrumento de adivinación para recibir consejo e inspiración de ella, lo que se llama el arte de la bibliomancia.

Ahora, antes de proceder: muchas personas mal informadas te dirán que la adivinación es malvada y que es el trabajo del diablo. También dirán que la Biblia habla contra la adivinación y todas clases de fenómenos psíquicos relacionados, lo que es totalmente falso. La mayoría de estas personas dirán que son estudiosas de la Biblia, pero se pueden encontrar ejemplos de oráculos por toda la Biblia. El oráculos más popular se llamaba el Urim y Tumim. Aquí hay una lista parcial de esos ejemplos: Números 27:21, Josué 7:14, I Samuel 10:20, I Samuel 23, II Samuel 5: 23-25, Hechos 1:24-26 y Hechos 19:12. Contrariamente a la creencia popular, las suertes de que se habla en la Biblia no son un voto sino un sistema de oráculo basado en sortilegios. Se habla y se apoya la práctica en Levítico 16:8 y Ezequiel 21:12. La adivinación era básicamente usada por los primeros judeocristianos para conocer la voluntad de Dios.

El propósito de usar oráculos es que tu tienes derecho a conocer ciertos detalles de tu vida, el impacto que tienes en las vidas de otros y el impacto que otros tienen en ti y en quienes te importan. La razón de que los oráculos sean mal vistos como malvados o herramientas de manipulación es que muchos los han utilizado mal para sus propios propósitos

---

[80] Para muchos no cristianos, el Corán u otros libros sagrados son vistos como salidos de la boca de Dios.

egoístas[81] porque la gente es ignorante respecto de qué son verdaderamente estas herramientas. Cuando se comprende qué es un oráculo y su propósito, se vuelve más fácil distinguir a un verdadero adivino de un charlatán. Se hace fácil ver además que los oráculos no están para decirte quién es malo y quién no. Están para ayudarte a desarrollarte espiritualmente y comprender el Plan Divino.

Supe de esta práctica observando cómo se preparan los predicadores para el sermón. Muchas veces, la mayoría de los buenos predicadores no saben qué van a decir ante una congregación. Por lo que he visto, no siguen un guión pre-escrito, sino que en lugar de eso rezan y le piden a Dios que les muestre o les dé un mensaje de qué deberían decirle a la congregación ante la que hablarán. Siguiendo esta plegaria, siguen su intuición y adonde ésta los lleve. La mayor parte del tiempo la intuición del predicador lo lleva a abrir su Biblia en un libro, escritura o versículo en particular en la Biblia. Es a partir de este libro, escritura o versículo que el predicador obtiene el mensaje de sobre qué debe predicar. Fue observar a los predicadores y esta práctica lo que me llevó a usarla hace muchos años.

Para consultar la Biblia, primero oras a Dios y le pides una solución a tu problema o lo que te preocupe. Puedes hacer cualquier pregunta legítima si la preguntas en el modo adecuado, pero he observado que es mejor preguntar "cómo hacer", "debería yo...", "qué hacer" y preguntas que no abren juicio, porque Dios se preocupa por tu desarrollo espiritual y las habilidades que necesitas desarrollar para obtener con propiedad lo que quieres de la vida. Por ejemplo, en vez de preguntar: "¿está bien o mal que compre este auto?",

---

[81] Esto es parte de la razón de que se hubieran aprovechado de mí en mi anterior relación.

pregunta: "Habla (Señor/Dios) sobre mí comprando el auto", "¿Debería yo ir a esta función o a casa de mi tía?" Haz preguntas separadas como: "¿Debería ir a esta función?", "¿Debería ir a casa de mi tía?"

Con la Biblia cerrada y tus ojos cerrados, pon la mano (sigue tu intuición) sobre la Biblia y haz tu pregunta. Puedes exhalar tu pregunta sobre la Biblia. Luego, con los ojos cerrados (o sin mirar), abre la Biblia dondequiera que te sientas urgido o guiado a abrirla. Abre los ojos, lee el pasaje y piensa en cómo se relaciona con tu pregunta. Tus ancestros y espíritus guía te asistirán en el intento de interpretar el significado.

Un ejemplo de una lectura usando bibliomancia: un día no me sentía tan animado como de costumbre. No estaba deprimido ni nada, sólo sentía esa sensación de *blah* como si estuviera esperando algo. Como sea, no me importaba mucho la sensación y me hizo preguntarme por qué me sentía así y cómo podía prevenir sentirme así. Así que seguí el procedimiento consignado arriba y abrí la Biblia en Salmos 61.

La interpretación que obtuve fue que, aunque hubiera tenido un cambio de corazón, aún estaba un poco preocupado o con dificultades para animarme y motivarme a diario. La solución fue observar las bendicioens y la verdad que habían venido a mi vida, lo que será motivación suficiente para mí para hacer mis tareas diarias.

Éste es uno de los modos de confiar en Dios. Tomará un poco de práctica y de acostumbramiento realizar esta práctica, porque la sociedad en la que nacemos la mayoría de nosotros nos dice que confiemos en lo que podemos ver y controlar físicamente. Pero, al permitirle al Espíritu ser nuestro guía, nos daremos cuenta de que todo se compensará y todo valdrá la pena. Espero que esta simple adivinación te ayude en tu vida y te sea de utilidad.

Apéndice E:
Glosario de Términos

42 Declaraciones de Maa: un conjunto de 42 afirmaciones, que se cree que eran recitadas después de la muerte durante el Juicio para que los fallecidos ascendieran a los cielos. Las *42 Declaraciones de Maa* también son mencionadas a veces como las *42 Confesiones Negativas,* y se cree que son la inspiración detrás de los *Diez Mandamientos.*

Aakhu: son las almas de parientes muertos que continúan existiendo después de la muerte. Se cree que habitan en el cielo y actúan como intermediarios entre Dios y el hombre. Actúan como guardianes morales y representan aspectos particulares de nuestra conciencia. Su eficacia espiritual puede verse en su sabiduría práctica. También se consideran aakhu los espíritus guía y las almas de niños que han muerto prematuramente.

Aapepu: espíritus negativos y destructivos que inspiran conductas caóticas y destructivas entre los vivos. Se cree que, cuando estaban vivos, estos espíritus eran buenos para nada y que la gente trataba de evitar en vida, que andaban por callejones, esquinas y otros lugares desagradables. En la muerte son los mismos buenos para nada y ofrecen el mismo consejo errado, llevando a accidentes, problemas y otros serios dilemas. Algunas veces se habla de ellos en viejos blues como la tristeza (*blues*) de la que uno tiene que protegerse. Se cree que son el equivalente kamítico de los bankuyu, asociados con Set.

Abakwa: una sociedad secreta cubana de hombres de la que se creen que deriva de la Sociedad Ekpe en la región africana de Cross River.

Amén: se creen que deriva de las palabras kamíticas amun y amon, que significan "esconder, ocultar, hacer misterioso, fortificar, hacer firme"; es una declaración de afirmación que sigue a las plegarias judías y cristianas. La traducción común es "Que así sea" y "Déjalo así".

Amun RA: son los aspectos regenerativos, femeninos y de renacimiento del ser. Amun RA representa la capacidad del ser de renacer y ser restaurado al estado original. Sinbolizado por un joven con plumas en la cabeza, sentado o erguido victorioso porque ha sido purificado y renovado. Se corresponde con el sol del invierno: RA-sherå. Otro símbolo popular era el de un carnero (oveja) que también simbolizaba el retorno.

Bakulu: término kikongo para los espíritus ancestrales.

Bankuyu: término kikongo para los espíritus embaucadores.

Basimbi: término kikongo para los misteriosos espíritus benevolentes.

Cruz del Congo: ver Cruz Yowa.

Cruz Yowa: también llamada Dikenga, Tendwa Nza Kongo o Cruz del Congo, es un cosmograma que significa el encuentro de dos mundos, el de los vivos y el de los muertos (ancestros). Una de las inspiraciones detrás del Maa Aankh.

Cuatro Estadios de la Vida: nacimiento, crecimiento hasta la madurez (adultez), muerte y renacimiento.

Cuatro Momentos del Sol: amanecer, mediodía, ocaso y medianoche.

Deshret: es la corona roja del Bajo Kamit, la región boreal que simboliza el área desierta llamada TASETT. Espiritualmente hablando, la Deshret representa la agresión, el egoísmo, la arrogancia, la ingratitud y todas las otras impurezas adquiridas al tratar de sobrevivir en el mundo físico.

Diablo: ver Set y Aapepu

Espíritu Santo: el Espíritu Santo, también llamado Poder de Dios, el Espíritu Divino simbolizado con una paloma en el Viejo Testamento de la Biblia, es Rau en la tradición kamítica. Es el Poder de Dios que reconforta, guía, enseña, convence, etc., que también puede perderse según la tradición cristiana.

Espiritualidad: la tendencia a crear significado a través de un sentido de relación con Dios, con uno mismo y/o con otros que trasciende el ser de modo de empoderar y no devaluar al individuo.

Hedjet: es la corona blanca del Alto Kamit, la región meridional que simboliza las tierras exuberantes y fértiles llamadas KAMTA. Espiritualmente hablando, la Hedjet representa el conocimiento, la sabiduría, la paciencia, la pureza, etc. adquiridas por Dios y los ancestros para vivir una vida eterna.

Historia de RA y Oset: es una piedra angular del pensamiento religioso kamítico, en la que RA claramente dice que él no es el sol, el dios del sol o Dios, sino que en pocas palabras revela que él es el *Espíritu de Dios* que viene como KhepeRA en la mañana, RA al mediodía y Tmu (RA Atum) en la tarde.

Hru: el héroe de la historia en la Historia de Osar, con el que se identificaban los iniciados kamíticos de antaño.

Kamítico: el nombre por el que se autodenominaba los antiguos africanos de Egipto, y el nombre que se les daban según la tabla bíblica de las naciones, incorrectamente traducido y escrito como Ham, que debería ser Kam. Los estudiosos modernos también creen que el nombre se usaba para referirse a toda la gente de color. Para distinguir entre los antiguos habitantes y sus descendientes influidos espiritualmente, se usa "antiguo kamítico" para referirse a la civilización kamítica, en tanto que "kamítico" se usa para referirse a aquellos inspirados por ellos en tiempos contemporáneos.

KAMTA: la tierra exuberantes y fértil del sur, también llamada Alto Kamit, representada por la corona blanca Hedjet. Simbolizada en el maa aankh como el reino misterioso, el mundo del espíritu, el mundo oculto, la tierra de los muertos y la tierra del gran ancestro

	Osar.
KhepeRA:	son los aspectos creativos y juveniles del ser. Simbolizado con un escarabajo o un capullo de loto abriéndose, para representar el inicio y el nacimiento. Como "KH" no existe realmente en el lenguaje kamítico, en realidad debería escribirse KEPERA.
La Madama:	es un ícono cultural que se encuentra por toda Latinoamérica, que representa a los viejos ancestros matriarcales africanos traídos a las Américas. Comúnmente ridiculizada y representada como la Tía Jemima en los Estados Unidos, en Latinoamérica la imagen es altamente valorada y respetada.
Maa:	la línea vertical en el maa aankh que junta el mundo material (secular) y el espiritual o pone abajo lo que está arriba y viceversa. Maa comúnmente se traduce como orden, ley, verdad, balance y reciprocidad. En tiempos antiguos era el montículo primigenio sobre el que se paró Dios antes de hacer existir las cosas; más tarde representó el camino hacia la resurrección o hacia la vida eterna. Es sólo a través del Maa que uno es capaz de ascender más allá del horizonte y recibir paz, libertad, gozo, amos, éxito, etc. en la vida y en la muerte.

Maa aankh:	un cosmograma inspirado en la Cruz del Congo, basado en los principios kamíticos (egipcios antiguos), que ilustra el ciclo de a vida, las cuatro estaciones, las cuatro direcciones, los cuatro estadios de la vida, la evolución del alma y la encrucijada entre las dos tierras (los mundos material y espiritual).
Maa Khru:	(pron. *masharu*) el término kamítico que se traduce como "de voz verdadera" pero es el equivalente kamítico de "nacer" o "ser salvado", ya que el iniciado lo profesa luego de ser purificado de las impurezas.
Nebertcher:	es el nombre kamítico de Dios, que se traduce como *Señor de Todo*.
Netcharu:	comúnmente definidos como deidades kamíticas, de las que se cree que son antiguos fundadores del pueblo kamítico que luego se convirtieron en espíritus de la naturaleza, equivalentes a los santos y ángeles. Reconocidos como espíritus guardianes. Se cree que estos espíritus benevolentes son los primeros seguidores de Dios que asistieron al legendario Osar para unir el reino kamítico e iniciar la cultura ancestral que existe a través de la afro-diáspora.
Nyun:	las aguas sagradas y primigenias de la vida que se cree que fueron la fuente del Nilo, representadas en el maa aankh como la línea horizontal que separa las dos Grandes Tierras.
Nzambi Mpungu:	es el nombre congo-angoleño de Dios.
Orishás:	también llamados Orixas, algunos creen que son ángeles africanos, espíritus

	guardianes, deidades y/o fundadores ancestrales de un pueblo derivado de la tradición yoruba de Nigeria.
Osar:	visto a través del maa aankh como el gran rey ancestral en la Historia de Osar, que salvó a su pueblo dándole leyes, enseñándoles a cultivar el grano y dándoles instrucciones religiosas. Simboliza a los ancestros de uno y a los espíritus guías y es un modelo espiritual similar a Jesucristo. Tambén se escribe Osiris, Asar y Ausar.
Oset:	vista a través del maa aankh como la matriarca heroica en la Historia de Osar, que a pesar de la amenaza contra su vida buscó las partes del cuerpo de Osar, reavivando así la esperanza en el retorno de su grandeza. También se escribe isis, Aset y Auset.
Palo Mayombe:	una religión congolesa (bantú) practicada en Cuba y parte del Caribe. Se cree que Palo (para abreviar) está estrechamente ligada a la tradición *folk* afroamericana conocida como hoodoo.
Pert em Hru:	un libro de cien capítulos de textos funerarios llamado el Libro de la Salida a la Luz, incorrectamente llamado el Libro Egipcio de los Muertos.
RA:	es el aspecto activo, agresivo y consciente del ser, simbolizado con un halcón; corresponde a la dirección norte, a la virilidad y al verano. Simboliza la Vida.
RA Atum:	es el aspecto moribundo y transformativo del ser. Simbolizado con un hombre viejo debido a la capacidad de los ancianos de transformar la vida de

	uno a través de la sabiduría. Asociado con el oeste y la estación del otoño. Simboliza la Muerte.
RA Tem Kheper:	la trinidad espiritual que sostiene la tierra de los vivos.
Rau:	son las numerosas formas de RA o del colectivo que forma el Espíritu Santo. Es el poder, la inteligencia y la voluntad de Dios que da a la gente el poder de moverse, aplaudir, dar pisotones, vivir correctamente, actuar correctamente y hacer lo correcto.
Religión:	un conjunto de creencias y prácticas que refiere a alguna Divinidad.
Santería:	una religión sincrética practicada principalmente en Cuba y diversas partes del Caribe, que consiste en creencias religiosas yorubas combinadas con el catolicismo romano. También llamada Regla de Ocha o Lucumi.
Set:	el envidioso hermano de Osar en la Historia de Osar, que creó toda clase de caos a lo ancho del territorio. Los primeros cristianos identificados con esta fuerza cambiaron su nombre de Set a Set-an y luego Satán. Set simboliza las fuerzas espirituales destructivas y negativas que inspiran el caos y el mal.
son cubano:	descripto por Ned Sublette en su libro *Cuba and Its Music: From the First Drums to the Mambo* como "una síntesis cubana: percusión bantú, ritmo melódico y canto de llamada y respuesta, fusionado con la guitarra y el lenguaje del campesino español".
TASETT:	la región desierta y boreal de Kamit, también llamada Bajo Kemet,

representada por la corona roja Deshret. Simbolizada en el maa aankh como la ciudad o aldea, reino físico, el mundo donde las cosas van mal, el mundo material y la tierra de los vivos.

Apéndice F:
Bibliografía Selecta & Lecturas Recomendadas

Los libros con un asterisco (*) al lado son altamente recomendados por el autor.

Amen, Ra Un Nefer. *Metu Neter Vol. 1: The Great Oracle of Tehuti and the Egyptian System of Spiritual Cultivation.* Khamit Media Trans Visions Inc, 1990.

Ashanti, Kwabena F. *Rootwork and Voodoo: In Mental Health.* Tone Books, 1987.

Battle, Michael. *The Black Church in America: African American Christian Spirituality.* Wiley-Blackwell, 2006.

*Bockie, Simon. *Death and the Invisible Powers: The World of Kongo Belief.* Indiana University Press, 1993.

Bolling, John L. "Guinea across the Water: The African-American Approach to Death and Dying." *A Cross-Cultural Look at Death, Dying, and Religion.* Eds. Joan K. Parry and Angela Shen Ryan. Nelson-Hall, 1995. 145-59.

*Bridges, Flora Wilson. *Resurrection Song: African-American Spirituality.* (The Bishop Henry McNeal Turner/Sojourner Truth Series in Black Religion) Orbis Books, 2001.

*Browder, Anthony T. *From the Browder File: 22 Essays on the African American Experience.* Institute of Karmic Guidance, 1989.

*Browder, Anthony T. *Nile Valley Contributions to Civilization.* Institute of Karmic Guidance, 1992.

Budge, E.A. Wallis. *An Egyptian Hieroglyphic Dictionary Vol. I and II.* New York: Dover Publication, 1978.

Budge, E.A. Wallis. *Osiris & The Egyptian Resurrection, vols. 1 & 2.* Dover Publications, 1973.

Carruthers, Jacob H. *The Irritated Genie: An Essay on the Haitian Revolution.* Kemetic Institute, 1985.

Courlander, Harold. *A Treasury of Afro-American Folklore: The Oral Literature, Traditions, Recollections, Legends, Tales, Songs, Religious Beliefs, Customs, Sayings and Humor of Peoples of African Descent in the Americas.* New York: Marlove and Company, 1976.

Diop, Cheikh Anta. *The African Origin of Civilization: Myth or Reality.* Lawrence Hill Books, 1989.

*Doumbia, Adama and Naomi Doumbia. *The Way of the Elders: West African Spirituality & Tradition.* Llewellyn Publications, 2004.

Dossey M.D., Larry. *Recovering the Soul: A Scientific and Spiritual Approach.* Bantam, 1ª ed. 1989.

Dundes, Alan. *Interpreting Folklore.* Indiana University Press, 1980.

Fatunmbi, Falokun. *Iwa-Pele: Ifa Quest the Search for the Source of Santeria and Lucumi.* Original Publications, 1991.

Fett, Sharla M. *Working Cures: Healing, Health, and Power on Southern Slave Plantations.* University of North Carolina, 2002.

*Fu-Kiau, K. Kia Bunseki. *African Cosmology of the Bantu-Kongo: Principles of Life & Living*. Athelia Henrietta Press, 2001.

Gadalla, Moustafa. *Egyptian Cosmology: The Animated Universe*. Tehuti Research Foundation; 2ª ed. 2001.

Gomez, Michael. A: *Exchanging Our Country Marks: The Transformation of African Identities in the Colonial and Antebellum South*. The University of North Carolina Press, 1998.

Grillo, Evelio. *Black Cuban, Black American: A Memoir*. Arte Publico Press; 1ª ed. 2000.

*Hall, James. *Sangoma: My Odyssey Into the Spirit World of Africa*. Jeremy P. Tarcher, 1994.

Hollenweger, W. J. *The Pentecostals: The Charismatic Movement in the Churches*. Augsburg Publishing House, 1972.

Hurston, Zora Neale. *Moses: Man of the Mountain*. University of Illinois Press, 1984.

Ions, Veronica. *Egyptian Mythology: Library of the World's Myths and Legends*. Peter Bedrick Books; Rev Sub ed., 1983.

James, George G. M. *Stolen Legacy: The Greeks were not the authors of Greek philosophy, but the people of North Africa, commonly called the Egyptians*. Julian Richardson Associates, 1988.

Jacobs, Claude F. and Andrew J. Kaslow. *The Spiritual Churches of Nueva Orleans: Origins, Beliefs and Rituals of an African-American Religion*. The University of Tennessee Press, 1991.

---

*MacGaffey, Wyatt. *Custom and Government in the Lower Congo.* University of California Press, 1970.

*MacGaffey, Wyatt. *Religion and Society in Central Africa: The BaKongo of Lower Zaire.* The University of Chicago Press, 1986.

*Mbiti, John S. *Introduction to African Religion.* Heinemann, 1991.

*Mbiti, John S. *African Religions & Philosophy.* Heinemann, 1992.

McQuillar, Tayannah Lee. *Rootwork: Using the Folk Magick of Black America for Love, Money and Success.* Fireside, 2003.

Murphy, Joseph M. *Working the Spirit: Ceremonies of the African Diaspora.* Beacon Press, 1995.

Paris, Peter J. *The Spirituality of African Peoples.* Augsburg Fortress Publishers, 1994.

Puckett, Newbill Niles, *Magic & Folk Beliefs of the Southern Negro.* Dover Publication, 1969.

*Raboteau, Albert J. *Slave Religion: The "Invisible Institution" in the Antebellum South.* Oxford University Press, 1978.

Shafton, Anthony, *Dream-Singers: The African American Way with Dreams.* John Wiley & Sons, Publishers, 2001.

Smith, Theophus H. *Conjuring Culture: Biblical Formations of Black America.* Oxford University Press, 1994.

Some, Malidoma Patrice. *The Healing Wisdom of Africa: Finding Life Purpose Through Nature, Ritual and Community*. New York: Jeremy P. Tarcher/Putnam, 1998.

Sublette, Ned. *Cuba and Its Music: From the First Drums to the Mambo*. Chicago Review Press, 2007.

Sullivan, Martha Adams. "May the Circle Be Unbroken: The African-American Experience of Death, Dying and Spirituality." *A Cross-Cultural Look at Death, Dying, and Religion*. Eds. Joan K. Parry and Angela Shen Ryan. Chicago, IL: Nelson-Hall, 1995. 160-71.

Synan, Vinson. *The Holiness-Pentecostal Movement in the United States*. William B. Eerdmans Publishing Company, 1971.

Teish, Luisah. *Jambalya: The Natural Woman's Book of Personal Charms and Practical Rituals*. San Francisco: Harper and Row, 1985.

*Thompson, Robert Farris. *Flash of the Spirit: African and Afro-American Art and Philosophy*. Random House, 1983.

*Thompson, Robert Farris. *Face of the Gods: Art and Altars of Africa and the African Americas*. Prestel, 1993.

Thorton, John. *Africa and Africans in the Making of the Atlantic World, 1400-1800*. Cambridge University Press; 2 ed., 1998.

Williams, Chancellor. *Destruction of Black Civilization: Great Issues of a Race from 4500 B.C to 2000 A.D*. Third World Press, 1987.

Young, James T. *Rituals of Resistance: African Atlantic Religion in Kongo and the Lowcountry South in the Era of Slavery.* Louisiana State University Press, 2007.

Índice

www.ingramcontent.com/pod-product-compliance
Lightning Source LLC
Chambersburg PA
CBHW060244100426
42742CB00011B/1635